ハピ
カ

自分に出会える❤
ない大事典

藤森 緑・監修
双葉 陽・マンガ

池田書店

はぁ～
星宮《ほしみや》 つむぎ
どうしよう…
なーに泣《な》きそうな顔《かお》してんだよ
佐伯《さえき》 結弦《ゆづる》
結弦《ゆづる》くん
仲《なか》のいい人《ひと》がクラスにだれもいなくて…
どよん…
新《あたら》しい友《とも》だちができるか不安《ふあん》…
だいじょうぶか…
はあ～～…
てかオレ同《おな》じクラスなんだけど…

キーン
コーン
カーン
はぁ…
昼休《ひるやす》みなのに まだだれとも 話《はな》せてない…
コツン
わ
かわいい キーホルダー
だれかの 落《お》とし物《もの》かな？
きょろ きょろ
すみません

それ
私《わたし》のです
円木《つぶらぎ》 月《るな》
…!
え
あ!
すっ
すみません!!
落《お》ちてたから
つい拾《ひろ》って
しまって…
いいの
ありがとう
わ〜
美人《びじん》さんだ…!
……
……
何《なに》か
話《はな》さなきゃ…!
かっ、
かわいい
キーホルダー
だね!?
ありがとう
今日《きょう》はお気《き》に入《い》りの
アイテムを身《み》につけると
いいってうらないで
出《で》てたから…
新《あたら》しいお友《とも》だちが
できたらいいなって
つけてきたの
うらない?

そ〜う!
このキーホルダーのおかげでさっそくお友《とも》だちができたし
うらない当《あ》たってたんだわ
……!
私《わたし》、うらないがしゅみなの よかったらいっしょにやってみない?
うっ
うん! やってみたい!
わっ
私《わたし》、円《つぶら》木《ぎ》月《るな》! よろしくね!
私《わたし》、星《ほし》宮《みや》つむぎ! こちらこそよろしくね!

もくじ

ハピかわうらない その3

ねむった才《さい》能《のう》がわかる！

手《て》相《そう》うらない

ハピかわうらない その4

空《くう》間《かん》やコーデで幸《しあわ》せを呼《よ》ぶ！

風《ふう》水《すい》うらない

ハピかわうらない その5

未《み》来《らい》や人《ひと》の気《き》もちがうらなえる！

タロットうらない

ハピかわうらない その6

神様《かみさま》からのメッセージ！

夢《ゆめ》うらない

ハピかわうらない その7

近《ちか》い未来《みらい》がまるわかり！

トランプうらない

ハピかわうらない その8

あなたの短所《たんしょ》と、その対策《たいさく》がわかる！

悪魔《あくま》うらない

ハピかわうらない その9

あなたの宿命《しゅくめい》がわかる！

名前《なまえ》うらない

ハピかわうらない その10

妖精《ようせい》からのお告《つ》げ！

花《はな》妖《よう》精《せい》うらない

ハピかわうらない★おまけ

自分《じぶん》の知《し》らない自分《じぶん》を知《し》る!

心《しん》理《り》テスト・おまじない

登《とう》場《じょう》人《じん》物《ぶつ》

円《つぶら》木《ぎ》月《るな》

クラスがえをしてから、つむぎにできた最《さい》初《しょ》の友《とも》だち。うらないがしゅみ。10月《がつ》31日《にち》生《う》まれ。AB《エービー》型《がた》。

星《ほし》宮《みや》つむぎ

人《ひと》見《み》知《し》りで、友《とも》だちを作《つく》りたいと思《おも》っているのにうまくいかないのがなやみ。9月《がつ》6日《か》生《う》まれ。A《エー》型《がた》。

佐《さ》伯《えき》結《ゆ》弦《づる》

つむぎと明《あかり》の幼《おさな》なじみ。いつもつむぎのことを気《き》にかけている。6月《がつ》26日《にち》生《う》まれ。A《エー》型《がた》。

雪《ゆき》平《ひら》しずな

つむぎと月《るな》のクラスメイト。おとなっぽく落《お》ち着《つ》いているが、少《すこ》し変《か》わり者《もの》。1月《がつ》19日《にち》生《う》まれ。O《オー》型《がた》。

真《ま》南《なみ》明《あかり》

つむぎの幼《おさな》なじみ。明《あか》るく活《かっ》発《ぱつ》で、だれとでも友《とも》だちになれるタイプ。8月《がつ》8日《か》生《う》まれ。B《ビー》型《がた》。

ハピかわうらない その1

誕生日《たんじょうび》で性格《せいかく》や運命《うんめい》がわかる！

12星座《せいざ》うらない

生《う》まれたときに太陽《たいよう》がどの星座《せいざ》を通《とお》っていたかで
あなたの星座《せいざ》は決《き》まっているよ。気《き》になるカレが
どんな恋《こい》をするのかも、こっそりのぞいちゃおう♡

おいーっす！
つむぎ～！
ぼっちで泣《な》いてないか～！
真南《まなみ》 明《あかり》
あれ？
友《とも》だち？
あ、うん！
円木《つぶらぎ》月《るな》ちゃん！
はじめまして
わ～！
こちらこそ
なーんだ
つむぎのことだから友《とも》だちできないってメソメソしてるかと思《おも》ったのに
よかったじゃん
あ
明《あかり》ちゃん…

私《わたし》、真《ま》南《なみ》明《あかり》！
つむぎとは保育園《ほいくえん》のときからいっしょなんだ～
ちなみにゆづるも幼《おさ》なじみ
？
ところで2人《り》は何《なに》してたの？
星座《せいざ》うらないの本《ほん》を見《み》せてもらってたの
へぇ～
何《なに》をうらなってたの？
ゆ…
友情運《ゆうじょううん》を少々《しょうしょう》…
私《わたし》、いまだに月《るな》ちゃん以外《いがい》にうまく話《はな》しかけられないから…
あ～…
だいじょうぶ!!

おとめ座《ざ》の人《ひと》は友《とも》だちを作《つく》るまでに時間《じかん》がかかっちゃうだけ
だからあせることないよ
そうなのかなぁ…
だって明《あかり》ちゃんや結弦《ゆづる》くんともずっと友《とも》だちで仲《なか》よしじゃない？
たしかに…!!
すごーい！
私《わたし》もうらなって〜！
明《あかり》ちゃんは何《なに》座《ざ》なの？
UNIVERSE
あれ？
そういえば私《わたし》って何《なに》座《ざ》なんだっけ？
UNIVERSE

12星《せい》座《ざ》早《はや》見《み》表《ひょう》

おひつじ座《ざ》	▶16ページ	3月《がつ》21日《にち》～4月《がつ》19日《にち》
おうし座《ざ》	▶20ページ	4月《がつ》20日《か》～5月《がつ》20日《か》
ふたご座《ざ》	▶24ページ	5月《がつ》21日《にち》～6月《がつ》21日《にち》
かに座《ざ》	▶28ページ	6月《がつ》22日《にち》～7月《がつ》22日《にち》
しし座《ざ》	▶32ページ	7月《がつ》23日《にち》～8月《がつ》22日《にち》
おとめ座《ざ》	▶36ページ	8月《がつ》23日《にち》～9月《がつ》22日《にち》
てんびん座《ざ》	▶40ページ	9月《がつ》23日《にち》～10月《がつ》23日《にち》
さそり座《ざ》	▶44ページ	10月《がつ》24日《か》～11月《がつ》21日《にち》
いて座《ざ》	▶48ページ	11月《がつ》22日《にち》～12月《がつ》21日《にち》
やぎ座《ざ》	▶52ページ	12月《がつ》22日《にち》～1月《がつ》19日《にち》
みずがめ座《ざ》	▶56ページ	1月《がつ》20日《か》～2月《がつ》18日《にち》
うお座《ざ》	▶60ページ	2月《がつ》19日《にち》～3月《がつ》20日《か》

3/21〜4/19生《う》まれ

おひつじ座《ざ》

目《め》ざすものがあると、パワーアップ！「有名《ゆうめい》になる」など大《おお》きな夢《ゆめ》をもつことが、あなたの毎日《まいにち》を明《あか》るく元気《げんき》にするよ♪

星座《せいざ》のストーリー

きょうだいを乗《の》せて飛《と》んだ金色《きんいろ》の羊《ひつじ》の姿《すがた》が星座《せいざ》に

プリクソスとヘレーという仲《なか》よしのきょうだいがいました。でも父親《ちちおや》が再婚《さいこん》すると、まま母《はは》は２人《り》をじゃまに思《おも》い、殺《ころ》そうとします。２人《り》を産《う》んだお母《かあ》さんは大神《たいしん》ゼウスに助《たす》けを求《もと》め、ゼウスは２人《り》のもとに、空《そら》飛《と》ぶ金色《きんいろ》の羊《ひつじ》を送《おく》りました。金色《きんいろ》の羊《ひつじ》は２人《り》を乗《の》せて飛《と》んでにげたけど、妹《いもうと》ヘレーは海《うみ》に落《お》ちてしまい……。ヘレーを心配《しんぱい》してふり返《かえ》る羊《ひつじ》の姿《すがた》が、おひつじ座《ざ》になりました。

あなたはこんな女子《じょし》!!

自分《じぶん》の道《みち》は自分《じぶん》で切《き》り開《ひら》く まっすぐにつき進《すす》む性格《せいかく》

12星座《せいざ》のトップにふさわしく、自分《じぶん》の人生《じんせい》は自分《じぶん》で作《つく》る強《つよ》いパワーをもっているよ。だれにもあまえないし、あまえられるのも少《すこ》し苦手《にがて》。周《まわ》りに合《あ》わせずに自分《じぶん》の道《みち》をどんどんつき進《すす》む、まっすぐな性格《せいかく》だね。とくに「これだ！」と思《おも》ったものにはすべてのエネルギーを注《そそ》ぎ、よい結果《けっか》をつかんでいくよ。

家族《かぞく》運《うん》

自分《じぶん》の生《い》き方《かた》にこだわり 家族《かぞく》とはきょりを置《お》きがち

マイペースで生《い》きたいから、家族《かぞく》とはきょりを置《お》きがち。親《おや》に反発《はんぱつ》してしまい、ケンカになることが多《おお》いかも。自《じ》分《ぶん》の希望《きぼう》をきちんと伝《つた》えるようにして。結婚《けっこん》した後《あと》もあまり家《いえ》にいないで、仕《し》事《ごと》や外《そと》との付《つ》き合《あ》いを楽《たの》しみそうだね。

スタート月《つき》

4月《がつ》 10月《がつ》

入学式《にゅうがくしき》やクラスがえがある4月《がつ》は、新《あたら》しい環境《かんきょう》が大好《だいす》きなあなたにとって、元気《げんき》になれる月《つき》。やりたい係《かかり》や習《なら》い事《ごと》があったら、動《うご》いてみて。10月《がつ》はマンネリをなくすために、やったことがない何《なに》かを始《はじ》めると◎。

仕事《しごと》運《うん》

好《す》きなことを仕事《しごと》にして、自分《じぶん》の会社《かいしゃ》を作《つく》れる!

好《す》きなジャンルの勉強《べんきょう》をしっかりして、しゅみを仕事《しごと》にすることができるよ。好《す》きな世界《せかい》が早《はや》く見《み》つかるほど、プロとして成功《せいこう》する可能性《かのうせい》がアップ。でも、たくさんの人《ひと》がいる会社《かいしゃ》のなかで働《はたら》くのはちょっと苦手《にがて》。キャリアを積《つ》んだら自分《じぶん》で会社《かいしゃ》を作《つく》って、社長《しゃちょう》になれそうだよ。

★おひつじ座《ざ》の有名人《ゆうめいじん》★ レディー・ガガ 滝沢秀明《たきざわひであき》 綾瀬《あやせ》はるか ローラ 山里亮太《やまさとりょうた》

おひつじ座《ざ》 GIRL《ガール》

人《ひと》にあまえず自分《じぶん》の道《みち》を進《すす》む
まっすぐで元気《げんき》なハツラツ系《けい》！

恋愛《れんあい》運《うん》

一目《ひとめ》ボレ率《りつ》がトップ！ 自分《じぶん》から追《お》いかける恋《こい》

いいなと思《おも》った瞬間《しゅんかん》、一気《いっき》に恋《こい》に落《お》ちるあなた。自分《じぶん》が追《お》いたいタイプだから、男《おとこ》の子《こ》から好《す》きになられると興味《きょうみ》がなくなることも。失恋《しつれん》してもすぐ次《つぎ》の恋《こい》に走《はし》るパワーあり！

友情《ゆうじょう》運《うん》

他人《たにん》への興味《きょうみ》がうすく お付《つ》き合《あ》いが少《すこ》し苦手《にがて》

マイペースが好《す》きなあなたは、友《とも》だち付《づ》き合《あ》いはじつは少《すこ》し苦手《にがて》。友《とも》だちへの興味《きょうみ》がうすいことが問題《もんだい》を生《う》むみたいだよ。なるべく人《ひと》の話《はなし》を聞《き》くようにすれば対人運《たいじんうん》もＵＰ《アップ》するね！

相性《あいしょう》のいい相手《あいて》

おもしろい＆《アンド》自分《じぶん》の道《みち》を進《すす》む しっかり者《もの》が相性《あいしょう》◎

おもしろくてテンションが高《たか》くて、わが道《みち》を進《すす》むタイプの人《ひと》と相性《あいしょう》◎。あなたと似《に》た、自分《じぶん》は自分《じぶん》と割《わ》り切《き》れている人《ひと》がピッタリ★。自分《じぶん》から話《はな》しかけて仲《なか》よくなっちゃおう！

相性《あいしょう》ランキング

- 1位《い》 いて座《ざ》
- 2位《い》 しし座《ざ》
- 3位《い》 おひつじ座《ざ》
- ★4位《い》 ふたご座《ざ》
- ★5位《い》 みずがめ座《ざ》

おひつじ座《ざ》 BOY《ボーイ》

尊敬《そんけい》されることが大好《だいす》き！
自信家《じしんか》のオレさまタイプ

自信《じしん》に満《み》ちあふれていて、どうどうとしているのが魅力《みりょく》のカレ。いつも一番《いちばん》でいたい、負《ま》けずぎらいな努力家《どりょくか》タイプだよ。目立《めだ》つことも大好《だいす》き！　だから委員《いいん》に立候補《りっこうほ》したり、スポーツでよい結果《けっか》を出《だ》そうとしたりと、パワフルに動《うご》くんだね。周《まわ》りに合《あ》わせることが苦手《にがて》で、1人《り》でつっ走《ぱし》ってしまうことも。

クラスでの立《た》ち位置《いち》

みんなを明《あか》るく前向《まえむ》きにする
元気《げんき》なムードメーカー

カレの意見《いけん》は、いつも明《あか》るくて前向《まえむ》き。みんながしずんでいるときにカレが話《はな》すと、クラスが元気《げんき》になるよ。元気《げんき》に盛《も》り上《あ》げてくれる、ムードメーカー的《てき》な存在《そんざい》だね。

恋愛《れんあい》すると…

すぐに気《き》もちが態度《たいど》に出《で》て
恋心《こいごころ》がバレバレに！

恋《こい》に落《お》ちたらソワソワして、ジッとしていられなくなるカレ。好《す》きな人《ひと》の周《まわ》りをウロウロしたり、ちょっかいを出《だ》したり、すぐに気《き》もちが伝《つた》わってしまいそう。

おすすめのアプローチ法《ほう》

告白《こくはく》しないで、いいムードを

「いっしょにいたいな」と思《おも》わせる明《あか》るさと笑顔《えがお》が大事《だいじ》。カレをたよるのも近《ちか》づけるチャンスになるよ。自分《じぶん》から追《お》いかけたいタイプだから、告白《こくはく》は最終手段《さいしゅうしゅだん》。

4/20～5/20生《う》まれ

おうし座《ざ》

身近《みぢか》にあるモノは、あなたの人生《じんせい》にとって大事《だいじ》なカギ。手芸《しゅげい》や料理《りょうり》など何《なに》かを作《つく》るうでをみがいて、いつも好《す》きなモノに囲《かこ》まれて過《す》ごそう！

星座《せいざ》のストーリー

王《おう》の娘《むすめ》エウロペを乗《の》せた白《しろ》い牛《うし》がおうし座《ざ》に

大神《たいしん》ゼウスは、海岸《かいがん》で花《はな》をつんでいるフェニキア王《おう》の娘《むすめ》エウロペに、一目《ひとめ》ボレ。美《うつく》しい白《しろ》い牛《うし》に変身《へんしん》して、エウロペに近《ちか》づきました。エウロペが喜《よろこ》んでその牛《うし》の背中《せなか》に乗《の》ったとたん、牛《うし》は走《はし》りだし、海《うみ》をわたって連《つ》れ出《だ》されてしまうことに。クレタ島《とう》に着《つ》いた2人《り》はやがて結婚《けっこん》しました。そのときの白《しろ》い牛《うし》が空《そら》に上《あ》がり、おうし座《ざ》になったのです。

あなたはこんな女子《じょし》!!

ふんわりと人《ひと》をなごませる天才《てんさい》
でも、しんは強《つよ》くてしっかり者《もの》

おっとりしていて、スローペースのあなた。ふんわりしたムードで、周《まわ》りをなごませるよ。おいしい物《もの》を食《た》べたり、好《す》きな物《もの》に囲《かこ》まれたりすることが大好《だいす》き！　でも、しんは強《つよ》くてしっかり者《もの》。これをやろうと決《き》めたら、最後《さいご》までがんばるねばり強《づよ》さがあるね。１歩《ぽ》ずつ確実《かくじつ》に進《すす》むところが長所《ちょうしょ》だよ。

家族《かぞく》運《うん》

家族《かぞく》につくす深《ふか》い愛《あい》あり
しっかり者《もの》の母《はは》になる!?

とっても愛情《あいじょう》が深《ふか》いので、何《なに》よりも家《か》族《ぞく》を大事《だいじ》にするよ。家族《かぞく》が困《こま》っていたら話《はなし》を聞《き》いたり、なぐさめたりすることも得意《とくい》。結婚《けっこん》した後《あと》は、料理《りょうり》やそうじを毎日《まいにち》しっかりこなして、家《いえ》を守《まも》るお母《かあ》さんになれるよ。

スタート月《つき》

5月《がつ》　11月《がつ》

新《あたら》しいクラスに慣《な》れて、ゴールデンウイークもある５月《がつ》が、何《なに》かにチャレンジするチャンス。それまでの流《なが》れが大《おお》きく変《か》わるのは、11月《がつ》。ちょっと自分《じぶん》らしくないかな……と思《おも》うことにも手《て》をのばしてみると◎。

仕事《しごと》運《うん》

マジメにがんばりジワジワ出世《しゅっせ》していくタイプ

お金《かね》をかせぐことが好《す》きなあなたにとって、仕事《しごと》はとても大切《たいせつ》なもの。おとなになって社会《しゃかい》に出《で》たら、自分《じぶん》にあたえられた仕事《しごと》をマジメに一生《いっしょう》けんめいがんばるよ。人《ひと》がイヤがる仕事《しごと》でも、進《すす》んで取《と》り組《く》む前向《まえむ》きさがステキだね。だからちゃんと出世《しゅっせ》して、お給料《きゅうりょう》を増《ふ》やしていくよ。

★おうし座《さ》の有名人《ゆうめいじん》★　マギー　ゆうこす　竹内涼真《たけうちりょうま》　神木隆之介《かみきりゅうのすけ》　山田涼介《やまだりょうすけ》　シェイクスピア

おうし座 GIRL《ガール》

おっとりしているいやし系《けい》
でも、ねばり強《づよ》いしっかり者《もの》

恋愛運《れんあいうん》

恋《こい》するのも冷《さ》めるのも
時間《じかん》がかかるタイプ

恋《こい》にはしんちょうで、出会《であ》ってから恋《こい》するまでに、かなりの時間《じかん》がかかるよ。なかなか告白《こくはく》もできないタイプ。でも冷《さ》めることなく、１人《り》のカレを何《なん》年《ねん》でも思《おも》い続《つづ》けるいちずさがあるよ。

友情運《ゆうじょううん》

ゆっくり友情《ゆうじょう》を深《ふか》めて
交際《こうさい》を長続《ながつづ》きさせる

人見知《ひとみし》りをするけど時間《じかん》をかけて、ゆっくり友情《ゆうじょう》を深《ふか》めていくよ。一度《いちど》仲《なか》よくなったら、いつもいっしょにいたいと思《おも》うあまえんぼうな一面《いちめん》も。せまく深《ふか》い付《つ》き合《あ》いが得意《とくい》。

相性《あいしょう》のいい相手《あいて》

スローな動《うご》きを見守《みまも》る
やさしい子《こ》が相性《あいしょう》グッド

スローペースのあなたをせかさないで、見守《みまも》ってくれるやさしい人《ひと》が相性吉《あいしょうきち》。食《た》べることが大《だい》好《す》きな人《ひと》とも、話《はなし》が合《あ》いそうだね。逆《ぎゃく》にテンポが速《はや》い人《ひと》には、ついていくのが大変《たいへん》なことも。

相性《あいしょう》ランキング

- 1位《い》 やぎ座《ざ》
- 2位《い》 おとめ座《ざ》
- 3位《い》 おうし座《ざ》
- ★4位《い》 かに座《ざ》
- ★5位《い》 うお座《ざ》

おうし座《ざ》 BOY《ボーイ》

目立《めだ》つことが苦手《にがて》でもの静《しず》かなタイプ。けれど自分《じぶん》の考《かんが》えをしっかりもっている、しんが強《つよ》いところが魅力《みりょく》。責任感《せきにんかん》が強《つよ》くてマジメなので、勉強《べんきょう》や係《かかり》の仕事《しごと》を手《て》をぬかずにがんばっていくよ。自分《じぶん》が動《うご》きやすいペースを大事《だいじ》にするから、せかされることがイヤみたいだね。慣《な》れた人《ひと》や環境《かんきょう》に安心感《あんしんかん》を覚《おぼ》える、新《あたら》しい環境《かんきょう》が苦手《にがて》な一面《いちめん》も。

自分《じぶん》のペースが大事《だいじ》！
しんちょう&《アンド》マジメな人《ひと》

クラスでの立《た》ち位置《いち》

サポート役《やく》で活躍《かつやく》！
みんなの心《こころ》もホッといやす

リーダータイプの人《ひと》によいアドバイスをするような、だれかをサポートする役割《やくわり》が得意《とくい》。目立《めだ》たなくても、教室《きょうしつ》にいるだけで、みんなをホッと安心《あんしん》させる存在《そんざい》だよ。

恋愛《れんあい》すると…

好《す》きな女《おんな》の子《こ》を目《め》で追《お》って
そっと助《たす》けるやさしさも

近《ちか》くの席《せき》に座《すわ》るなど、身近《みぢか》にいる人《ひと》が好《す》き。恋《こい》をしてもクールな顔《かお》をしているけれど、こっそり目《め》で追《お》っているかも。好《す》きな人《ひと》が困《こま》っていたら、そっと助《たす》けるやさしさアリ。

おすすめのアプローチ法《ほう》

明《あか》るい笑顔《えがお》であいさつして

人見知《ひとみし》りするカレには、たくさん話《はな》しかけることが大切《たいせつ》。見《み》かけるたびに明《あか》るくあいさつすれば、だんだん心《こころ》を開《ひら》いてくれるよ。ほかの人《ひと》よりもたくさん声《こえ》をかけてね。

5/21～6/21 生《う》まれ

ふたご座《ざ》

世界《せかい》を広《ひろ》げるために、語学《ごがく》をがんばってみよう！ 将来《しょうらい》、外国《がいこく》の人《ひと》たちと話《はな》せるようになれば、ますます毎日《まいにち》がじゅうじつするよ。

星座《せいざ》のストーリー

神《かみ》の子《こ》のふたごのきょうだいが空《そら》に上《あ》がっていっしょに

大神《たいしん》ゼウスの子《こ》どもに、ふたごのカストルとポルックスがいました。カストルは人間《にんげん》でしたが、ポルックスは神《かみ》の血《ち》を引《ひ》いて死《し》なない体《からだ》をもっていました。ある日《ひ》、戦《たたか》いで敵《てき》の矢《や》が当《あ》たり、カストルが死《し》んでしまいます。ポルックスはとても悲《かな》しんで、ゼウスに「自分《じぶん》も死《し》にたい」とたのみました。あわれに思《おも》ったゼウスが２人《り》そろって空《そら》に上《あ》げ、それがふたご座《ざ》になったのです。

あなたはこんな女子《じょし》!!

頭《あたま》の回転《かいてん》が速《はや》くて情報《じょうほう》ツウ 何《なん》でもこなせる器用《きよう》さも

話題《わだい》のテレビやアイドルなど、いろんな情報《じょうほう》を知《し》っている、頭《あたま》の回転《かいてん》が速《はや》いあなた。流行《りゅうこう》にもびんかんで、最新《さいしん》のオシャレを取《と》り入《い》れるのも得意《とくい》。話題《わだい》が豊富《ほうふ》でおしゃべり上手《じょうず》なので、いつもたくさんの人《ひと》に囲《かこ》まれているはず。何《なに》をやってもソツなくこなせる器用《きよう》なところも、あなたの大《おお》きな魅力《みりょく》。

家族《かぞく》運《うん》

家族《かぞく》にベッタリしないで 外《そと》の世界《せかい》も大切《たいせつ》にする人《ひと》

家族《かぞく》の時間《じかん》を楽《たの》しい話《はなし》で盛《も》り上《あ》げられるけれど、たくさんの人《ひと》と付《つ》き合《あ》いたいから、家族《かぞく》にベッタリはちょっと苦手《にがて》かも。結婚《けっこん》した後《あと》も働《はたら》いたり友《とも》だちと外食《がいしょく》したりと、外《そと》での付《つ》き合《あ》いを大切《たいせつ》にするよ。

スタート月《つき》

6月《がつ》 12月《がつ》

だんだん夏《なつ》らしくなってくる6月《がつ》は、あなたのパワーもアップ！　何《なに》かを始《はじ》めれば成功《せいこう》は確実《かくじつ》だから、夢《ゆめ》や目標《もくひょう》があるなら1歩《ぽ》ふみ出《だ》そう。12月《がつ》は、生《い》き方《かた》を変《か》えるチャンス。新《あたら》しい人《ひと》たちとの出会《であ》いに注目《ちゅうもく》してね。

仕事《しごと》運《うん》

仕事《しごと》で大成功《だいせいこう》するより、毎日《まいにち》を楽《たの》しみたいタイプ

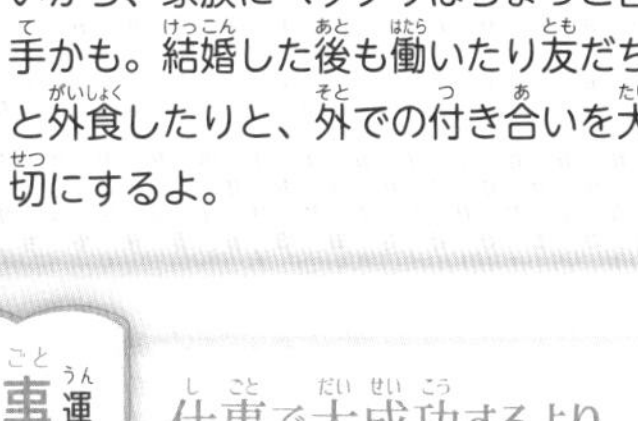

言葉《ことば》を使《つか》う能力《のうりょく》が高《たか》いあなたは、ライターや作家《さっか》、何《なに》かを教《おし》える仕事《しごと》が向《む》いているよ。でも、努力《どりょく》を重《かさ》ねてバリバリ働《はたら》くのはイヤだと思《おも》うタイプ。仕事《しごと》もリラックスして楽《たの》しく取《と》り組《く》みたいんだね。がんばって仕事《しごと》で大成功《だいせいこう》するより、自由《じゆう》な自分《じぶん》の時間《じかん》を大事《だいじ》にしたいみたい。

★ふたご座《さ》の有名人《ゆうめいじん》★　長澤《ながさわ》まさみ　二宮和也《にのみやかずなり》　miwa《ミワ》　中川大志《なかがわたいし》　コナン・ドイル

ふたご座《ざ》 GIRL ガール

何《なん》でもソツなくこなせる
おしゃべり上手《じょうず》な女《おんな》の子《こ》

恋愛《れんあい》運《うん》

**友《とも》だちから恋《こい》に発展《はってん》
サラリとした交際《こうさい》に**

気軽《きがる》に話《はな》せる男《おとこ》の子《こ》に、気《き》が付《つ》くと恋《こい》をしていたというパターンが多《おお》め。素直《すなお》になれず、わざと冷《つめ》たくすることも。恋人《こいびと》になってもさわやかな交際《こうさい》をして、友《とも》だちもしゅみも大事《だいじ》にするよ。

友情《ゆうじょう》運《うん》

**友《とも》だちにめぐまれても
気《き》をつかい、つかれるかも**

めぐまれた友情運《ゆうじょううん》。だれにでも明《あか》るく話《はな》しかけたりさそえるから、たくさんの友《とも》だちがいるはず。でもイヤと言《い》えなくて、つかれてしまうことも。みんなに好《す》かれようと、ムリしないで。

相性《あいしょう》のいい相手《あいて》

**風《かぜ》みたいにさわやかで
自由《じゆう》にさせてくれる人《ひと》が◎**

こだわりがなくて風《かぜ》みたいにさわやかな人《ひと》が、仲《なか》よくなれるタイプ。逆《ぎゃく》に、そくばくするような人《ひと》は、いっしょにいて苦《くる》しいかも。自由《じゆう》にさせてくれる人《ひと》が合《あ》っているんだね。

相性《あいしょう》ランキング

1位《い》 みずがめ座《ざ》
2位《い》 てんびん座《ざ》
3位《い》 ふたご座《ざ》
★4位《い》 しし座《ざ》
★5位《い》 おひつじ座《ざ》

ふたご座《ざ》BOY《ボーイ》

頭《あたま》がよくて、いろんなことに興味《きょうみ》があるカレ。話題《わだい》が豊富《ほうふ》で、明《あか》るくおしゃべりできるから、カレの周《まわ》りには、いつも友《とも》だちがいっぱい！　休日《きゅうじつ》は、遊《あそ》びに行《い》く予定《よてい》がギッシリつまっていそう。勉強《べんきょう》も好《す》きなほうなので、どの科目《かもく》も成績《せいせき》がいいはずだよ。でもあきっぽくて、一《ひと》つのことが長続《ながつづ》きしないところもあるみたい。

社交的《しゃこうてき》で友《とも》だちが多《おお》い
勉強《べんきょう》もできる器用《きよう》ボーイ

クラスでの立《た》ち位置《いち》

**手《て》をあげて積極的《せっきょくてき》に発言《はつげん》
授業《じゅぎょう》のムードを引《ひ》きしめる**

勉強好《べんきょうず》きなカレは、授業《じゅぎょう》は集中《しゅうちゅう》して聞《き》いているはず。積極的《せっきょくてき》に手《て》をあげて、みんながなっとくする発言《はつげん》ができるよ。カレがいると、授業中《じゅぎょうちゅう》の空《くう》気《き》がピシッとしまるね。

恋愛《れんあい》すると…

**好《す》きな人《ひと》の前《まえ》ではきんちょうして
ギクシャクした動《うご》きに**

だれとでも気軽《きがる》に話《はな》せるのに、好《す》きな人《ひと》にはきんちょうしてギクシャクしがち。だまったり、ヤケに大声《おおごえ》になったり……。でも、好《す》きな人《ひと》と話《はな》すチャンスをねらっているよ。

おすすめのアプローチ法《ほう》

共通《きょうつう》の話題《わだい》で盛《も》り上《あ》げて

カレが好《す》きな有名人《ゆうめいじん》やしゅみに、あなたも興味《きょうみ》をもって。その話《はなし》を出《だ》していろいろ質問《しつもん》すると、喜《よろこ》んで答《こた》えてくれるよ。共通《きょうつう》の話題《わだい》があるあなたを、いいなと思《おも》うはず。

6/22～7/22 生《う》まれ

かに座《ざ》

好《す》ききらいがハッキリしているあなた。好《す》きな人《ひと》を大事《だいじ》にするだけじゃなく、きらいな人《ひと》のいい点《てん》も探《さが》して、見直《みなお》してみると運気《うんき》UP《アップ》！

星座《せいざ》のストーリー

英雄《えいゆう》ヘラクレスを殺《ころ》すための化《ば》けガニ

大神《たいしん》ゼウスの子《こ》どもに、力《ちから》もちの英雄《えいゆう》ヘラクレスがいました。ゼウスの妻《つま》ヘラは、自分《じぶん》の子《こ》どもではないヘラクレスをきらい、ヘラクレスを殺《ころ》すために大《おお》きな化《ば》けガニを向《む》かわせました。しかし、ヘラクレスはこの化《ば》けガニをふみつけて、あっさりと殺《ころ》してしまいました。化《ば》けガニをあわれんだヘラは、その姿《すがた》を空《そら》に上《あ》げて、星座《せいざ》になりました。

あなたはこんな女子《じょし》!!

味方《みかた》と思《おも》う人《ひと》をトコトン守《まも》る！ 目上《めうえ》の人《ひと》にはあまえ上手《じょうず》

好《す》ききらいがハッキリしているあなたは、家族《かぞく》や友《とも》だちなど仲間《なかま》をトコトン大事《だいじ》にするよ。家族団《かぞくだん》らんや親《しん》せきの集《あつ》まりも、大好《だいす》きなはず。味方《みかた》だと思《おも》ったら自分《じぶん》をぎせいにしても守《まも》っていく、深《ふか》い情《じょう》をもっているね。先生《せんせい》や先輩《せんぱい》に素直《すなお》にたよる、あまえ上手《じょうず》なところも。だから周《まわ》りから愛《あい》されるよ。

家族《かぞく》運《うん》

家族《かぞく》の幸《しあわ》せに力《ちから》を注《そそ》いで 家族《かぞく》のために生《い》きる人生《じんせい》

あなたにとって、家族《かぞく》はとっても大事《だいじ》！　家《いえ》のお手伝《てつだ》いをしたり、家族《かぞく》の誕生日《たんじょうび》を祝《いわ》ったりして、支《ささ》えることができるよ。結婚《けっこん》した後《あと》も、家事《かじ》をしっかりこなし、だんなさんと子《こ》どもを支《ささ》えて生《い》きていくはず。

スタート月《つき》

1月《がつ》　7月《がつ》

1年《ねん》が始《はじ》まる1月《がつ》は、あなたにとってもよいスタートを切《き》れる月《つき》。1年《ねん》の目標《もくひょう》を立《た》てて、できることにチャレンジしよう。暑《あつ》くなる7月《がつ》もパワーアップ！　新《あたら》しい世界《せかい》を切《き》り開《ひら》くことができそうだね。

仕事《しごと》運《うん》

活躍《かつやく》するよりも、和気《わき》あいあいと働《はたら》きたいタイプ

大勢《おおぜい》の前《まえ》に出《で》るようなはなやかな仕事《しごと》は苦手《にがて》。部屋《へや》やお店《みせ》のなかで数少《かずすく》ない仲《なか》のよい人《ひと》たちと、笑顔《えがお》で働《はたら》きたい……と願《ねが》うタイプ。1人《り》でコツコツ取《と》り組《く》む仕事《しごと》も、安心《あんしん》して楽《たの》しくできそうだね。職場《しょくば》の仲間《なかま》やお客《きゃく》さんを、ホッとなごませる力《ちから》があるよ。

かに座《さ》の有名人《ゆうめいじん》　賀来賢人《かくけんと》　平手友梨奈《ひらてゆりな》　本田翼《ほんだつばさ》　草彅剛《くさなぎつよし》　ヘレン・ケラー　大谷翔平《おおたにしょうへい》

かに座《ざ》 GIRL《ガール》

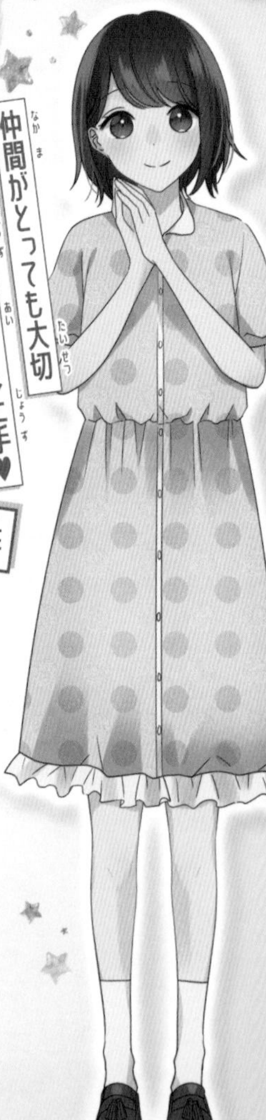

仲間《なかま》がとっても大切《たいせつ》
あまえ上手《じょうず》で愛《あい》され上手《じょうず》♥

恋愛《れんあい》運《うん》

つくし過《す》ぎてカレをあまやかすかも!?

好《す》ききらいが強《つよ》いぶん、恋《こい》に落《お》ちたらトコトンほれこむよ。つくすことが好《す》きで、カレに毎日連絡《まいにちれんらく》したり、おかしを作《つく》ったりできるタイプ。世話《せわ》を焼《や》き過《す》ぎて、カレをあまやかすよ。

友情《ゆうじょう》運《うん》

友《とも》だちには親切《しんせつ》だけどほかの人《ひと》には冷《つめ》たい？

落《お》ちこんでいたらなぐさめたり、誕生《たんじょう》日《び》をお祝《いわ》いしてあげたりと、友《とも》だちをとても大事《だいじ》にするよ。ケンカしてもなんとか仲直《なかなお》りしようとがんばるほど。でも、親《した》しくない人《ひと》には冷《つめ》たいみたい。

相性《あいしょう》のいい相手《あいて》

ゆっくり心《こころ》を開《ひら》くタイプと安心《あんしん》して仲《なか》よくできる

知《し》り合《あ》ったばかりなのに、いきなりペラペラしゃべってくる人《ひと》には、心《こころ》を開《ひら》けないみたい。あなたと同《おな》じシャイではずかしがり屋《や》の人《ひと》なら、心《こころ》を開《ひら》くペースが似《に》ていて、安心《あんしん》できそうだね。

相性《あいしょう》ランキング

- 1位《い》 うお座《ざ》
- 2位《い》 さそり座《ざ》
- 3位《い》 かに座《ざ》
- ★4位《い》 おとめ座《ざ》
- ★5位《い》 おうし座《ざ》

かに座《ざ》 BOY《ボーイ》

シャイだけど心《こころ》は温《あたた》か♥
家族《かぞく》&《アンド》仲間《なかま》思《おも》いな男《おとこ》の子《こ》

シャイであまり話《はな》さなくても、心《こころ》が温《あたた》かいカレ。慣《な》れた人《ひと》には素直《すなお》な自分《じぶん》を見《み》せるけれど、それ以外《いがい》の人《ひと》には人見知《ひとみし》りをして心《こころ》を開《ひら》けないところがあるよ。敵《てき》と味方《みかた》をハッキリ分《わ》けて、味方《みかた》を大事《だいじ》にするんだね。カレにとっていちばん大切《たいせつ》なのは、家族《かぞく》。家族《かぞく》についてたずねると、楽《たの》しそうに話《はな》してくれるよ。

クラスでの立《た》ち位置《いち》

困《こま》っている仲間《なかま》を心配《しんぱい》する お兄《にい》さんみたいな役目《やくめ》

クラスメイトが大好《だいす》きなカレ。だれかが体調《たいちょう》を悪《わる》くしたり、ケンカしたりしたら、一目散《いちもくさん》にかけ寄《よ》って「だいじょうぶ!?」と心配《しんぱい》するよ。お兄《にい》さんみたいな役目《やくめ》ができる人《ひと》。

恋愛《れんあい》すると…

特別《とくべつ》あつかいでやさしい♥ ジェラシーを見《み》せる場面《ばめん》も

テレ屋《や》で、好《す》きな人《ひと》の前《まえ》ではモジモジしそう。でも特別《とくべつ》やさしくなるよ。ヤキモチ焼《や》きで、ほかの男《おとこ》の子《こ》と話《はな》していると、じゃましちゃう場面《ばめん》があるかも。

おすすめのアプローチ法《ほう》

告白《こくはく》する前《まえ》に仲《なか》よくなる

けいかい心《しん》の強《つよ》いカレに、いきなり告白《こくはく》するのは×。まずはしゅみが同《おな》じなど、似《に》ているところをアピールして。たくさん話《はな》して、カレの身近《みぢか》な存在《そんざい》になることが大切《たいせつ》。

7/23～8/22 生《う》まれ

しし座《ざ》

ユーモアセンスがバツグンのあなた。周《まわ》りの人《ひと》を楽《たの》しませて笑顔《えがお》にすればするほど、運気《うんき》アップ。いろんな芸《げい》を身《み》に付《つ》けてみよう。

星座《せいざ》のストーリー

英雄《えいゆう》ヘラクレスもおそれた大《おお》ライオン

ヘラクレスは大神《たいしん》ゼウスの子《こ》どもで、すぐれた体力《たいりょく》をもつ英雄《えいゆう》でした。あるときヘラクレスは、森《もり》に住《す》む大《おお》ライオンの退治《たいじ》を命《めい》じられました。弓矢《ゆみや》も剣《けん》も効《き》かないこの大《おお》ライオンをたおすことに苦労《くろう》しましたが、ヘラクレスは道具《どうぐ》を使《つか》わず、素手《すで》でたおすことができました。ゼウスは彼《かれ》の活躍《かつやく》を記念《きねん》して、この大《おお》ライオンを空《そら》にかかげ、それがしし座《ざ》になりました。

あなたはこんな女子《じょし》!!

みんなを笑《わら》わせる人気者《にんきもの》 負《ま》けずぎらいなところも

ユーモアがあって、おもしろいことや楽《たの》しいことが大好《だいす》き！　元気《げんき》なアクションやジョークで、みんなを笑《わら》わせる才能《さいのう》をもっている、いつもキラキラかがやいている人気者《にんきもの》だね。それは「注目《ちゅうもく》されたい」と願《ねが》っているからでもあるみたい。強《つよ》いライバルがいるほど燃《も》える、負《ま》けずぎらいな一面《いちめん》も。

家族《かぞく》運《うん》

家族《かぞく》より外《そと》の世界《せかい》を優先《ゆうせん》 いっしょの時間《じかん》が短《みじか》めに

家族《かぞく》のことは大好《だいす》きだけど、いつも気《き》もちは外《そと》に向《む》いているので、友《とも》だちを優先《ゆうせん》してしまいがち。遊《あそ》びに行《い》ってばかりで、家族《かぞく》と過《す》ごす時間《じかん》が短《みじか》くなりそう。家族《かぞく》の誕生日《たんじょうび》を祝《いわ》うなど、イベントを大事《だいじ》にするといいね。

スタート月《つき》

2月《がつ》 8月《がつ》

まだ寒《さむ》さの残《のこ》る2月《がつ》には、夢《ゆめ》の実現《じつげん》のために種《たね》まきをするといいよ。目上《めうえ》の人《ひと》に相談《そうだん》したり、下調《したしら》べをしたりしてみて。真夏《まなつ》の8月《がつ》は、あなたのパワー全開《ぜんかい》！　とくに新《あたら》しいスポーツや勉強《べんきょう》を始《はじ》めるのがおすすめ。

仕事《しごと》運《うん》

注目《ちゅうもく》される仕事《しごと》で、トップを目《め》ざしてがんばる！

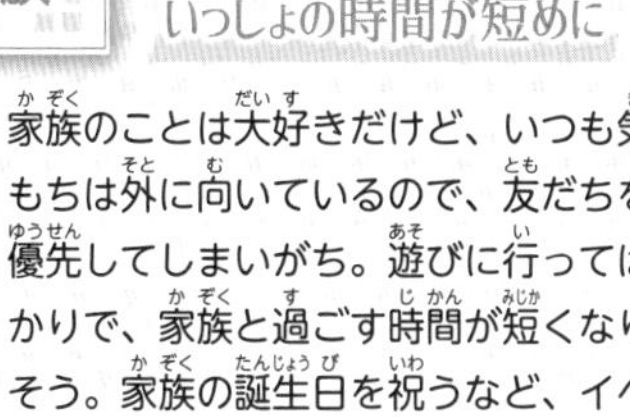

トップに立《た》つことが好《す》きだから、会社《かいしゃ》で命令《めいれい》されて仕事《しごと》をするのは少《すこ》し苦手《にがて》。しゅみを生《い》かしてフリーで仕事《しごと》をしたり、自分《じぶん》で会社《かいしゃ》を作《つく》ったりするよ。みんなに注目《ちゅうもく》される芸能人《げいのうじん》やスポーツ選手《せんしゅ》にも向《む》いているね。トップに立《た》つために、楽《たの》しくがんばり続《つづ》けられるはずだよ。

★しし座《ざ》の有名人《ゆうめいじん》★　中居正広《なかいまさひろ》　中島裕翔《なかじまゆうと》　北川景子《きたがわけいこ》　戸田恵梨香《とだえりか》　さかなクン　ナポレオン

しし座《ざ》 GIRL ガール

ユーモアで視線《しせん》を集《あつ》める
光《ひか》りかがやく人気者《にんきもの》★

恋愛運《れんあいうん》

恋《こい》するより恋《こい》されたい♥ ロマンチストな女《おんな》の子《こ》

ドラマみたいな恋《こい》を求《もと》めるロマンチックなあなた。ほれっぽいので、たくさん恋《こい》をしそう。でもプライドが高《たか》いので、自分《じぶん》から告白《こくはく》するのは苦手《にがて》。恋《こい》するより、恋《こい》されたいタイプなんだね。

友情運《ゆうじょううん》

尊敬《そんけい》されることを望《のぞ》む みんなのリーダー

人《ひと》を楽《たの》しませるから、友《とも》だちがいっぱい。仲間《なかま》のリーダーになって、みんなに尊敬《そんけい》されそうだね。自分《じぶん》をしたってくれる人《ひと》を大事《だいじ》にするアネゴ肌《はだ》タイプ。さみしがり屋《や》の面《めん》もあるよ。

相性《あいしょう》のいい相手《あいて》

ジョークに乗《の》ってくるなど ノリを合《あ》わせてくれるかがカギ

ジョークに乗《の》ってくれる、ユーモアがあってさっぱりした人《ひと》と気《き》が合《あ》うよ。逆《ぎゃく》にマジメでガンコな人《ひと》とは、派手《はで》にぶつかり合《あ》ってしまいそう。合《あ》わせ上手《じょうず》な人《ひと》かどうかがカギ。

相性《あいしょう》ランキング

- 1位《い》 おひつじ座《ざ》
- 2位《い》 いて座《ざ》
- 3位《い》 しし座《ざ》
- ★4位《い》 てんびん座《ざ》
- ★5位《い》 ふたご座《ざ》

しし座《ざ》BOY《ボーイ》

ストレートで裏表《うらおもて》なく
注目《ちゅうもく》されるほど光《ひか》るリーダー

感情《かんじょう》をストレートに出《だ》す、裏表《うらおもて》がない性格《せいかく》が魅力《みりょく》のカレ。おもしろいことを言《い》ってみんなを笑《わら》わせたり、運動会《うんどうかい》や文化祭《ぶんかさい》で活躍《かつやく》するなど、目立《めだ》つことが大好《だいす》きだよ。ほめられるとうれしくなって、がんばっちゃうお調子者《ちょうしもの》。でも、少《すこ》しでも冷《つめ》たくされるとドッと落《お》ちこむ単純《たんじゅん》なところも。さみしがり屋《や》な面《めん》があるんだね。

クラスでの立《た》ち位置《いち》

積極的《せっきょくてき》にみんなをまとめる
クラスのリーダー的存在《てきそんざい》

積極的《せっきょくてき》に学級委員《がっきゅういいん》に立候補《りっこうほ》して、みんなをまとめていくなど、クラスのリーダー的存在《てきそんざい》。とても目立《めだ》って活《かつ》動的《どうてき》なので、クラスのなかにはファンもアンチも多《おお》いかも!?

恋愛《れんあい》すると…

恋心《こいごころ》はオープン派《は》!?
アタックも真剣《しんけん》で積極的《せっきょくてき》

恋《こい》に落《お》ちると情熱的《じょうねつてき》で、みんなの前《まえ》で告白《こくはく》したりするようなオープンさがあるね。両思《りょうおも》いになるまであきらめないで、アタックし続《つづ》けていく強《つよ》さがあるよ。

おすすめのアプローチ法《ほう》

★どんどんほめて喜《よろこ》ばせて★

プライドが高《たか》いカレには、ほめ殺《ごろ》しが一番《いちばん》！よい点《てん》をたくさんほめて、「すごいね！」「尊《そん》敬《けい》するよ！」と言《い》ってあげて。理解《りかい》してくれる人《ひと》だなと感激《かんげき》するはず。

8/23～9/22生《う》まれ

おとめ座《ざ》

人《ひと》の長所《ちょうしょ》も欠点《けってん》も、よく見《み》えるあなた。周《まわ》りの人《ひと》の長所《ちょうしょ》をたくさんほめるようにすると、あなたの大《おお》きな夢《ゆめ》がかなっていくよ。

星座《せいざ》のストーリー

娘《むすめ》をうばわれて悲《かな》しむ豊作《ほうさく》の女神《めがみ》デメテル

豊作《ほうさく》の女神《めがみ》デメテルに、ペルセポネという娘《むすめ》がいました。しかし死《し》の国《くに》の王《おう》ハデスがペルセポネに恋《こい》をして、死《し》の国《くに》に連《つ》れ去《さ》ってしまいます。その後《ご》ペルセポネは帰《かえ》ってこられたけれど、ペルセポネは死《し》の国《くに》でザクロの実《み》を４つぶ食《た》べたため、１年《ねん》のなかの４か月間《げつかん》は死《し》の国《くに》で暮《く》らすことになりました。この４か月間《げつかん》が冬《ふゆ》となり、悲《かな》しむデメテルの姿《すがた》がおとめ座《ざ》になったのです。

あなたはこんな女子《じょし》!!

役《やく》に立《た》てるようにがんばる
マジメできれい好《ず》きな性格《せいかく》

自分《じぶん》の役割《やくわり》をがんばることに喜《よろこ》びを感《かん》じる、マジメでれいぎ正《ただ》しい性格《せいかく》。みんなの役《やく》に立《た》てることがうれしいんだね。おとなしく見《み》えても、意志《いし》は強《つよ》く、自分《じぶん》の考《かんが》えを簡単《かんたん》には曲《ま》げないよ。そして、きれい好《ず》きなのもあなたの魅力《みりょく》。部屋《へや》やカバンのなかの整理《せいり》が、いつもちゃんとされているのでは？

家族《かぞく》運《うん》

つくして助《たす》けるけれど文句《もんく》が増《ふ》えることも!?

友《とも》だちが多《おお》くないぶん、家族《かぞく》に愛情《あいじょう》を注《そそ》ぐあなた。家《いえ》のお手伝《てつだ》いなどで、みんなを助《たす》けようとするよ。だから家族《かぞく》とよい関係《かんけい》を作《つく》れるね。でも「こうしてほしい」という文句《もんく》が多《おお》くて、家族《かぞく》をムッとさせてしまうことも。

スタート月《つき》

3月《がつ》 9月《がつ》

暖《あたた》かくなる3月《がつ》は、頭《あたま》で考《かんが》えていたことを実行《じっこう》するのによい月《つき》。勇気《ゆうき》を出《だ》して動《うご》くことができるよ。9月《がつ》はあなたの魅力《みりょく》がキラキラかがやく月《つき》。この月《つき》に始《はじ》めたことは、あきないで長《なが》く続《つづ》けられるはず。

仕事《しごと》運《うん》

どんな仕事《しごと》でもしっかりこなす「デキる人《ひと》」

だれかの役《やく》に立《た》ちたいと考《かんが》えるあなたにとって、仕事《しごと》はとても大切《たいせつ》なもの。どんな仕事《しごと》でも、会社《かいしゃ》のためになると思《おも》うとやりがいを感《かん》じるよ。しめ切《き》りを守《まも》れて遅刻《ちこく》やミスも少《すく》ないから、職場《しょくば》では「デキる人《ひと》」と思《おも》われて、安心感《あんしんかん》をもたれそう。結婚後《けっこんご》も仕事《しごと》を続《つづ》けるタイプ。

おとめ座《ざ》の有名人《ゆうめいじん》 今市隆二《いまいちりゅうじ》 山﨑賢人《やまざきけんと》 横浜流星《よこはまりゅうせい》 二階堂《にかいどう》ふみ 松本人志《まつもとひとし》 マザー・テレサ

おとめ座《ざ》 GIRL《ガール》

ひかえめだけど意志《いし》が強《つよ》く

マジメな清楚系女子《せいそけいじょし》

恋愛運《れんあいうん》

王子様《おうじさま》のリードを待《ま》つ ロマンを求《もと》めるタイプ

恋《こい》ではロマンチスト。やさしくリードする王子様《おうじさま》タイプを好《す》きになりそう。恋《こい》に落《お》ちたらカレの役《やく》に立《た》てるようにがんばるよ。あきないタイプで恋心《こいごころ》も冷《さ》めず、何年《なんねん》も思《おも》い続《つづ》けられるね。

友情運《ゆうじょううん》

数少《かずすく》ない友《とも》だちと じっくり長《なが》く付《つ》き合《あ》う

さわぐことは苦手《にがて》で、気《き》の合《あ》う人《ひと》とじっくり話《はな》し合《あ》うほうが好《す》き。心《こころ》を開《ひら》くまで時間《じかん》がかかるので、友《とも》だちの数《かず》は多《おお》くないかも。でも友情《ゆうじょう》が長《なが》く続《つづ》いて、卒業《そつぎょう》した後《あと》も連絡《れんらく》を取《と》り合《あ》えるよ。

相性《あいしょう》のいい相手《あいて》

細《こま》かい気配《きくば》りを忘《わす》れない しっかりした人《ひと》が相性《あいしょう》◎

あなたと似《に》た、細《こま》かい気配《きくば》りができるマジメなしっかり者《もの》が、よい友《とも》だちになれそうだね。逆《ぎゃく》に、あちこち飛《と》び回《まわ》っているような元気過《げんきす》ぎる人《ひと》は、長《なが》くいっしょにいるとつかれるかも。

相性《あいしょう》ランキング

- 1位《い》 おうし座《ざ》
- 2位《い》 やぎ座《ざ》
- 3位《い》 おとめ座《ざ》
- 4位《い》 さそり座《ざ》
- 5位《い》 かに座《ざ》

おとめ座《ざ》 BOY《ボーイ》

おとなっぽいムードをもっている、落《お》ち着《つ》きのある男《おとこ》の子《こ》。責任感《せきにんかん》が強《つよ》くて、自分《じぶん》の役割《やくわり》をしっかりこなす、マジメで信頼《しんらい》できる性格《せいかく》だよ。感情《かんじょう》に流《なが》されないカレは、みんなが何《なに》かで大《おお》さわぎしているときも、冷《れい》静《せい》に状況《じょうきょう》を分析《ぶんせき》して動《うご》くことができそうだね。曲《ま》がったことがきらいで、お説教《せっきょう》や批《ひ》判《はん》をするところもあるよ。

クラスでの立《た》ち位《い》置《ち》

さわぐ子《こ》を注意《ちゅうい》するような先生《せんせい》みたいな役割《やくわり》ができる

授業中《じゅぎょうちゅう》にさわいだりサボったりする人《ひと》を注意《ちゅうい》する、先生《せんせい》みたいなタイプ。勉強《べんきょう》がわからない人《ひと》に教《おし》えてあげるような、サポート役《やく》も進《すす》んでこなせるね。

恋愛《れんあい》すると…

表情《ひょうじょう》より行動《こうどう》に恋心《こいごころ》が出《で》そう 告白《こくはく》にはしんちょうなタイプ

好《す》きな子《こ》の前《まえ》でも顔色《かおいろ》を変《か》えないよ。でも声《こえ》をかけたり連絡《れんらく》したり、理由《りゆう》を作《つく》って近《ちか》づこうとするタイプ。恋《こい》を大切《たいせつ》にしたいから、告白《こくはく》までに時《じ》間《かん》がかかりそう。

おすすめのアプローチ法《ほう》

学校《がっこう》のことについて話《はな》そう

急《きゅう》に告白《こくはく》されるのは苦手《にがて》。まずは自分《じぶん》のことをよく知《し》ってもらおう。プライベートよりも授業《じゅぎょう》や学校行事《がっこうぎょうじ》について話《はな》してみると、心《こころ》を開《ひら》いてくれるはず。

9/23～10/23 生《う》まれ

てんびん座《ざ》

つい、あちこちにいい顔《かお》をしてしまうあなた。家族《かぞく》や将来《しょうらい》の夢《ゆめ》など、本当《ほんとう》に大事《だいじ》なことを、ほかのことよりも大切《たいせつ》にしてね。

星座《せいざ》のストーリー

女神《めがみ》アストレイアがもつ善《ぜん》と悪《あく》をはかるてんびん

昔《むかし》、平和《へいわ》で食《た》べ物《もの》がたくさんある世界《せかい》では、神《かみ》も人間《にんげん》もいっしょに暮《く》らしていました。正義《せいぎ》の女神《めがみ》アストレイアは、人間《にんげん》に正義《せいぎ》についての話《はなし》を聞《き》かせて過《す》ごしていました。でも世界《せかい》の食《た》べ物《もの》が減《へ》ったことで、人間《にんげん》の間《あいだ》に争《あらそ》いが生《う》まれます。それを見《み》てがっかりしたアストレイアは天《てん》に帰《かえ》ってしまうことに。その手《て》にもっていた善《ぜん》と悪《あく》をはかるてんびんが、星座《せいざ》になったのです。

あなたはこんな女子《じょし》!!

だれからも好《す》かれる人気者《にんきもの》
オシャレのセンスもバツグン！

頭《あたま》の回転《かいてん》が速《はや》くておしゃべり上手《じょうず》。自《じ》分《ぶん》から人《ひと》に声《こえ》をかけるタイプなので、周《まわ》りにはいつも人《ひと》がたくさん！　とても社交的《しゃこうてき》な女《おんな》の子《こ》で、だれかにきらわれることもほとんどないよ。オシャレのセンスもバツグン！　頭《あたま》から足先《あしさき》まで考《かんが》えられたコーディネートは、みんなのお手本《てほん》になりそうだね。

家族《かぞく》運《うん》

友《とも》だちにいい顔《かお》をして家族《かぞく》との時間《じかん》が減《へ》りがち

家族《かぞく》を大事《だいじ》に思《おも》いながらも、あまえからワガママをぶつけがち。逆《ぎゃく》にそれほど仲《なか》よくない子《こ》にはいい顔《かお》をしてしまうタイプかも。家族《かぞく》と過《す》ごす時間《じかん》が少《すく》なくても、その日《ひ》の出来事《できごと》をきちんと報告《ほうこく》するようにしてね。

スタート月《つき》

4月《がつ》　10月《がつ》

クラスがえなどで新《あたら》しい出会《であ》いが多《おお》い4月《がつ》は、自然《しぜん》と新《あたら》しい夢《ゆめ》や目標《もくひょう》が生《う》まれそう。10月《がつ》は、いちばん自分《じぶん》らしさを出《だ》せる月《つき》。いろんな人《ひと》と会《あ》ううちに、新《あたら》しいことにチャレンジする流《なが》れに乗《の》れるはず。

仕事《しごと》運《うん》

美《び》のセンスや社交性《しゃこうせい》を生《い》かせる仕事《しごと》で成功《せいこう》

何《なん》でもソツなくこなせて、職場《しょくば》の人《ひと》と仲《なか》よくできるから、どんな仕事《しごと》でもそれなりに成功《せいこう》するよ。とくにセンスを生《い》かせる美容《びよう》やデザイン関係《かんけい》の仕事《しごと》では、イキイキ働《はたら》けそう。受付《うけつけ》やウェイトレスなど、お客《きゃく》さんと接《せっ》する仕事《しごと》も向《む》いているね。ワクワクする仕事《しごと》を選《えら》んでみてね。

★てんびん座《ざ》の有名人《ゆうめいじん》★　松坂桃李《まつざかとおり》　りゅうちぇる　渡辺直美《わたなべなおみ》　水原希子《みずはらきこ》　高杉晋作《たかすぎしんさく》　イチロー

てんびん座《ざ》GIRL《ガール》

だれとでも付《つ》き合《あ》える
社交性《しゃこうせい》の高《たか》いオシャレガール

恋愛運《れんあいうん》

モテるけどあきっぽいのでたくさんの恋《こい》をしそう

どんな男《おとこ》の子《こ》とも明《あか》るく話《はな》せてオシャレなあなたに、恋《こい》する男《おとこ》の子《こ》はいっぱい。少《すこ》しあきっぽいので、きっといろんな男《おとこ》の子《こ》を好《す》きになるはず。同時《どうじ》に2人《り》の男《おとこ》の子《こ》が気《き》になることも！

友情運《ゆうじょううん》

友《とも》だちの数《かず》は多《おお》め！でも親友《しんゆう》はできにくい!?

社交上手《しゃこうじょうず》なあなたは、友《とも》だちの数《かず》に困《こま》ることはなさそう。何《なに》かを始《はじ》めれば、すぐに協力者《きょうりょくしゃ》が集《あつ》まってきてくれるはずだよ。でも親友《しんゆう》はできにくいかも。本音《ほんね》をぶつけることも大切《たいせつ》だね。

相性《あいしょう》のいい相手《あいて》

いい感《かん》じにきょりを取《と》れるサラッとしたタイプが相性《あいしょう》◎

テレビや遊《あそ》びなど軽《かる》い話題《わだい》にサラッと乗《の》ってくれる人《ひと》や、いい感《かん》じできょりを取《と》れる人《ひと》となら、ずっと仲《なか》よくできそう。逆《ぎゃく》にベタベタしてくる人《ひと》といると、あなたのよさを出《だ》せないかも。

相性《あいしょう》ランキング

1位《い》 ふたご座《ざ》
2位《い》 みずがめ座《ざ》
3位《い》 てんびん座《ざ》
4位《い》 いて座《ざ》
5位《い》 しし座《ざ》

てんびん座《ざ》BOY《ボーイ》

おだやかでスマートなムードをもっている、付《つ》き合《あ》い上手《じょうず》なカレ。争《あらそ》いがきらいでだれからも好《す》かれたいと願《ねが》っているから、周《まわ》りに合《あ》わせてあまり本音《ほんね》を言《い》わないみたい。でも、心《こころ》のなかでは自分《じぶん》の意見《いけん》を強《つよ》くもっていて、流《なが》されないタイプだよ。オシャレのセンスはバツグンで、自分《じぶん》をカッコよく見《み》せる方法《ほうほう》をわかっているね。

スマートで付《つ》き合《あ》い上手《じょうず》
強《つよ》い意志《いし》をもつ男《おとこ》の子《こ》

クラスでの立《た》ち位置《いち》

みんなの意見《いけん》のまとめ役《やく》 ケンカを止《と》めるのも得意《とくい》

自分《じぶん》の意見《いけん》はあまり言《い》わないけれど、みんなの意見《いけん》を調整《ちょうせい》するのは得意《とくい》！意見《いけん》のまとめ役《やく》として、みんなを助《たす》けることができるよ。ケンカを止《と》める才能《さいのう》もアリ。

恋愛《れんあい》すると…

フラれることがはずかしい!? 女《おんな》の子《こ》の告白《こくはく》を待《ま》つタイプ

モテモテのカレは、恋《こい》するより恋《こい》されたいタイプ。自分《じぶん》から告白《こくはく》しないで、好《す》きな人《ひと》に来《こ》させようとするよ。カッコ悪《わる》いのがイヤだから、フラれることをこわがるんだね。

おすすめのアプローチ法《ほう》

フレンドリーにさそって

あまりにも重《おも》いムードで告白《こくはく》するのは×。フレンドリーな感《かん》じでイベントなどにさそってみよう。バッチリオシャレをして会《あ》えば、カレをドキッとさせられるはずだよ。

10/24～11/21 生《う》まれ

さそり座《ざ》

「私《わたし》はこれが好《す》き！」と夢中《むちゅう》になれるものを、一《ひと》つだけ見《み》つけよう。
早《はや》く見《み》つかるほど、あなたの人生《じんせい》がかがやいていくよ。

星座《せいざ》のストーリー

神《かみ》たちが送《おく》りこんだ オリオンをさすサソリ

狩《か》りの名人《めいじん》・オリオンは、ハンサムで力《ちから》もちの青年《せいねん》。「自《じ》分《ぶん》よりも強《つよ》い者《もの》はいない」と、いつもじまんしていました。それを知《し》った神《かみ》たちはおこり、話《はなし》を聞《き》いた大神《たいしん》ゼウスの妻《つま》ヘラが、オリオンのところに１匹《ぴき》のサソリを送《おく》ります。そのサソリは、彼《かれ》をさし殺《ころ》してしまったのです。ヘラはその働《はたら》きぶりをうれしく思《おも》い、サソリを天《てん》に上《あ》げて、星座《せいざ》にしました。

あなたはこんな女子《じょし》!!

好《す》きな世界《せかい》に深《ふか》くはまりこむ とても愛情深《あいじょうぶか》い神秘的《しんぴてき》な子《こ》

心《こころ》を開《ひら》くまでに時間《じかん》がかかるけれど、好《す》きだと思《おも》ったらトコトンのめりこむ、とっても愛情深《あいじょうぶか》い女《おんな》の子《こ》。好《す》きなこと以外《いがい》は、まったく目《め》に入《はい》らないほど。集中力《しゅうちゅうりょく》もバツグンで、長《なが》い時間《じかん》一《ひと》つのことをがんばってもつかれないはず。みんなの前《まえ》であまり話《はな》さないから、神秘的《しんぴてき》な子《こ》と思《おも》われているよ。

家族《かぞく》運《うん》

愛情《あいじょう》が深《ふか》いぶん期待《きたい》して ケンカが多《おお》くなるかも

家族愛《かぞくあい》が深《ふか》く、自分《じぶん》をぎせいにしても家族《かぞく》のために動《うご》けるよ。でも家族《かぞく》に期待《きたい》し過《す》ぎて、不満《ふまん》がたまることも。仲《なか》よしのときはいいけれど、険悪《けんあく》になるとケンカばかり……なんてことに。自分《じぶん》は自分《じぶん》、家族《かぞく》は家族《かぞく》と割《わ》り切《き》って。

スタート月《つき》

5月《がつ》 11月《がつ》

新《あたら》しい環境《かんきょう》に慣《な》れてくる5月《がつ》は、初《はじ》めてのことにチャレンジするよゆうが生《う》まれそう。そして最《もっと》もパワフルになれるのが11月《がつ》。新《あたら》しい習《なら》い事《ごと》や好《す》きな男《おとこ》の子《こ》への告白《こくはく》は、この月《つき》に行《おこな》うと、成功率《せいこうりつ》がグンと高《たか》まるよ。

仕事《しごと》運《うん》

アートや音楽《おんがく》などしゅみを仕事《しごと》にして成功《せいこう》する!

好《す》きなことならとことんがんばれるあなたは、しゅみを仕事《しごと》にして成功《せいこう》するタイプ。「これだ!」と思《おも》う職業《しょくぎょう》を見《み》つけたら、すんなりと成功《せいこう》していくはず。あまり好《す》きじゃない仕事《しごと》は、すぐにやめたくなりそう。芸術的《げいじゅつてき》な感性《かんせい》がすぐれているから、アートや音楽《おんがく》の世界《せかい》に向《む》いているよ。

★さそり座《ざ》の有名人《ゆうめいじん》★ 木村拓哉《きむらたくや》 菜々緒《ななお》 手越祐也《てごしゆうや》 指原莉乃《さしはらりの》 マツコ・デラックス

さそり座《ざ》 GIRL《ガール》

愛《あい》する気《き》もちが大切《たいせつ》！

いちずで神秘的《しんぴてき》な女子《じょし》

恋愛《れんあい》運《うん》

好《す》きなカレのことで 頭《あたま》のなかがいっぱいに！

愛情深《あいじょうぶか》さはナンバーワン！　恋《こい》に落《お》ちたらカレのことで頭《あたま》がいっぱいになり、勉強《べんきょう》も遊《あそ》びも手《て》につかないよ。熱《あつ》い視《し》線《せん》や赤《あか》いほほから自然《しぜん》と気《き》もちが伝《つた》わるはず。少《すこ》し重《おも》いと思《おも》われることも。

友情《ゆうじょう》運《うん》

数《かず》少《すく》ない友《とも》だちに 豊《ゆた》かな愛情《あいじょう》を注《そそ》げる

さみしがり屋《や》なので、友《とも》だちを大切《たいせつ》にするよ。数《かず》は少《すく》なくても1人《り》ひとりに深《ふか》い友情《ゆうじょう》をもち、相談《そうだん》に乗《の》るめんどう見《み》のよいタイプ。イヤなことをされたら激《はげ》しくおこってしまうことも。

相性《あいしょう》のいい相手《あいて》

ひかえめで人見知《ひとみし》り 情《じょう》にあつい子《こ》と仲《なか》よしに

友《とも》だちが少《すく》なくて人見知《ひとみし》りをするような、ひかえめで情《じょう》が深《ふか》い人《ひと》と相性《あいしょう》バッチリ！　逆《ぎゃく》に社《しゃ》交的《こうてき》でサバサバしている人《ひと》だと、もの足《た》りないと感《かん》じそう。友情《ゆうじょう》を分《わ》かち合《あ》える人《ひと》が合《あ》うよ。

相性《あいしょう》ランキング

- 1位《い》 かに座《ざ》
- 2位《い》 うお座《ざ》
- 3位《い》 さそり座《ざ》
- 4位《い》 やぎ座《ざ》
- 5位《い》 おとめ座《ざ》

さそり座《ざ》BOY《ボーイ》

ほかに興味《きょうみ》をもてないほど、自分《じぶん》の好《す》きな世界《せかい》をとっても大切《たいせつ》にしている、オタク気《き》質《しつ》の男《おとこ》の子《こ》。ちゅうとはんぱがきらいで、何《なん》でも白《しろ》か黒《くろ》かハッキリさせるところも。何《なに》かの研究《けんきゅう》にはまることもありそう。意志《いし》が強《つよ》く、一度《いちど》答《こた》えを出《だ》したら、それを簡単《かんたん》に変《か》えることはないよ。流行《りゅうこう》や自分《じぶん》が目立《めだ》つことにも、あまり興味《きょうみ》がなさそう。

自分《じぶん》の好《す》きな世界《せかい》が大事《だいじ》！
周《まわ》りに流《なが》されない不思議《ふしぎ》キャラ

クラスでの立《た》ち位置《いち》

みんなの興味《きょうみ》をかきたてる
不思議《ふしぎ》なムードをもつ存在《そんざい》

クラスのなかの不思議《ふしぎ》ボーイ。ふだんは静《しず》かだけど、急《きゅう》にしゅみについて熱《あつ》く語《かた》って、周《まわ》りをおどろかせるなんてことも。理科《りか》の実験《じっけん》など研究《けんきゅう》では、みんなをリードするよ。

恋愛《れんあい》すると…

恋愛《れんあい》はカレの大事《だいじ》なテーマ
1日中《にちじゅう》恋《こい》で頭《あたま》がいっぱいに

ちゅうとはんぱな恋愛《れんあい》はしない、いちずなカレ。朝《あさ》から晩《ばん》まで好《す》きな人《ひと》のことを考《かんが》えてしまいそう❤ 両思《りょうおも》いになったらうわきしないで、包《つつ》みこむように恋人《こいびと》を守《まも》るよ。

おすすめのアプローチ法《ほう》

★ 視線《しせん》やスキンシップがカギ ★

たよりにしていることや尊敬《そんけい》していることを伝《つた》えて、あまえてみて。上目《うわめ》づかいで見《み》つめたり、かたやうでにポンッとふれたりして、ドキドキさせてみるのも◎。

11/22〜12/21 生《う》まれ

いて座《ざ》

広《ひろ》い世界《せかい》を知《し》れば知《し》るほど、人生《じんせい》が明《あか》るくかがやくあなた。
あちこちへ旅行《りょこう》して、いろんな生《い》き方《かた》や考《かんが》え方《かた》があることを知《し》ろう。

星座《せいざ》のストーリー

ケンタウロス族《ぞく》の長老《ちょうろう》 尊敬《そんけい》されたケイローン

ギリシアに上半身《じょうはんしん》が人間《にんげん》で下半身《かはんしん》が馬《うま》という、ケンタウロス族《ぞく》がいました。そのなかにケイローンというかしこい長老《ちょうろう》がいて、みんなから尊敬《そんけい》されていました。ある日《ひ》、ケイローンのひざに毒矢《どくや》がささってしまいます。死《し》なない体《からだ》をもつケイローンは苦《くる》しみ、大神《たいしん》ゼウスにたのんで死《し》なせてもらいました。多《おお》くの英《えい》雄《ゆう》を育《そだ》てたケイローンは、たたえられて星座《せいざ》になりました。

あなたはこんな女子《じょし》!!

自由気《じゆうき》ままな生《い》き方《かた》が好《す》きな おおらかで行動力《こうどうりょく》のある女《おんな》の子《こ》

思《おも》うままに生《い》きたいと願《ねが》う、自由人《じゆうじん》のあなた。細《こま》かいことにこだわらない、おおらかな性格《せいかく》だよ。いつも未来《みらい》を見《み》ているから、イヤなこともすぐに忘《わす》れてしまうはず。だから、周《まわ》りをパッと明《あか》るくすることができるんだね。思《おも》いついたらすぐ行動《こうどう》に移《うつ》せるフットワークの軽《かる》さも、あなたの大《おお》きな魅力《みりょく》。

家族運《かぞくうん》 しばられることがイヤで 早《はや》めに家《いえ》から独立《どくりつ》しそう

家《いえ》のムードを明《あか》るくできるあなただけれど、しばられることは苦手《にがて》なので、あまり家《いえ》にいないかも。家族《かぞく》に何《なに》かをたのまれたら、にげたくなるよ。おとなになったら早《はや》めに親《おや》からはなれて、自分《じぶん》の世界《せかい》を作《つく》っていくはず。

スタート月《つき》 6月《がつ》 12月《がつ》

初夏《しょか》の6月《がつ》は、自然《しぜん》と新《あたら》しい出来事《できごと》が増《ふ》えて、ワクワク感《かん》が高《たか》まる月《つき》だよ。1年《ねん》のなかで、いちばん元気《げんき》になれるのは12月《がつ》。ずっとやりたいと思《おも》っていたことにチャレンジするなら、この月《つき》がベスト！

仕事運《しごとうん》 会社勤《かいしゃづと》めより好《す》きなジャンルのフリーランスが◎

自由《じゆう》を求《もと》めるあなたは、規則《きそく》の多《おお》い会社《かいしゃ》のなかで働《はたら》くことがちょっと苦手《にがて》。自由《じゆう》がきく会社《かいしゃ》なら問題《もんだい》ないけれど、そうでなければやめたくなっちゃうかも。変化《へんか》が好《す》きだから、転職《てんしょく》も増《ふ》えそうだね。好《す》きなことを仕事《しごと》にして、フリーランスで働《はたら》くことが向《む》いてるみたい。

★いて座《さ》の有名人《ゆうめいじん》★ 高畑充希《たかはたみつき》 桐谷美玲《きりたにみれい》 稲垣吾郎《いながきごろう》 ISSA《イッサ》 市川海老蔵《いちかわえびぞう》 羽生結弦《はにゅうゆづる》

いて座《ざ》 GIRL《ガール》

カラッとしたおおらかさが
みんなに元気《げんき》をあたえる

恋愛《れんあい》運《うん》

すぐ恋《こい》に落《お》ちる直感型《ちょっかんがた》！ でも冷《さ》めるのも早《はや》め

ピンときたら恋《こい》に落《お》ちる直感《ちょっかん》タイプ。告白《こくはく》するだいたんさがあるけど、冷《さ》めるのも早《はや》いみたい。告白《こくはく》する前《まえ》に、ホントにカレでいいのかよく考《かんが》えて。同時《どうじ》に何人《なんにん》もの人《ひと》に恋《こい》することも。

友情《ゆうじょう》運《うん》

グループに入《はい》るより気《き》ままに行動《こうどう》したい派《は》

明《あか》るい笑顔《えがお》と元気《げんき》な言葉《ことば》で、みんなの人気《にんき》を集《あつ》めるよ。でも気《き》ままに動《うご》きたいから、どこかのグループに入《はい》るのは苦手《にがて》。仲間《なかま》からフラッとぬけ出《だ》して、１人《り》でいることも多《おお》いかも。

相性《あいしょう》のいい相手《あいて》

少《すこ》しはなれて応援《おうえん》してくれる自立心《じりつしん》のある子《こ》が相性吉《あいしょうきち》

自分《じぶん》のやりたいことをはなれたところで応援《おうえん》してくれる、自立心《じりつしん》のある人《ひと》と相性《あいしょう》◎。逆《ぎゃく》に、寄《よ》りかかってたよってくる、あまえんぼうはNG《エヌジー》。あなたのほうが重《おも》く感《かん》じてしまうよ。

相性《あいしょう》ランキング

- 1位《い》 しし座《ざ》
- 2位《い》 おひつじ座《ざ》
- 3位《い》 いて座《ざ》
- ★4位《い》 みずがめ座《ざ》
- ★5位《い》 てんびん座《ざ》

いて座《ざ》 BOY《ボーイ》

するどい直感力《ちょっかんりょく》と軽《かる》いフットワークがあって、思《おも》い立《た》ったらすぐアクションを起《お》こせる、行動的《こうどうてき》なカレ。物事《ものごと》をあまり深《ふか》く考《かんが》えないぶん失敗《しっぱい》も多《おお》いけれど、ダメならすぐに気《き》もちを切《き》りかえて、また次《つぎ》のことにチャレンジするよ。気《き》が向《む》くままに動《うご》きたいので、人《ひと》に合《あ》わせたり、決《き》まり事《ごと》を守《まも》ったりするのは苦手《にがて》。時間《じかん》にもルーズかも。

スピーディーな行動《こうどう》で
未来《みらい》を切《き》り開《ひら》くパワー系男子《けいだんし》

クラスでの立《た》ち位置《いち》

クラスにパワーをあたえる
元気《げんき》な応援団長《おうえんだんちょう》タイプ

運動会《うんどうかい》や文化祭《ぶんかさい》では、大声《おおごえ》で応援《おうえん》したり、周《まわ》りに声《こえ》をかけたりするよ。とくにクラス対抗《たいこう》の戦《たたか》いでは熱《あつ》くなりそう。カレの応援《おうえん》で、みんなパワーアップするはず。

恋愛《れんあい》すると…

恋心《こいごころ》をかくさずに告白《こくはく》！
ダメならさっさと次《つぎ》の恋《こい》に

気《き》もちをかくさずに、好《す》きになったらすぐにアプローチ開始《かいし》！　周《まわ》りから見《み》ても、わかりやすいよ。フラれたらあきらめて次《つぎ》の恋《こい》に進《すす》む、サバサバしたところも。

おすすめのアプローチ法《ほう》

テンションを合《あ》わせてみて

カレのテンションに合《あ》わせて、ノリよくおしゃべりし、たくさん笑《わら》うことが大切《たいせつ》。カレに「いっしょにいると楽《たの》しいな」と思《おも》われれば、両思《りょうおも》いに大《おお》きく近《ちか》づけるよ。

12/22～1/19生《う》まれ

やぎ座《ざ》

あなたにとって、お金《かね》はとっても大切《たいせつ》なもの。毎日《まいにち》おこづかい帳《ちょう》をつけて、お金《かね》の使《つか》い方《かた》について少《すこ》しずつ学《まな》んでいこう。

星座《せいざ》のストーリー

牧神《ぼくしん》パンはあわてておもしろい姿《すがた》に

ある日《ひ》、神《かみ》たちが川岸《かわぎし》に集《あつ》まり、宴会《えんかい》を楽《たの》しんでいました。ヤギの角《つの》と足《あし》をもつ牧神《ぼくしん》パンが、笛《ふえ》をふいていたところ、とつぜん怪物《かいぶつ》テュポンが現《あらわ》れ、神《かみ》たちはおどろいて何《なに》かに変身《へんしん》して川《かわ》のなかに飛《と》びこむことに。あわてたパンが変身《へんしん》したのは、上半身《じょうはんしん》がヤギで下半《かはん》身《しん》が魚《さかな》というちゅうとはんぱな姿《すがた》でした。大神《たいしん》ゼウスはその姿《すがた》に大笑《おおわら》い。そこで天《てん》に上《あ》げてやぎ座《ざ》にしたのです。

あなたはこんな女子《じょし》!!

信頼《しんらい》されて責任《せきにん》ある立場《たちば》に 金運《きんうん》は一生《いっしょう》を通《とお》して好調《こうちょう》！

責任感《せきにんかん》が強《つよ》くて、自分《じぶん》の役割《やくわり》を最後《さいご》まで投《な》げ出《だ》さずにこなすあなた。どんな約束《やくそく》も守《まも》るマジメさは、周《まわ》りに信頼《しんらい》される大《おお》きな魅力《みりょく》だよ。自然《しぜん》と、学級委《がっきゅうい》員《いん》など責任《せきにん》ある立場《たちば》に選《えら》ばれるかも。そして物《もの》やお金《かね》を大事《だいじ》にできるので、一生《いっしょう》を通《とお》して金運《きんうん》が◎。おとなになると、多《おお》くの貯金《ちょきん》ができそう！

家族運《かぞくうん》

家族《かぞく》を手伝《てつだ》い親切《しんせつ》にする 結婚後《けっこんご》は強《つよ》いお母《かあ》さんに

クールに見《み》えて、家族《かぞく》をとても大事《だいじ》に思《おも》うあなた。お手伝《てつだ》いで家族《かぞく》を助《たす》ける親切《しんせつ》さがあるよ。結婚《けっこん》した後《あと》は、家事《かじ》も仕事《しごと》もこなすスーパーウーマンに！たよれるお母《かあ》さんとして、家族《かぞく》にあまえられて過《す》ごすよ。

スタート月《つき》

1月《がつ》 7月《がつ》

お正月《しょうがつ》がある1月《がつ》はキリリと気《き》を引《ひ》きしめて、夢《ゆめ》や目標《もくひょう》に向《む》かって足《あし》をふみ出《だ》せる。7月《がつ》はあなたの周《まわ》りが大《おお》きく変《か》わる月《つき》。それまで興味《きょうみ》がなかったことが急《きゅう》におもしろくなって、毎日《まいにち》の過《す》ごし方《かた》が変《か》わりそうだよ。

仕事運《しごとうん》

どんな仕事《しごと》でも全力投球《ぜんりょくとうきゅう》して、順調《じゅんちょう》に出世《しゅっせ》する

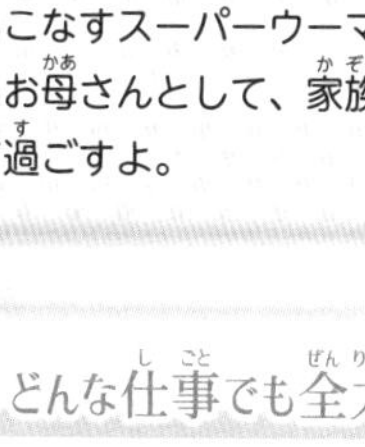

社会《しゃかい》のために役立《やくだ》つことと、お金《かね》をかせぐことが大好《だいす》きなあなたにとって、仕事《しごと》はとっても大切《たいせつ》なもの。どんな仕事《しごと》でも責任《せきにん》をもって全力《ぜんりょく》でがんばるので、順調《じゅんちょう》に出世《しゅっせ》していくはずだよ。会社《かいしゃ》で働《はたら》くだけではもの足《た》りず、自分《じぶん》で会社《かいしゃ》を作《つく》って社長《しゃちょう》になるほどのパワーも！

★ やぎ座《ざ》の有名人《ゆうめいじん》 ★ 石原《いしはら》さとみ　吉岡里帆《よしおかりほ》　相葉雅紀《あいばまさき》　中山優馬《なかやまゆうま》　宇多田《うただ》ヒカル　イモトアヤコ

やぎ座《ざ》GIRL ガール

責任感《せきにんかん》がとても強《つよ》い！

クラスをまとめるリーダータイプ

恋愛《れんあい》運《うん》

信頼《しんらい》がゆっくり恋心《こいこころ》に♥
うわきしない、いちずな人《ひと》

マジメな恋《こい》をするあなたは、信頼《しんらい》する男《おとこ》の子《こ》への友情《ゆうじょう》が、ゆっくり恋心《こいごころ》に変《か》わるタイプ。恋《こい》をしたらカレのために一生《いっしょう》けんめい行動《こうどう》するよ。ほかの子《こ》に目《め》移《うつ》りしないで、カレひとすじ！

友情《ゆうじょう》運《うん》

ゆっくり友情《ゆうじょう》を育《そだ》てて
長《なが》く続《つづ》く関係《かんけい》を築《きず》ける

じっくり時間《じかん》をかけて友情《ゆうじょう》を深《ふか》めていくあなた。はじめは「かた苦《くる》しそう」と思《おも》われるけれど、一度《いちど》仲《なか》よくなったら信頼《しんらい》してもらえるよ。おとなになっても、友情《ゆうじょう》が続《つづ》きそうだね。

相性《あいしょう》のいい相手《あいて》

落《お》ち着《つ》いたマジメな人《ひと》や
静《しず》かな人《ひと》が楽《たの》しく話《はな》せる

あなたと同《おな》じ、約束《やくそく》をしっかり守《まも》って落《お》ち着《つ》きのある人《ひと》なら、親友《しんゆう》になれるはず。静《しず》かな人《ひと》も、合《あ》いそう。逆《ぎゃく》にアバウトで落《お》ち着《つ》きがない人《ひと》だと、あなたのほうがイライラしがちに。

相性《あいしょう》ランキング

- 1位《い》 おとめ座《ざ》
- 2位《い》 おうし座《ざ》
- 3位《い》 やぎ座《ざ》
- ★4位《い》 うお座《ざ》
- ★5位《い》 さそり座《ざ》

やぎ座《ざ》 BOY《ボーイ》

勉強《べんきょう》や係《かかり》の仕事《しごと》など、やるべきことを楽《たの》しみながら、しっかりこなすよ。自信《じしん》があってどうどうとしているので、自然《しぜん》と周《まわ》りからたよられる人《ひと》。たよられるほどうれしくなって、それに応《こた》えようとしてくれる、お父《とう》さんみたいな性格《せいかく》が魅力《みりょく》だね。そのせいか、人《ひと》に従《したが》うことは苦手《にがて》。「将来《しょうらい》は社長《しゃちょう》になる！」なんて夢《ゆめ》をもっているかも。

たよられることが好《す》き！
みんなを引《ひ》っぱる兄貴《あにき》タイプ

クラスでの立《た》ち位置《いち》

学校《がっこう》やクラスのトップに立《た》ち熱心《ねっしん》にみんなの世話《せわ》を焼《や》く

学級委員《がっきゅういいん》や生徒会《せいとかい》のトップに選《えら》ばれやすいタイプ。みんなの世話《せわ》を焼《や》いて助《たす》けることに、喜《よろこ》びを感《かん》じるよ。カレがいるだけで、クラスメイトは安心《あんしん》して過《す》ごせそう！

恋愛《れんあい》すると…

親切《しんせつ》だけど告白《こくはく》はしんちょう！時間《じかん》をかけて信頼《しんらい》を深《ふか》める

女《おんな》の子《こ》をリードしたいタイプで、好《す》きな人《ひと》にはとても親切《しんせつ》だよ。でも失恋《しつれん》をこわがるあまり、告白《こくはく》にはしんちょうみたい。時間《じかん》をかけて仲《なか》よくなっていこうと努力《どりょく》するよ。

おすすめのアプローチ法《ほう》

たよって、手紙《てがみ》で告白《こくはく》を

尊敬《そんけい》していることを伝《つた》えて、授業《じゅぎょう》のわからないところをたずねたりしてたよってみよう。楽《たの》しく話《はな》せるムードになってきたら、手紙《てがみ》で告白《こくはく》してみて。

1/20～2/18生《う》まれ

みずがめ座《ざ》

何事《なにごと》も受《う》け身《み》タイプのあなた。勇気《ゆうき》を出《だ》して友《とも》だちを遊《あそ》びにさそったり、クラスの話《はな》し合《あ》いでおもしろいアイデアを出《だ》したりしてみよう。

星座《せいざ》のストーリー

大神《たいしん》ゼウスがワシの姿《すがた》で連《つ》れ去《さ》った美少年《びしょうねん》ガニメデ

トロイの国《くに》にガニメデという美少年《びしょうねん》がいて、その美《うつく》しさは天《てん》の神《かみ》たちにも伝《つた》わっていました。ウワサを聞《き》いた大神《たいしん》ゼウスはワシの姿《すがた》に変身《へんしん》して、彼《かれ》をつめでつかんで天《てん》まで連《つ》れ去《さ》ってしまいました。ゼウスは彼《かれ》に永遠《えいえん》の若《わか》さと死《し》なない体《からだ》をあたえ、宴会《えんかい》で神《かみ》たちにお酒《さけ》をつぐ役割《やくわり》を命《めい》じたのです。ゼウスは彼《かれ》をとてもかわいがり、その姿《すがた》をみずがめ座《ざ》として天《てん》に上《あ》げました。

あなたはこんな女子《じょし》!!

何《なん》でも理論《りろん》で考《かんが》える
ドライなクールガール

いろんな情報《じょうほう》を知《し》っている冷静《れいせい》なあなたは、理論《りろん》で考《かんが》えるタイプ。ユーモアがあってみんなから話《はな》しやすいと思《おも》われるけど、ドライで何《なに》かにベッタリするのは苦手《にがて》。だれかとつるまなくても自信《じしん》をもって動《うご》けるクールさが、大《おお》きな魅力《みりょく》。流行《りゅうこう》に乗《の》らない、自分《じぶん》の個性《こせい》を大事《だいじ》にしているところも。

家族《かぞく》運《うん》

家族《かぞく》にたよらず
自分《じぶん》の時間《じかん》を大切《たいせつ》にする

家族《かぞく》は大事《だいじ》だけど、あまえたり、しばられたりするのは苦手《にがて》。家族旅行《かぞくりょこう》を断《ことわ》って1人《り》で本《ほん》を読《よ》むような、クールなところもあるね。結婚《けっこん》した後《あと》もだんなさんにたより過《す》ぎないで、家事《かじ》としゅみや仕事《しごと》を、同時《どうじ》にこなせるよ。

スタート月《つき》

2月《がつ》 8月《がつ》

寒《さむ》さに強《つよ》いあなたは、2月《がつ》がいちばんパワフル。コンテストへの応募《おうぼ》など、大《おお》きなことにチャレンジするのに向《む》いているよ。夏休《なつやす》みの8月《がつ》はおもしろいしゅみや遊《あそ》びを見《み》つけると、毎日《まいにち》の流《なが》れが変《か》わっていくかも。

仕事《しごと》運《うん》

知識《ちしき》を生《い》かせる先生《せんせい》や外国語《がいこくご》を使《つか》った仕事《しごと》が◎

頭《あたま》の回転《かいてん》が速《はや》いから、どんな仕事《しごと》に取《と》り組《く》んでもよい結果《けっか》を出《だ》せるあなた。みんなで知識《ちしき》を出《だ》し合《あ》って進《すす》める仕事《しごと》であれば、社交性《しゃこうせい》を生《い》かせて楽《たの》しく働《はたら》けるよ。とくに専門的《せんもんてき》な知識《ちしき》を教《おし》える先生《せんせい》や、翻訳家《ほんやくか》や通訳《つうやく》など外国語《がいこくご》を使《つか》った仕事《しごと》で、才能《さいのう》を開花《かいか》できるはず。

★みずがめ座《ざ》の有名人《ゆうめいじん》★ きゃりーぱみゅぱみゅ　有村架純《ありむらかすみ》　木下《きのした》ゆうか　香取慎吾《かとりしんご》　櫻井翔《さくらいしょう》

みずがめ座《ざ》 GIRL ガール

ドライ&《アンド》クール
個性的《こせいてき》でユーモアな一面《いちめん》も

恋愛《れんあい》運《うん》

**恋心《こいごころ》を伝《つた》えるのが苦手《にがて》
交際《こうさい》は友《とも》だちモードに**

感情《かんじょう》を素直《すなお》に出《だ》せないので、好《す》きなカレの前《まえ》でギクシャクしそう。「きらわれているのかな？」と思《おも》われて、損《そん》しちゃうことも。恋人《こいびと》になっても、友《とも》だちみたいなさっぱりとした交際《こうさい》に。

友情《ゆうじょう》運《うん》

**軽《かる》くてベタベタしない
さわやかな交際《こうさい》が好《す》き**

話題豊富《わだいほうふ》で話《はな》し上手《じょうず》だから、友《とも》だちは多《おお》いよ。でも同《おな》じ人《ひと》とベタベタしたり、重《おも》くグチを言《い》われたりするのは苦手《にがて》。いろんな人《ひと》とさわやかに話《はな》したいタイプ。本音《ほんね》を出《だ》せる人《ひと》は少《すく》なめかも。

相性《あいしょう》のいい相手《あいて》

**会話《かいわ》を通《とお》して情報《じょうほう》をくれる
おしゃべりな人《ひと》が相性《あいしょう》◎**

たくさんの情報《じょうほう》を集《あつ》めたいあなたには、頭《あたま》の回転《かいてん》が速《はや》くておしゃべりな人《ひと》が合《あ》っているよ。逆《ぎゃく》にあまり話《はな》してくれないけいかい心《しん》が強《つよ》い人《ひと》だと、あなたも無言《むごん》になりそう。会話《かいわ》が重要《じゅうよう》だね。

相性《あいしょう》ランキング

1位《い》 てんびん座《ざ》
2位《い》 ふたご座《ざ》
3位《い》 みずがめ座《ざ》
4位《い》 おひつじ座《ざ》
5位《い》 いて座《ざ》

みずがめ座《ざ》BOY《ボーイ》

多《おお》くのことに興味《きょうみ》があって、理論的《りろんてき》に考《かんが》えることが好《す》きな、頭《あたま》のいいカレ。感情《かんじょう》を顔《かお》に出《だ》さずにクールにふるまい、意見《いけん》を変《か》えないガンコなところがあるよ。だれかとベタベタすることは苦手《にがて》で、1人《り》でいたほうが自由《じゆう》で気楽《きらく》だと思《おも》うみたい。みんなと同《おな》じなのがイヤで、ファッションやしゅみもちょっと変《か》わっているね。

頭《あたま》がよく理論《りろん》や議論《ぎろん》が好《す》き
ユーモアあるアイデアマン

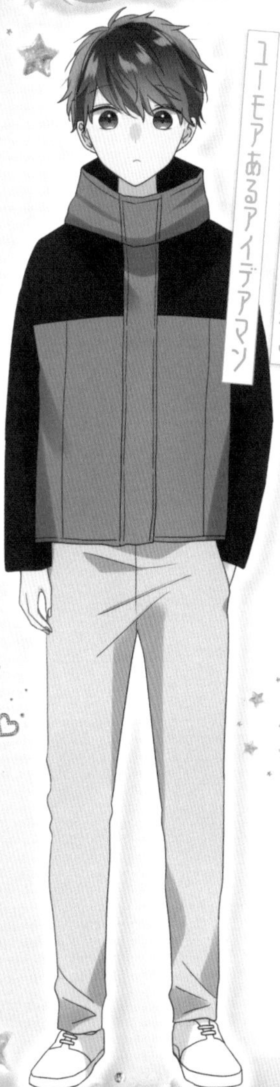

クラスでの立《た》ち位置《いち》

おもしろい意見《いけん》で盛《も》り上《あ》げる
人《ひと》を笑顔《えがお》にする才能《さいのう》も

みんなで何《なに》かを決《き》めるときに、ビックリするようなおもしろい意見《いけん》を出《だ》す、個性的《こせいてき》なアイデアマン！ 授業中《じゅぎょうちゅう》にジョークを言《い》って、みんなを笑《わら》わせる才能《さいのう》もあるね。

恋愛《れんあい》すると…

好《す》きな気《き》もちを出《だ》せずに
あまのじゃくになりがち

感情《かんじょう》のコントロールが苦手《にがて》で、恋愛《れんあい》ベタなカレ。わざと好《す》きな子《こ》をさけたり、冷《つめ》たくしたりしちゃうかも。何《なん》でも話《はな》せるガールフレンドが恋人《こいびと》になるパターンが多《おお》そう。

おすすめのアプローチ法《ほう》

感情的《かんじょうてき》にならず知的《ちてき》になって

カレの前《まえ》で泣《な》いちゃうような、強《つよ》い感情《かんじょう》をぶつけるのはNG《エヌジー》。カレの話《はなし》に上手《じょうず》に合《あ》わせたり、ハッキリ意見《いけん》を言《い》ったりして、「頭《あたま》のいい人《ひと》だな」と思《おも》わせることが大切《たいせつ》。

2/19～3/20 生《う》まれ

うお座《ざ》

人《ひと》を傷《きず》つけたくないと気《き》づかう、やさしいあなた。でも周《まわ》りに合《あ》わせ過《す》ぎないで、自分《じぶん》の望《のぞ》みや意見《いけん》はハッキリ伝《つた》えよう。

星座《せいざ》のストーリー

神《かみ》の母《はは》と子《こ》が魚《さかな》に変身《へんしん》
しっぽが結《むす》ばれた姿《すがた》

神《かみ》たちがナイル川《がわ》のほとりに集《あつ》まって宴会《えんかい》を楽《たの》しんでいたとき、とつぜん怪物《かいぶつ》テュポンが現《あらわ》れました。神《かみ》たちは急《いそ》いでいろんな姿《すがた》に変身《へんしん》して、川《かわ》に飛《と》びこみます。火《ひ》の女神《めがみ》アフロディーテとその息子《むすこ》エロスは、あわてて魚《さかな》に変身《へんしん》して川《かわ》に飛《と》びこみ、はぐれないように２人《り》のしっぽをリボンで結《むす》びました。その姿《すがた》が天《てん》に上《あ》げられて、うお座《ざ》になったのです。

あなたはこんな女子《じょし》!!

ふんわりとしたやさしさアリ でもじつはしんが強《つよ》い自信家《じしんか》

ふんわりとしたムードをもち、いつも周《まわ》りに合《あ》わせるひかえめな女《おんな》の子《こ》。人《ひと》を傷《きず》つけたくなくて、イヤなことでもイヤだと言《い》えないんだね。何《なに》かで困《こま》っている人《ひと》がいたら、ほうっておけずにそっと手《て》を差《さ》しのべる、やさしさがあるよ。しんが強《つよ》くて、自分《じぶん》の生《い》き方《かた》や才能《さいのう》に自信《じしん》をもっているね。

家族運《かぞくうん》

家《いえ》が安《やす》らぐように 家族《かぞく》のためにがんばる

家族《かぞく》を大事《だいじ》に思《おも》うあなたは、家族《かぞく》の相談《そうだん》に乗《の》るなど、おしまずに愛情《あいじょう》を注《そそ》ぐよ。ペットや植物《しょくぶつ》を育《そだ》てて、いやせる部屋作《へやづく》りを心《こころ》がけるところも。結婚《けっこん》した後《あと》も家族《かぞく》につくして、家《いえ》をホッとできる空間《くうかん》にしようとがんばるよ。

スタート月《つき》

3月《がつ》 9月《がつ》

春《はる》の花《はな》が咲《さ》き始《はじ》める3月《がつ》は、パワーアップする月《つき》。ずっとやりたいと思《おも》っていたことにチャレンジして、新《あたら》しい自分《じぶん》を目《め》ざそう。9月《がつ》は新《あたら》しい流《なが》れがおとずれる月《つき》。出会《であ》う人《ひと》たちとのつながりを、大切《たいせつ》にすると◎。

仕事運《しごとうん》

感性《かんせい》を生《い》かせる仕事《しごと》や人気商売《にんきしょうばい》で結果《けっか》を出《だ》せる

ほんわかした性格《せいかく》だから、細《こま》かくきんちょうする仕事《しごと》では、すぐにつかれてしまうよ。タレントやアーティストなど、感性《かんせい》を生《い》かせる仕事《しごと》や人気商売《にんきしょうばい》が向《む》いているね。あまえ上手《じょうず》なので、上司《じょうし》や先輩《せんぱい》にかわいくあまえて、ほかの子《こ》よりいい仕事《しごと》をもらえる……なんてところも。

うお座《さ》の有名人《ゆうめいじん》 黒木華《くろきはる》　藤田《ふじた》ニコル　亀梨和也《かめなしかずや》　菅田将暉《すだまさき》　中島健人《なかじまけんと》　岩田剛典《いわたたかのり》

うお座《ざ》 GIRL ガール

ふんわりしたムード
気配《きくば》り上手《じょうず》ないやしキャラ

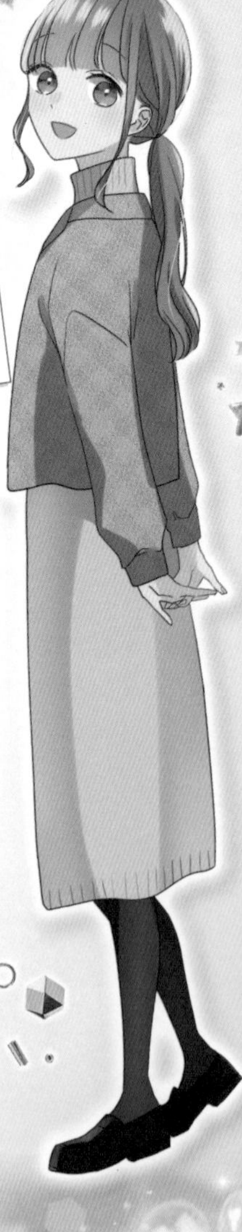

恋愛《れんあい》運《うん》

傷《きず》つくことをおそれて見《み》つめるだけに!?

傷《きず》つきやすいので、恋《こい》には消極的《しょうきょくてき》。好《す》きなカレを遠《とお》くから見《み》つめるパターンが多《おお》いかも。おしにも弱《よわ》くて、断《ことわ》れずにズルズル付《つ》き合《あ》う……なんてことも。しっかり正直《しょうじき》な気《き》もちを伝《つた》えてね。

友情《ゆうじょう》運《うん》

細《こま》かい気配《きくば》りと笑顔《えがお》で周《まわ》りの人《ひと》をいやせる

人《ひと》の心《こころ》が読《よ》めて気配《きくば》りできるあなたは、聞《き》き上手《じょうず》なタイプ。「あなたといるとホッとする」と思《おも》う人《ひと》が多《おお》いはずだよ。でも周《まわ》りに流《なが》されて、損《そん》してしまうことも。

相性《あいしょう》のいい相手《あいて》

話《はなし》をしっかり聞《き》いてくれる思《おも》いやりのある人《ひと》がベスト

あなたと同《おな》じように、やさしくて思《おも》いやりのある人《ひと》が合《あ》っているよ。マイペースでガンガンおしてくるタイプには、ふり回《まわ》されてしまいそう。自分《じぶん》の話《はなし》を聞《き》いてくれる人《ひと》と相性《あいしょう》◎。

相性《あいしょう》ランキング

1位《い》 さそり座《ざ》
2位《い》 かに座《ざ》
3位《い》 うお座《ざ》
4位《い》 おうし座《ざ》
5位《い》 やぎ座《ざ》

うお座《ざ》 ボーイ BOY

やさしく傷《きず》つきやすい心《こころ》をもっている、せんさいな男《おとこ》の子《こ》。迷《まよ》いが多《おお》くて優柔不断《ゆうじゅうふだん》なところがあるので、何《なに》かをズバッと決《き》めることが苦手《にがて》みたい。だから周《まわ》りに合《あ》わせてしまいがち。感性《かんせい》が豊《ゆた》かな感激屋《かんげきや》さんで、みんなの前《まえ》で女《おんな》の子《こ》みたいに泣《な》いてしまうことも。でも意外《いがい》とプライドは高《たか》くて、自分《じぶん》の生《い》き方《かた》に自信《じしん》をもっているよ。

傷《きず》つきやすくてせんさい

感性《かんせい》が豊《ゆた》かな感激屋《かんげきや》

クラスでの立《た》ち位置《いち》

ふんわりと空気《くうき》をなごませる クラスのアイドル的存在《てきそんざい》

だれにでもやさしく親切《しんせつ》にふるまうので、みんなから愛《あい》される人気者《にんきもの》。カレがいるだけで、空気《くうき》がほんわかやさしいムードになるよ。クラスのアイドル的存在《てきそんざい》！

恋愛《れんあい》すると…

片思《かたおも》いのときはシャイなカレ 恋人《こいびと》になるとあまえちゃう

少《すこ》しのことですぐに恋《こい》に落《お》ちる、ときめきやすいカレ。でもシャイで、自分《じぶん》からは好《す》きな人《ひと》に近《ちか》づけないよ。恋人《こいびと》になったら手《て》をつないだりと、あまえそう。

おすすめのアプローチ法《ほう》

弱《よわ》い部分《ぶぶん》を心配《しんぱい》してあげて

自分《じぶん》の弱《よわ》さをわかってくれる人《ひと》が好《す》き。「この前《まえ》、休《やす》んだけどだいじょうぶ？」「失敗《しっぱい》しちゃったみたいだけど、気《き》にし過《す》ぎちゃダメだよ」などと心配《しんぱい》してあげてね。

12星座《せいざ》マークの意味《いみ》

12星座《せいざ》のマークはシンプルだけど、どれも個性的《こせいてき》な形《かたち》をしているよね。
それぞれにこめられた意味《いみ》をちょっとだけしょうかいするよ！

〖おひつじ座《ざ》〗

神話《しんわ》に出《で》てくる金《きん》の羊《ひつじ》の角《つの》の形《かたち》だよ。最初《さいしょ》の星座《せいざ》だから、ふた葉《ば》という説《せつ》も。

〖おうし座《ざ》〗

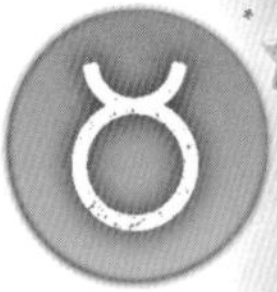

一目《ひとめ》で牛《うし》とわかるように、神話《しんわ》のなかの白《しろ》い牛《うし》の顔《かお》と角《つの》をかたどっているよ。

〖ふたご座《ざ》〗

神話《しんわ》のカストルとポルックスが並《なら》んだ姿《すがた》だよ。ローマ数字《すうじ》の2という説《せつ》も。

〖かに座《ざ》〗

ヘラクレスにつぶされた化《ば》けガニの姿《すがた》。2つの目《め》とハサミがえがかれているよ。

〖しし座《ざ》〗

神話《しんわ》に出《で》てくる大《おお》ライオンのたてがみ、もしくはしっぽの形《かたち》といわれているよ。

〖おとめ座《ざ》〗

女神《めがみ》デメテルの美《うつく》しい髪《かみ》や、いねのほをもつデメテルの姿《すがた》などの説《せつ》があるよ。

〖てんびん座《ざ》〗

女神《めがみ》アストレイアのもち物《もの》の、善《ぜん》と悪《あく》をはかるてんびんの形《かたち》をしているよ。

〖さそり座《ざ》〗

オリオンをたおしたサソリの姿《すがた》だよ。矢印《やじるし》の部分《ぶぶん》がサソリの毒針《どくばり》なんだね。

〖いて座《ざ》〗

ケンタウロス族《ぞく》のかしこい長老《ちょうろう》ケイローンがもっていた、弓矢《ゆみや》の形《かたち》だよ。

〖やぎ座《ざ》〗

牧神《ぼくしん》パンが川《かわ》に飛《と》びこむときに変身《へんしん》した、上半身《じょうはんしん》がヤギで下半身《かはんしん》が魚《さかな》の姿《すがた》だよ。

〖みずがめ座《ざ》〗

水《みず》が風《かぜ》で波立《なみだ》っている様子《ようす》。ガニメデがもつみずがめのなかの水《みず》を表《あらわ》すよ。

〖うお座《ざ》〗

女神《めがみ》アフロディーテと息子《むすこ》エロスが2ひきの魚《さかな》になり、リボンで結《むす》ばれた姿《すがた》だよ。

ハピかわ
うらない
その2

相性《あいしょう》うらないにピッタリ！

血《けつ》液《えき》型《がた》うらない

四《よっ》つの血液型《けつえきがた》によって性格《せいかく》や相性《あいしょう》がハッキリわかるから
とくに人間関係《にんげんかんけい》についてバッチリうらなえるよ。
勝負《しょうぶ》のときに使《つか》える魅力《みりょく》 UP《アップ》 コーデも
チェックしてみて♪

月《るな》ちゃん！
昨日《きのう》教《おし》えてもらったうらないどおりにしてみたらうまくいったよ〜！
ほんと？よかった〜
何《なん》の話《はなし》？
結弦《ゆづる》くん
お母《かあ》さんとケンカしちゃって仲直《なかなお》りできるか月《るな》ちゃんに相談《そうだん》してたの

ふだん友《とも》だちにはヘタレなくせに家族《かぞく》とはよくケンカするよな
そんなことないよ〜
A《エー》型《がた》の人《ひと》は友《とも》だちに気《き》をつかっちゃう分《ぶん》家族《かぞく》にワガママになることがあるの
だから謝《あやま》るだけじゃなくて、ありがとうって気《き》もちも伝《つた》えてみたら？ってアドバイスしたんだけど…

アドバイスどおりにしてみたら無事《ぶじ》仲直《なかなお》りできたんだ！
へえ～すごいな
血液型《けつえきがた》で人《ひと》と人《ひと》との関係性《かんけいせい》や相性《あいしょう》がうらなえるのよ
へぇ～
……相性《あいしょう》
ちら…

結弦《ゆづる》くん！
さっき何《なに》か言《い》いたそうだったでしょ？
ふふふ♡
A《エー》型《がた》の女《おんな》の子《こ》との相性《あいしょう》…知《し》りたかったんじゃない？
ぽわん
そっ…
っ…〜
びゅんっ
そんなこと思《おも》ってねーよ
あら
ふふ…
A《エー》型《がた》の男《おとこ》の子《こ》は素直《すなお》じゃないんだよね

Ａ《エー》型《がた》ちゃんのトリセツ

どんな性格《せいかく》？

最後《さいご》まであきらめずやりぬく！
れいぎ正《ただ》しくマジメな女《おんな》の子《こ》

小《ちい》さな約束《やくそく》もキチンと守《まも》る、しっかり者《もの》のＡ《エー》型《がた》ちゃん。大変《たいへん》な役割《やくわり》でも投《な》げ出《だ》さず最後《さいご》までやりぬく、ガマン強《づよ》い性格《せいかく》。周《まわ》りの空気《くうき》や人《ひと》の気《き》もちを読《よ》むことが上手《じょうず》だよ。

得意《とくい》なものやことは？

コツコツした単純《たんじゅん》な作業《さぎょう》でも
工夫《くふう》しながら楽《たの》しくこなせる

マジメな性格《せいかく》だから同《おな》じことをくり返《かえ》す、あきちゃいそうな作業《さぎょう》も最後《さいご》までがんばれるよ。慣《な》れてくるとペースアップする工夫《くふう》を考《かんが》えたりして、自分《じぶん》なりに楽《たの》しめるみたい。

苦手《にがて》なものやことは？

大勢《おおぜい》の前《まえ》は大《だい》の苦手《にがて》！
きんちょうで話《はな》せなくなる!?

Ａ《エー》型《がた》ちゃんは、はずかしがり屋《や》。みんなの前《まえ》に出《で》ると、きんちょうし過《す》ぎて話《はな》せなくなることも。だから研究《けんきゅう》や音楽《おんがく》の発表会《はっぴょうかい》の前《まえ》は、心配《しんぱい》になっちゃいそう。

ナイショ話《ばなし》

笑顔《えがお》の裏《うら》には……

いつも笑顔《えがお》だけど、じつは悲《かな》しさやいかりの激《はげ》しい感情《かんじょう》を上手《じょうず》に表《おもて》に出《だ》せず、自分《じぶん》のなかにためこんでいるの。

これって私《わたし》だけ!? A《エー》型《がた》ちゃんあるある!

まちがっている行動《こうどう》は厳《きび》しく見《み》のがせない!

正義感《せいぎかん》が強《つよ》くて決《き》まり事《ごと》を守《まも》るA《エー》型《がた》ちゃん。まちがったことをしている人《ひと》を見《み》ると、だまっていられない!　ついお説教《せっきょう》をしちゃうことも。

不安《ふあん》で待《ま》ち合《あ》わせ場所《ばしょ》に早《はや》く着《つ》き過《す》ぎちゃう!

かんぺき主義《しゅぎ》なので、遅刻《ちこく》しないよう待《ま》ち合《あ》わせ場所《ばしょ》に早《はや》く着《つ》いちゃうことが多《おお》いみたい。そんなときのために本《ほん》をもち歩《ある》くといいかも。

A《エー》型《かた》　いっしょにいるとラク!　だけど……

いつも細《こま》かく気《き》をつかってくれるから、ほかの友《とも》だちといるよりも不満《ふまん》を感《かん》じず付《つ》き合《あ》えるよ。でもグチは言《い》いにくくて……おたがい気《き》をつかっちゃうから、もっと素《す》を見《み》せてほしいな。

B《ビー》型《かた》　マジメなんだけどもっと自由《じゆう》でいいよ!

いつも周《まわ》りに合《あ》わせようとして、マジメでいい人《ひと》だなぁ。でもそんなに自分《じぶん》をおさえこんでつかれないのかな?　もっと自分《じぶん》の好《す》きなようにふるまって、自由《じゆう》に動《うご》けばいいのに!

みんなは私《わたし》のことどう思《おも》ってるの?

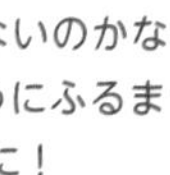

O《オー》型《かた》　人《ひと》のためにがんばれてやさしくて尊敬《そんけい》しちゃう

みんなを楽《たの》しませたり、元気《げんき》づけるために、いつも一生《いっしょう》けんめいがんばってるね!　私《わたし》のミスもフォローしてくれたり、いろいろ気《き》をつかってくれてうれしいな。やさしいんだね。

AB《エービー》型《かた》　何《なん》でもやってくれてたよれる友《とも》だち

しっかりしていてテキパキ動《うご》いてくれる、とてもたよれる友《とも》だち!　待《ま》ち合《あ》わせ場所《ばしょ》を考《かんが》えるときとか、私《わたし》が何《なに》もしなくても積極的《せっきょくてき》に決《き》めてくれるよね。ラクしちゃってごめんね。

恋《こい》をしたら？

やまとなでしこタイプ

清楚《せいそ》で聞《き》き上手《じょうず》な日本人女性《にほんじんじょせい》を表《あらわ》す、やまとなでしこ。両思《りょうおも》いになったらカレの後《うし》ろを歩《ある》くようなタイプの女《じょ》子《し》になるよ。学校《がっこう》を休《やす》んだらノートを貸《か》してあげたり、カレの服《ふく》が破《やぶ》けていたら直《なお》してあげたり、つくしちゃうタイプ。

好《す》きなタイプは？

リードしてくれる人《ひと》！

自分《じぶん》から動《うご》くことが苦手《にがて》だから、「オレについてこい」ってどうどうとしているオレさまタイプが好《す》き。意見《いけん》をハッキリ言《い》ってくれる、裏表《うらおもて》がないわかりやすい男《おとこ》の子《こ》も、安心感《あんしんかん》があってひかれちゃうかも。

告白《こくはく》は？

手《て》紙《かみ》&《アンド》メール派《は》

顔《かお》を見《み》て告白《こくはく》する勇《ゆう》気《き》は出《で》ないけど、手《て》紙《がみ》やメールだったら、ちょっとだいたんなことも書《か》けちゃうの。

積極性《せっきょくせい》

40%《パーセント》

あなたの恋《こい》の武器《ぶき》は？

カレを立《た》てる女子力《じょしりょく》

聞《き》き役《やく》に回《まわ》って、カレの話《はなし》をよく聞《き》いてあげられるよ。自分《じぶん》の考《かんが》えとちがっても、カレのプライドを傷《きず》つけないよう認《みと》めてあげて、上《じょう》手《ず》に立《た》てられるはず。誕生日《たんじょうび》に手《て》作《づく》りのおかしや小物《こもの》をプレゼントしたり、カレのいいところをたくさんほめたりできることも強《つよ》み。

これだけは気《き》をつけて！

たまったいかりがバクハツするとやさしいカレもタジタジに

ふだん自分《じぶん》をおさえているから、たまったいかりがバクハツすると大変《たいへん》！　カレに不満《ふまん》があるなら「もう少《すこ》しこうしてほしいな」と、あまえる感《かん》じで伝《つた》えて。

A《エー》型《がた》ちゃんの魅力度《みりょくど》UP《アップ》の最強《さいきょう》コーデは？

ナチュかわガーリーコーデ

森《もり》の妖精《ようせい》みたいにふんわりやさしく♡

自然《しぜん》にとけこめそうな森《もり》ガール系《けい》ファッションが、A《エー》型《がた》ちゃんのやさしいムードを高《たか》めてくれるよ。コットンやリネンの天然素材《てんねんそざい》でできた、ベージュやブラウンのアースカラーの服《ふく》を選《えら》んで、ふんわりかわいくキメちゃおう♪

ワンポイント

花《はな》モチーフのアイテムではなやかさUP《アップ》！

はなやかに見《み》せたいときは、花《はな》モチーフのアクセなどの小物《こもの》をプラス。花《はな》柄《がら》のバッグをもつのもGOOD《グッド》！

ヘアアレンジ

ナチュラルさがポイントストレートセミロング

あまり手《て》を加《くわ》えないストレートのセミロングが、A《エー》型《がた》ちゃんの魅力度《みりょくど》をUP《アップ》！ヘアアクセは布《ぬの》のヘアバンドがおすすめ☆

NG《エヌジー》!

はだ見《み》せのし過《す》ぎは女《おんな》の子《こ》らしさダウン

タンクトップや短《みじか》すぎるスカートなど、はだの出《だ》し過《す》ぎに注意《ちゅうい》。やさしいムードが出《で》にくくなるよ。

A《エー》型《がた》くんのトリセツ

やさしくてマジメなシャイボーイ

A《エー》型《がた》くんはこんな男子《だんし》！

約束《やくそく》をしっかり守《まも》る誠実男子《せいじつだんし》

プライドが高《たか》く目立《めだ》つことは苦手《にがて》

約束《やくそく》やルールをしっかり守《まも》る誠実《せいじつ》な男《おとこ》の子《こ》。人目《ひとめ》を気《き》にするから、人《ひと》とちがったことはしたくないみたい。プライドが高《たか》いから失敗《しっぱい》することや、目立《めだ》つことが苦手《にがて》なシャイなところも。

気配《きくば》りできる女子《じょし》が好《す》き！

周《まわ》りに気《き》を配《くば》って

空気《くうき》が読《よ》める女《おんな》の子《こ》にときめく

細《こま》かいことを気《き》にするA型《エーがた》くん。女《おんな》の子《こ》にも空気《くうき》を読《よ》んでほしいと思《おも》っているよ。1人《り》でいる人《ひと》に声《こえ》をかけたり、ゆかのゴミをサッと拾《ひろ》ったり、そんな気配《きくば》りができる女《おんな》の子《こ》をいいなと思《おも》うみたい。

A《エー》型《がた》くんの胸《むね》キュンポイント！

好《す》きアピールやラブレターにキュン♥

シャイなA型《エーがた》くんは、女《おんな》の子《こ》から好意《こうい》を示《しめ》されると、顔《かお》はクールでも心《こころ》はドキドキ！手紙《てがみ》で告白《こくはく》されるような古風《こふう》なムードも好《す》きみたい。

A《エー》型《がた》くんと仲《なか》よくなるには？

A《エー》型《がた》ちゃんは

待《ま》っても動《うご》きナシ 受《う》け身《み》にならず 自分《じぶん》から近《ちか》づいて

同《おな》じA《エー》型《がた》同士《どうし》、2人《り》ともシャイで恋愛《れんあい》は受《う》け身《み》なタイプ。だから「いつかカレから来《き》てくれるはず」と流《なが》れにまかせていると、なかなか仲《なか》よくなれないよ。勇気《ゆうき》を出《だ》して、自分《じぶん》からA《エー》型《がた》くんに近《ちか》づこう！　カレの得意《とくい》な科目《かもく》についてたずねてみて。それをキッカケに、メールやメッセージ交換《こうかん》をしてきょりを縮《ちぢ》めるといいよ。

B《ビー》型《がた》ちゃんは

自分《じぶん》ばかりはNG《エヌジー》 カレの話《はなし》を聞《き》いて ほめるとGOOD《グッド》

キチンとしているA《エー》型《がた》くんと自《じ》由《ゆう》が好《す》きなB《ビー》型《がた》ちゃんの性格《せいかく》は、ほぼ正反対《せいはんたい》。ハイテンションで自《じ》分《ぶん》の話《はなし》ばかりすると、ひかえめなカレに引《ひ》かれちゃうかも。できるだけカレの話《はなし》を聞《き》いてあげるようにして。そしてA《エー》型《がた》くんのいいなと思《おも》うところや尊敬《そんけい》するところを伝《つた》えてあげれば、あなたに心《こころ》を開《ひら》いてくれるはず。

O《オー》型《がた》ちゃんは

落《お》ちこんでいる カレを心配《しんぱい》して なぐさめてあげて

何《なに》かあると落《お》ちこんで、少《すこ》しグチっぽくなるA《エー》型《がた》くんは、O《オー》型《がた》ちゃんのおおらかなムードにふれるとホッとできるみたい！　カレがカゼで学校《がっこう》を休《やす》んだり、失敗《しっぱい》して落《お》ちこんでいたら、「だいじょうぶ？　早《はや》く元気《げんき》になってね」とやさしく声《こえ》をかけてあげて。その温《あたた》かい一言《ひとこと》で、カレはあなたのことを意識《いしき》しちゃうはず。

AB《エービー》型《がた》ちゃんは

なやみを話《はな》したり 弱《よわ》い部分《ぶぶん》を見《み》せて たよってみよう！

A《エー》型《がた》くんの前《まえ》でちょっと自分《じぶん》の弱《よわ》いところを見《み》せると、やさしいカレに気《き》にかけてもらえそう。イヤなことや困《こま》ったことがあったら、少《すこ》しだけカレに話《はな》してみて。連絡《れんらく》を取《と》り合《あ》えるような、親《した》しい仲《なか》なら「なやみがあるんだけど、相談《そうだん》に乗《の》ってくれる？」とお願《ねが》いしてみよう。カレはたよってもらえてうれしいはずだよ！

B《ビー》型《がた》ちゃんのトリセツ

どんな性格《せいかく》？

気分《きぶん》のままに動《うご》く正直《しょうじき》な性格《せいかく》
ユーモラスな女《おんな》の子《こ》

自分《じぶん》の気《き》もちに正直《しょうじき》で、裏表《うらおもて》がないB《ビー》型《がた》ちゃん。言《い》いたいことをハッキリ言《い》うので、自然《しぜん》と目立《めだ》つよ。好《す》ききらいがハッキリしていて、大笑《おおわら》いできる楽《たの》しいことが大好《だいす》き！

得意《とくい》なものやことは？

ノリのよさとユーモアを生《い》かし
みんなを笑《わら》わせるのが得意《とくい》

人《ひと》を楽《たの》しませることがとても上手《じょうず》！テレビで覚《おぼ》えたジョークや一発芸《いっぱつげい》をひろうして、みんなを盛《も》り上《あ》げるよ。だからB《ビー》型《がた》ちゃんの周《まわ》りは、いつも笑《わら》い声《ごえ》であふれているね。

苦手《にがて》なものやことは？

熱《ねっ》しやすくて冷《さ》めやすいので
同《おな》じことを続《つづ》けるとあきちゃう

熱《ねっ》しやすく冷《さ》めやすい、あきっぽい性格《せいかく》。だから同《おな》じことを長《なが》く続《つづ》けることが苦手《にがて》みたい。何《なに》をするにも変《へん》化《か》があったほうが、ワクワクして楽《たの》しめるから、続《つづ》けられるよ。

ナイショ話《ばなし》

1人《り》の時間《じかん》も大切《たいせつ》

にぎやかなのもいいけど、静《しず》かに過《す》ごせる1人《り》の時間《じかん》も大好《だいす》き！1人《り》だと自分《じぶん》の世界《せかい》にひたっちゃうみたい。

これって私《わたし》だけ⁉ B《ビー》型《がた》ちゃんあるある！

いいことも悪《わる》いことも ねたら忘《わす》れちゃう!?

気分《きぶん》がコロコロ変《か》わるB型《ビーがた》ちゃん。いいこともイヤなことも、夜《よる》ねて朝《あさ》起《お》きたら忘《わす》れちゃう性格《せいかく》。とくにイヤなことを忘《わす》れることには天才的《てんさいてき》！

かくしているつもりなのに 周《まわ》りに感情《かんじょう》がバレバレ！

感情《かんじょう》がすぐ顔《かお》に出《で》るので、どう思《おも》っているかが周《まわ》りにバレバレ。「あの先生《せんせい》のこと苦手《にがて》でしょ？」なんて当《あ》てられてビックリすることも。

A《エー》型《がた》 自分《じぶん》の本音《ほんね》を言《い》える わかりやすい女《おんな》の子《こ》

人《ひと》のことを気《き》にしないで、自分《じぶん》の本音《ほんね》をちゃんと言《い》えてすごいなぁ！ 裏《うら》表《おもて》がないから、何《なに》を考《かんが》えているのかもよくわかるよ。でも私《わたし》が話《はな》したことを、すぐ忘《わす》れちゃってるのは残念《ざんねん》。

B《ビー》型《がた》 おたがいのペースで 気《き》ラクにいられるね！

話《はなし》が合《あ》うときはすっごく盛《も》り上《あ》がって楽《たの》しいけど、そうじゃないときはおたがいに自分《じぶん》の世界《せかい》に入《はい》ってるよね。ふだんはマイペースな2人《り》で、ベッタリしなくていいから気《き》がラクだな。

みんなは私《わたし》のことどう思《おも》ってるの？

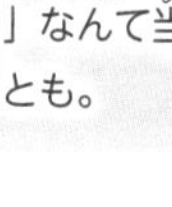

O《オー》型《がた》 ノリがよくて楽《たの》しい♪ いっしょに遊《あそ》びたいな

いつもノリがよくておもしろい話《はなし》をたくさんしてくれて、いっしょにいると楽《たの》しい。遊園地《ゆうえんち》やプールで遊《あそ》ぶとしたら、B型《ビーがた》ちゃんといっしょがいいな。たくさん笑《わら》って思《おも》い切《き》り楽《たの》しめそう！

AB《エービー》型《がた》 気《き》もちを素直《すなお》に出《だ》す あまえんぼうさん

ハッキリと意見《いけん》を言《い》って、素直《すなお》な気《き》もちを出《だ》してくれるから、わかりやすくて付《つ》き合《あ》いやすいな。でも、ちょっとあまえんぼうさんかも？ もうちょっと落《お》ち着《つ》いたほうがステキなのにな。

恋《こい》をしたら？

おひめさまタイプ

熱《ねっ》しやすく冷《さ》めやすい性格《せいかく》なので、恋《こい》の情熱《じょうねつ》がカーッと燃《も》え上《あ》がっても、すぐに冷《さ》めてしまうかも。だから男《おとこ》の子《こ》をふり回《まわ》しちゃうんだね。人《ひと》に合《あ》わせることが苦手《にがて》なＢ型《ビーがた》ちゃんは、恋人《こいびと》にワガママを聞《き》いてもらいたいタイプだよ。

好《す》きなタイプは？

ユーモアのある人《ひと》！

いっしょにいて大笑《おおわら》いできる楽《たの》しい男《おとこ》の子《こ》が大好《だいす》き！　そんなカレならベタベタが苦手《にがて》なＢ型《ビーがた》ちゃんでも「ずっといっしょにいたいな」と思《おも》えるよ。ワガママを理解《りかい》して、認《みと》めてくれる男《おとこ》の子《こ》にも心《こころ》が動《うご》いちゃう。

告白《こくはく》は？

ふざけちゃう派《は》

「やだー、でもそんなところが好《す》き！」とカレをバシバシたたきながら告白《こくはく》。ジョークと思《おも》われちゃうかも？

積極性《せっきょくせい》

60%《パーセント》

これだけは気《き》をつけて！

自分《じぶん》から三角関係《さんかくかんけい》に飛《と》びこむ!?
ドロドロした恋《こい》には要注意《ようちゅうい》！

好《す》きになったら止《と》められず、カレに恋人《こいびと》がいてもおかまいなし！　だから三角関係《さんかくかんけい》に飛《と》びこんじゃう……なんてことに。恋《こい》する前《まえ》に恋人《こいびと》がいないか確認《かくにん》を！

あなたの恋《こい》の武器《ぶき》は？

ストレートな愛情《あいじょう》

感情《かんじょう》をかくしたりせず、素直《すなお》にぶつけてしまえるところがＢ型《ビーがた》ちゃんの武器《ぶき》！　男《おとこ》の子《こ》は素直《すなお》なあなたに感激《かんげき》しそうだね。恋《こい》をしたらすぐ思《おも》いが伝《つた》わるから、早《はや》めにイエスかノーの答《こた》えも出《だ》せるはず。だからモンモンとなやんで、時間《じかん》をムダにすることがないよ。

B《ビー》型《がた》ちゃんの 魅力度《みりょくど》UP《アップ》の最強《さいきょう》コーデは？

カラフルポップコーデ

大《おお》きな柄《がら》、派手《はで》な原色《げんしょく》で トコトン目立《めだ》っちゃえ！

みんなとちがう自分《じぶん》をアピールしたいB《ビー》型《がた》ちゃんには、パッと目《め》を引《ひ》く赤《あか》や黄色《きいろ》などの原色《げんしょく》をたくさん使《つか》ったカラフルコーデがベスト！　大《おお》きな柄《がら》が入《はい》ったシャツやワンピを合《あ》わせてもGOOD《グッド》。はなやかなほど幸運度《こううんど》もUP《アップ》するよ！

ヘアアレンジ

おだんごとおくれ毛《げ》でパワフル&《アンド》オシャレに！

髪《かみ》をおだんごにまとめて、元気度《げんきど》をアピール！　耳《みみ》の前《まえ》にしっかりおくれ毛《げ》を出《だ》して、こなれ感《かん》も忘《わす》れないでね。

ワンポイント

目立《めだ》ちたくないときはワンポイントに注目《ちゅうもく》を

個性的《こせいてき》なピンバッジをつけたり、無地《むじ》の服《ふく》でもレースがついたものを選《えら》んだりワンポイントにこだわろう！

NG《エヌジー》!

定番《ていはん》アイテムでは魅力度《みりょくど》がイマイチ

シンプルなトレーナーなど定番《ていばん》アイテムでは魅力《みりょく》が伝《つた》わりにくいよ。その場合《ばあい》はアクセを足《た》して！

B《ビー》型《がた》くんのトリセツ

気分屋《きぶんや》のマイペースボーイ

B《ビー》型《がた》くんはこんな男子《だんし》！

感情《かんじょう》をストレートに出《だ》す気分屋《きぶんや》

あきっぽくて長続《ながつづ》きしない面《めん》も

ガマンすることが苦手《にがて》で、気分《きぶん》で動《うご》くマイペースな男《おとこ》の子《こ》。ストレートなので敵《てき》も作《つく》るけど、ユーモラスだからファンもいっぱい！　好奇心《こうきしん》おうせいだけどあきちゃうと、すぐ投《な》げ出《だ》すところも。

ノリのいい女子《じょし》が好《す》き！

ジョークやスポーツを楽《たの》しめる

元気《げんき》で明《あか》るい女《おんな》の子《こ》に恋《こい》をする

自分《じぶん》が言《い》ったジョークにすぐジョークで返《かえ》してきたり、好《す》きなスポーツをいっしょに楽《たの》しんだりできるような、元気《げんき》でノリのいい女《おんな》の子《こ》が大好《だいす》き！　笑《わら》いのツボが似《に》ている人《ひと》も好《す》きみたい。

B《ビー》型《がた》くんの胸《むね》キュンポイント！

いろんな顔《かお》を見《み》せてくれる感情《かんじょう》豊《ゆた》かな人《ひと》にキュン♥

いつも笑《わら》っている女《おんな》の子《こ》がポロリと泣《な》いた瞬間《しゅんかん》、ギャップでドキドキしそう。いろんな感情《かんじょう》を見《み》せてくれる女《おんな》の子《こ》を、恋《こい》の相手《あいて》として意識《いしき》するんだね。

B《ビー》型《がた》くんと仲《なか》よくなるには？

A《エー》型《がた》ちゃんは

カレの誕生日《たんじょうび》には笑《わら》える小物《こもの》をプレゼントしよう

元気《げんき》いっぱいのB《ビー》型《がた》くんと、ひかえめなA《エー》型《がた》ちゃん。カレとの性格《せいかく》のちがいはプレゼントでカバーしよう。カレの誕生日《たんじょうび》におもしろい小物《こもの》をプレゼントしてみて。旅行《りょこう》のおみやげに、ちょっと笑《わら》える小《こ》物《もの》を買《か》ってあげてもいいかも。カレにだけじゃなく、友《とも》だちにも同《おな》じプレゼントやおみやげを配《くば》れば、重《おも》く思《おも》われないはず。

B《ビー》型《がた》ちゃんは

カレとの共通点《きょうつうてん》や似《に》ている部分《ぶぶん》をアピールしよう！

気分《きぶん》が変《か》わるタイミングが似《に》ているので、キッカケさえあればすぐに気《き》が合《あ》う2人《り》。B《ビー》型《がた》くんが好《す》きなゲームやタレントについて、「私《わたし》もあれ好《す》きなんだ～」と話《はな》しかけて、同《おな》じ感覚《かんかく》をもっていることをアピールしよう。「おたがいB《ビー》型《がた》だよね！」と、血液型《けつえきがた》うらないの話題《わだい》で盛《も》り上《あ》がっても好感《こうかん》をもってもらえるよ。

O《オー》型《がた》ちゃんは

カレの意見《いけん》を大《おお》きな心《こころ》で全部《ぜんぶ》受《う》け止《と》めて

「私《わたし》とはちょっとちがうかな」と思《おも》っても、まずはB《ビー》型《がた》くんの話《はなし》を聞《き》いて、カレの言《い》っていることを認《みと》めてあげよう。たとえカレの意見《いけん》が周《まわ》りの意見《いけん》とちがっていても、あなたは気《き》にかけてあげて。しっかり信《しん》じて、広《ひろ》い心《こころ》で受《う》け止《と》めてあげることが大切《たいせつ》。自分《じぶん》のことをわかってくれる相手《あいて》なんだと感激《かんげき》して、大《だい》事《じ》に思《おも》ってくれるはずだよ。

AB《エービー》型《がた》ちゃんは

落《お》ちこむカレをお姉《ねえ》さんっぽくはげまそう

B《ビー》型《がた》くんは落《お》ち着《つ》きのあるAB《エービー》型《がた》ちゃんを「おとなだな」と感《かん》じていて、尊敬《そんけい》してくれているはずだよ。カレが失敗《しっぱい》したり、イヤなことがあって落《お》ちこんでいたら、「そのくらいだいじょうぶだよ、がんばって！」と明《あか》るくはげましてあげて。あなたのことを「たよりがいがある女《おんな》の子《こ》だなぁ」と感《かん》じ、心《こころ》を開《ひら》いてくれるはず。

O《オー》型《がた》ちゃんのトリセツ

どんな性格《せいかく》？

世話好《せわす》きのアネゴはだ
自然《しぜん》と仲間《なかま》のリーダーに

温《あたた》かく明《あか》るいムードで、だれからも好《す》かれるO《オー》型《がた》ちゃん。目立《めだ》つことが好《す》きで、人情《にんじょう》に厚《あつ》く困《こま》っている人《ひと》を放《ほう》っておけない性格《せいかく》。だから自然《しぜん》とリーダーに選《えら》ばれるよ。

得意《とくい》なものやことは？

親身《しんみ》に友《とも》だちの相談《そうだん》に乗《の》って
アドバイスすることが得意《とくい》

友《とも》だちから相談《そうだん》されると「たよられているな」と感《かん》じて、うれしくなるO《オー》型《がた》ちゃん。親身《しんみ》になって考《かんが》えてあげるから、友《とも》だちもなっとくのナイスアドバイスができそうだね。

苦手《にがて》なものやことは？

細《こま》かいことを注意《ちゅうい》されると
やる気《き》がなくなっちゃう……

大《おお》ざっぱな性格《せいかく》なので、細《こま》かいことを言《い》われることがとても苦手《にがて》。「もっとこうしなくちゃダメ」「そういうところは直《なお》さなくちゃ」と注意《ちゅうい》されると、にげたくなっちゃうよ。

ナイショ話《ばなし》

だれかそばにいて

いつもだれかといたいタイプで、1人《り》の時間《じかん》が苦痛《くつう》みたい。さみし過《す》ぎて、電話《でんわ》やメールをしたくなるよ。

これって私《わたし》だけ!? O《オー》型《がた》ちゃんあるある！

慣《な》れている相手《あいて》の前《まえ》ではだんだんだらしなくなる

あまり仲《なか》よくない人《ひと》の前《まえ》ではキチンとしていても、慣《な》れてくるほど素《す》の自分《じぶん》が出《で》そう。平気《へいき》であくびするなど、だらしなくなってくるかも。

何《なに》かの勝負《しょうぶ》で負《ま》けたらくやしくてねむれない！

負《ま》けずギライだから、ライバルに勉《べん》強《きょう》やスポーツの成績《せいせき》で負《ま》けると、とてもくやしい！　夜《よる》になってもねむれない……なんてことが。

A《エー》型《がた》　あまり気《き》をつかわずに自分《じぶん》の気《き》もちを話《はな》せる

おおらかで細《こま》かいことを気《き》にしないから、あまり気《き》をつかわないで楽《たの》しくおしゃべりできるよね。私《わたし》のことをマジメに考《かんが》えてくれて、じっくり話《はなし》を聞《き》いてくれるのもうれしい！

B《ビー》型《がた》　話《はなし》を上手《じょうず》に合《あ》わせるおとなっぽい女《おんな》の子《こ》

どことなく落《お》ち着《つ》きがあっておとなっぽいよね。私《わたし》のジョークも楽《たの》しそうに笑《わら》ってくれるし、いつも上手《じょうず》に合《あ》わせてくれるなぁ。困《こま》っている人《ひと》のめんどうも見《み》てあげて、親切《しんせつ》だね。

みんなは私《わたし》のことどう思《おも》ってるの？

O《オー》型《がた》　自分《じぶん》の考《かんが》えを曲《ま》げない私《わたし》と似《に》たタイプ

自分《じぶん》の考《かんが》えを曲《ま》げずに大事《だいじ》にする、ストレートでガンコなところが私《わたし》たち似《に》てるよね。ちがう意見《いけん》をおしつけるとケンカっぽくなるから、O型《オーがた》ちゃんの意見《いけん》も認《みと》めてあげなくちゃ。

AB《エービー》型《がた》　計画《けいかく》しないで動《うご》く私《わたし》にはない考《かんが》え方《かた》

とってもだいたんに行動《こうどう》するね！　私《わたし》にはできないことをするからビックリしちゃう。ちゃんと考《かんが》えてから動《うご》いているのかな？　気分《きぶん》だけで動《うご》いているように見《み》えるときも……。

恋《こい》をしたら？

お母《かあ》さんタイプ

気《き》もちにウソをつきたくない正直《しょうじき》なO《オー》型《がた》ちゃんは、恋《こい》をしたら愛情《あいじょう》をかくさず素直《すなお》に告白《こくはく》するみたい。両《りょう》思《おも》いになると、おかしを作《つく》ったり体《たい》調《ちょう》を心配《しんぱい》したり世話《せわ》を焼《や》くよ。ヤキモチ焼《や》きで、いつもいっしょにいたいタイプ。

好《す》きなタイプは？

ポジティブな人《ひと》！

くだらないことで笑《わら》い合《あ》える、楽《たの》しい恋《こい》を求《もと》めているO《オー》型《がた》ちゃん。だから明《あか》るくてポジティブな男《おとこ》の子《こ》が好《す》き。やさしくて親切《しんせつ》にしてくれる人《ひと》や、あまえんぼうで守《まも》ってあげたくなるタイプにもクラッときそう。

告白《こくはく》は？

ストレート派《は》

かけ引《ひ》きが苦手《にがて》でまっすぐなO《オー》型《がた》ちゃんは告白《こくはく》もストレート！目《め》の前《まえ》で「好《す》きです」と言《い》える勇気《ゆうき》があるよ。

積極性《せっきょくせい》

80%《パーセント》

あなたの恋《こい》の武器《ぶき》は？

深《ふか》くていちずな愛《あい》

恋《こい》に落《お》ちたらトコトン愛情《あいじょう》を注《そそ》ぐO《オー》型《がた》ちゃん。好《す》きなカレを守《まも》りたい、大事《だいじ》にしたいと心《こころ》から願《ねが》うから、カレを傷《きず》つけるようなことはしないはず。だからほかの男《おとこ》の子《こ》に興味《きょうみ》をもてなくて、うわきに走《はし》ることはないよ。そのいちずさがカレを安心《あんしん》させるんだね。

これだけは気《き》をつけて！

ジェラシーからカレをそくばく！重《おも》い女《おんな》の子《こ》と思《おも》われがち⁉

ジェラシーが強《つよ》くてカレを１人《り》じめしたくなるのが、愛情深《あいじょうぶか》いO《オー》型《がた》ちゃんの問題点《もんだいてん》。しつこく連絡《れんらく》して「重《おも》いなぁ」と思《おも》われないように気《き》をつけてね。

O《オー》型《がた》ちゃんの 魅《み》力《りょく》度《ど》UP《アップ》の最《さい》強《きょう》コーデは？

アクティブデニムコーデ

活《かつ》動《どう》しやすいデニムで スポーティーにキメよう

パワーのある O 型《オーがた》ちゃんには、動《うご》きやすいデニムファッションがベスト！ G《ジー》ジャンにショートパンツやスキニーを合《あ》わせ、ぐっとアクティブなムードに。目《め》立《だ》ちたいときは、大《おお》きめのロングネックレスやイヤリングを合《あ》わせると GOOD《グッド》。

ヘアアレンジ

動《うご》きのあるショートで 元《げん》気《き》なイメージを強《きょう》調《ちょう》

ショートやボブにワックスを使《つか》って動《うご》きを出《だ》せば、O 型《オーがた》ちゃんの元《げん》気《き》なイメージがさらにUP《アップ》！ バンダナを上《うえ》で結《むす》んでも◎。

ワンポイント

G《ジー》ジャン×ワンピースで ときどきガーリーに

女《おんな》の子《こ》らしさを出《だ》したいときはパンツをワンピにかえて。無《む》地《じ》のワンピにG《ジー》ジャンを合《あ》わせれば、おとなかわいいの完《かん》成《せい》♡

NG《エヌジー》!

動《うご》きにくいヒールや ロングスカートは NG《エヌジー》

スポーティーなショートパンツや、スニーカーのほうが、O 型《オーがた》ちゃんの魅《み》力《りょく》を生《い》かせるみたい！

O《オー》型《がた》くんのトリセツ

熱《あつ》く燃《も》えるワイルドボーイ

O《オー》型《がた》くんはこんな男子《だんし》！

友情《ゆうじょう》にあふれるめんどう見《み》のいい　みんなのアニキ的存在《てきそんざい》

合《あ》わせることが上手《じょうず》だけど、情熱的《じょうねつてき》でワイルドな性格《せいかく》。みんなに尊敬《そんけい》されてたよられたい、と思《おも》う目立《めだ》ちたがり屋《や》な一面《いちめん》も。愛情《あいじょう》や友情《ゆうじょう》にあふれていて、困《こま》っている人《ひと》のめんどうを見《み》るのが好《す》き。

やさしい女子《じょし》が好《す》き！

自分《じぶん》を立《た》ててつくしてくれる　笑顔《えがお》が似合《にあ》う女《おんな》の子《こ》が◎

情《じょう》に厚《あつ》いO《オー》型《がた》くんは、やさしい女《おんな》の子《こ》が大好《だいす》き！　いつも笑顔《えがお》でいると、さらにいっしょにいたいと思《おも》ってくれるはずだよ。とくに自分《じぶん》を好《す》きになってくれた人《ひと》には親切《しんせつ》でやさしいみたい。

O《オー》型《がた》くんの胸《むね》キュンポイント！

ほめられると気分《きぶん》UP《アップ》！　ほめ上手《じょうず》な人《ひと》にキュン♥

とにかくほめられることに弱《よわ》いO《オー》型《がた》くん。「運動会《うんどうかい》ではカッコよかったよ！」など、ちょっとほめられただけでもうれしくなって、恋《こい》に落《お》ちちゃうみたい。

O《オー》型《がた》くんと仲《なか》よくなるには？

A《エー》型《がた》ちゃんは

お母《かあ》さんみたいに かいがいしく 世話《せわ》を焼《や》くと◎

大《おお》ざっぱなO型《オーがた》くんを、A型《エーがた》ちゃんが細《こま》かく気《き》づかってあげると、いい相性《あいしょう》だよ。カレが忘《わす》れ物《もの》をしたら貸《か》してあげたり、服《ふく》についた糸《いと》くずを取《と》ってあげたり、つくしてあげて。ちょっとやり過《す》ぎかな？と思《おも》うくらいでちょうどいいみたい。「あなたを尊敬《そんけい》しているよ」という言葉《ことば》も、カレとのきょりが近《ちか》くなるポイント。

B《ビー》型《がた》ちゃんは

あなたが声《こえ》をかけ おもしろい話《はなし》で 笑《わら》わせてあげよう

楽《たの》しいことが大好《だいす》きなO型《オーがた》くんは、ユーモアのあるB型《ビーがた》ちゃんが好《この》みのタイプのはず。だからカレの前《まえ》では気取《きど》らず、ありのままの自分《じぶん》を出《だ》すと◎。おもしろいことを言《い》ってたくさん笑《わら》わせてあげて。カレは意外《いがい》と受《う》け身《み》だから、あなたから明《あか》るく「今日《きょう》いっしょに帰《かえ》らない？」なんて、軽《かる》くさそってみよう！

O《オー》型《がた》ちゃんは

自己主張《じこしゅちょう》はさけて 聞《き》き上手《じょうず》になって カレにつくして

おたがいに自信家《じしんか》で自分《じぶん》の考《かんが》えを大事《だいじ》にするので、意見《いけん》がぶつかると気《き》まずいムードになる2人《り》。だからO型《オーがた》くんの前《まえ》では自分《じぶん》の意見《いけん》をおしつけず、カレの話《はなし》をよく聞《き》いてあげるようにして。カレに何《なに》かしてもらおうとワガママを言《い》うのもNG《エヌジー》。カレのよい点《てん》をたくさんほめたり、おくりものをしたり、きょりを縮《ちぢ》めて！

AB《エービー》型《がた》ちゃんは

カレへのお願《ねが》いを ストレートに 言葉《ことば》で説明《せつめい》しよう

AB型《エービーがた》ちゃんとは性格《せいかく》がちがうO《オー》型《がた》くん。「言《い》わなくてもわかってくれるよね」と思《おも》っていても、意外《いがい》とわかっていないことが多《おお》いよ。だから、できるだけ自分《じぶん》の意見《いけん》や考《かんが》えをわかりやすい言葉《ことば》で伝《つた》えよう。「もっとこうしてほしいな」と希望《きぼう》を言《い》ってみて。あなたが何《なに》を考《かんが》えているのかがわかれば、カレも安心《あんしん》して話《はな》せるみたい。

AB《エービー》型《がた》ちゃんのトリセツ

どんな性格《せいかく》？

クールで頭《あたま》の切《き》れる知的女子《ちてきじょし》
気分屋《きぶんや》で二重人格《にじゅうじんかく》なところも

頭《あたま》の回転《かいてん》が速《はや》くて、物知《ものし》りのAB型《エービーがた》ちゃん。クールに見《み》えても、心《こころ》のなかには情熱《じょうねつ》をもっているよ。ずっとしゃべっていたかと思《おも》うと急《きゅう》にだまりこんだり、気分屋《きぶんや》のところも。

得意《とくい》なものやことは？

いろんな情報《じょうほう》を知《し》っていて
友《とも》だちに教《おし》えてあげられる

たくさん本《ほん》を読《よ》んだり話《はなし》を聞《き》いたりして、情報《じょうほう》を集《あつ》めることが得意《とくい》。自《じ》分《ぶん》の好《す》きなジャンル以外《いがい》のことも知《し》っているよ。友《とも》だちが何《なに》かを知《し》りたいときに、サッと教《おし》えられるね。

苦手《にがて》なものやことは？

大声《おおごえ》や派手《はで》な感情《かんじょう》を出《だ》して
人前《ひとまえ》で目立《めだ》つことがはずかしい

ゲラゲラ笑《わら》ったり、スポーツの応援《おうえん》で大声《おおごえ》を出《だ》したりするような派手《はで》に感情《かんじょう》を出《だ》すことが苦手《にがて》。人目《ひとめ》を気《き》にするから「はずかしい」と思《おも》って、ついおさえてしまうみたい。

ナイショ話《ばなし》

深入《ふかい》りはしないで

ベッタリしたくないので、だれかが自分《じぶん》のなかにどんどん入《はい》ってこないよう、浅《あさ》めの交際《こうさい》を心《こころ》がけているよ。

これって私《わたし》だけ⁉ AB《エービー》型《がた》ちゃんあるある！

遊《あそ》びのスケジュールは友《とも》だち任《まか》せにしがち

遊《あそ》びにさそわれたら喜《よろこ》んで乗《の》るけれど、めんどうなスケジュールを決《き》めるのは、友《とも》だちに任《まか》せがち。基本《きほん》的《てき》に受《う》け身《み》タイプみたいだね。

だれかのケンカが始《はじ》まるとその場《ば》から消《き》えちゃう

ギスギスしたムードが苦手《にがて》。だれかがケンカを始《はじ》めると、気《き》づいたらいなくなっちゃうことも。どうすればいいのかわからなくなるみたい。

A《エー》型《がた》　よく考《かんが》えて動《うご》く勉強家《べんきょうか》 でも傷《きず》つきやすいかも

いろんなことを知《し》っている勉強家《べんきょうか》の女《おんな》の子《こ》。いつもよく考《かんが》えてから行動《こうどう》するし、落《お》ち着《つ》いてるな。あまり感《かん》情《じょう》を顔《かお》に出《だ》さないけど、心《こころ》が細《こま》やかで傷《きず》つきやすいところもありそう。

B《ビー》型《がた》　おとなっぽくて たよりになる存在《そんざい》

私《わたし》がどんなにワガママ言《い》っても、サラッと流《なが》してくれてカッコいい！　頭《あたま》がいいからアドバイスも参考《さんこう》になるよ。おとなっぽくてお姉《ねえ》さんみたいだから、ついついあまえちゃう。

みんなは私《わたし》のことどう思《おも》ってるの？

O《オー》型《がた》　さわやかだけど 考《かんが》えがわからない人《ひと》

あまり目立《めだ》たないけどクールでさわやかで、言《い》っていることも正《ただ》しい！　でも取《と》り乱《みだ》したりしないから、考《かんが》えてることがイマイチわかりにくいなぁ。ちょっとカッコつけてるのかな？

AB《エービー》型《がた》　おたがいにひかえめ 話《はな》しかけないタイプ

ひかえめなところが似《に》ているから、ふだんは空気《くうき》みたいな存在《そんざい》かも。おたがい自分《じぶん》から声《こえ》をかけるタイプじゃないから、放《ほう》っておくと仲《なか》よくなるまでに時間《じかん》がかかりそう……。

恋《こい》をしたら？

トレンディドラマタイプ

ドラマみたいな恋《こい》にあこがれて、恋《こい》をしても動《うご》きはスマート。好《す》きなカレにも、ほかの人《ひと》と同《おな》じような態度《たいど》を取《と》るよ。両思《りょうおも》いになったらオシャレなデートコースにこだわるタイプ。何《なに》かのはずみで恋心《こいごころ》が冷《さ》めてしまうドライな一面《いちめん》も。

好《す》きなタイプは？

イケメンな人《ひと》！

美《うつく》しいものが好《す》きでロマンチストなAB《エービー》型《がた》ちゃん。ステキな恋《こい》をするには相手《あいて》がカッコよくないと……と思《おも》っているよ。トップの成績《せいせき》だったり、スポーツ万能《ばんのう》で人気者《にんきもの》だったりする男《おとこ》の子《こ》にも心《こころ》が動《うご》くみたいね。

告白《こくはく》は？

気《き》づいてほしい派《は》

ガツガツ告白《こくはく》するのは、はずかしいタイプ。だからさりげなく好《こう》意《い》を示《しめ》して、気《き》づいてもらうのを待《ま》つよ。

積極性《せっきょくせい》

25%《パーセント》

これだけは気《き》をつけて！

男《おとこ》の子《こ》の性格《せいかく》を見《み》ないで顔《かお》やスタイルにこだわりがち

恋《こい》にロマンを求《もと》めるあまり、男《おとこ》の子《こ》への理想《りそう》が高《たか》いかも。とくに顔《かお》やスタイルにこだわって、あまり性格《せいかく》を見《み》ないみたい。外見《がいけん》だけじゃなく心《こころ》も見《み》てね。

あなたの恋《こい》の武器《ぶき》は？

ステキなムード作《づく》り

好《す》きなカレをドキッとさせるあまい言葉《ことば》をメッセージカードに書《か》いたり、上目《うわめ》づかいでカレを見《み》つめたり、ロマンチックなムードを作《つく》れることが大《おお》きな武器《ぶき》。恋人同士《こいびとどうし》になったら、オシャレなデートコースを考《かんが》えることも得意《とくい》で、デートファッションもステキ！

AB《エービー》型《かた》ちゃんの魅《み》力《りょく》度《ど》UP《アップ》の最強《さいきょう》コーデは？

しっとりおとなっぽコーデ

落《お》ち着《つ》きあるカラーでミステリアスムードに

パンツルックより長《なが》めのスカートのほうがミステリアスなムードを出《だ》せるよ。ストールや細《ほそ》いタイなど、ワンポイントを効《き》かせて魅《み》力度《りょくど》UP《アップ》！　さらに、モノトーンや青《あお》など落《お》ち着《つ》いた色《いろ》を中心《ちゅうしん》にして、おとなっぽさをアピールしよう。

ヘアアレンジ

ふんわりロングでおとなっぽさを出《だ》して

カールの効《き》いたふんわりロングヘアで、おとなっぽさUP《アップ》♪　バレッタやヘアピン、ベレーぼうをワンポイントに。

ワンポイント

アクティブ感《かん》を出《だ》すならスキニーにチェンジ！

アクティブにキメたいときは、スカートをスキニーパンツにかえてみて。クール度《ど》がUP《アップ》して歩《ある》く姿《すがた》もカッコいいよ！

NG《エヌジー》!

流行《りゅうこう》を追《お》い過《す》ぎると魅力度《みりょくど》がイマイチ

流行《りゅうこう》よりは自分《じぶん》が好《す》きなものを取《と》り入《い》れて。AB《エービー》型《がた》ちゃんの魅力《みりょく》であるスマートさが出《だ》せるよ。

AB《エービー》型《がた》くんのトリセツ

オシャレなクールボーイ

AB《エービー》型《がた》くんはこんな男子《だんし》!

サラリとしたさわやかさを好《この》む
ドライでオシャレ好《す》きな男《おとこ》の子《こ》

感情《かんじょう》を出《だ》さないドライなムード。はじめはクールだけど、慣《な》れるとやさしい面《めん》が出《で》てくるよ。でもだれかとベッタリするのは苦手《にがて》で、何《なん》でもサラリとこなしたいタイプ。オシャレ好《ず》きな一面《いちめん》もアリ。

センスのいい女子《じょし》が好《す》き!

オシャレ上手《じょうず》な女《おんな》の子《こ》となら
デートしたいと思《おも》うタイプ

いっしょに歩《ある》いていて絵《え》になる、オシャレ上手《じょうず》な女《おんな》の子《こ》が好《す》き。いつも頭《あたま》から足《あし》の先《さき》まで、ファッションがキマっていたり、いろんなヘアスタイルに挑戦《ちょうせん》している姿《すがた》を見《み》るといいなと思《おも》うみたい。

AB《エービー》型《がた》くんの胸《むね》キュンポイント!

まるで映画《えいが》みたい!
そんな場面《ばめん》にキュン♥

映画《えいが》のワンシーンみたいなロマンチックな場面《ばめん》にドキッとするAB《エービー》型《がた》くん。女《おんな》の子《こ》がクルッとふり返《かえ》って、かわいい笑顔《えがお》を見《み》せた瞬間《しゅんかん》、恋《こい》に落《お》ちる予感《よかん》。

AB《エービー》型《がた》くんと仲《なか》よくなるには？

A《エー》型《がた》ちゃんは

受身《うけみ》なカレを しっかりとリード してあげると◎

しんちょうなAB《エービー》型《がた》くんは、マジメなA《エー》型《がた》ちゃんを信頼《しんらい》できる女《おんな》の子《こ》だと思《おも》っているみたい。カレは受《う》け身《み》なので、勇気《ゆうき》を出《だ》して自分《じぶん》から、軽《かる》いノリで遊《あそ》びにさそってみて！　2人《り》で会《あ》うのが難《むずか》しそうなら、みんなで遊《あそ》びに行《い》くことを提案《ていあん》しても◎。しっかり計画《けいかく》を立《た》てて行動《こうどう》するあなたに、カレはたのもしさを感《かん》じるはずだよ。

B《ビー》型《がた》ちゃんは

カレの話《はなし》を聞《き》いて ポジティブな あいづちを打《う》って

近《ちか》づきにくいムードのあるAB《エービー》型《がた》くんだけど、思《おも》い切《き》って声《こえ》をかけておしゃべりすると、意外《いがい》と喜《よろこ》んでもらえるよ。何《なん》でも話《はなし》を聞《き》いてくれるカレに、つい自分《じぶん》の話《はなし》ばかりしてしまいそう。でも、できるだけカレの話《はなし》に「すごいね！」「おもしろい！」とポジティブにあいづちを打《う》ってあげて。そうすれば心《こころ》を開《ひら》いてくれるはず。

O《オー》型《がた》ちゃんは

急接近《きゅうせっきん》はNG《エヌジー》！ 時間《じかん》をかけて きょりを縮《ちぢ》めて

ナイーブなAB《エービー》型《がた》くん。いきなりズカズカ心《こころ》のなかに入《はい》ると、イヤがられてしまうので気《き》をつけて。まずは目《め》が合《あ》ったらニッコリほほ笑《え》むことから始《はじ》めてみよう。ぐうぜんのふりをして、学校《がっこう》の帰《かえ》りにバッタリ会《あ》う場面《ばめん》を作《つく》ってもいいかも。強引《ごういん》に近《ちか》づくのではなく、時間《じかん》をかけて少《すこ》しずつきょりをつめていくことが大切《たいせつ》だよ！

AB《エービー》型《がた》ちゃんは

共通《きょうつう》の話《はなし》で 盛《も》り上《あ》がれば 心《こころ》が通《かよ》い合《あ》う2人《り》

おたがい受《う》け身《み》な2人《り》は、仲《なか》よくなるのがいちばん難《むずか》しいみたい。がんばってあなたから近《ちか》づいて。カレのしゅみや習《なら》い事《ごと》について調《しら》べるなど、共通《きょうつう》の話題《わだい》を増《ふ》やしていくのがGOOD《グッド》。「あの習《なら》い事《ごと》、こういうところがおもしろいよね！」なんて話《はな》しかければ、盛《も》り上《あ》がって2人《り》の気《き》もちが通《かよ》い合《あ》うはずだよ。

血《けつ》液《えき》型《がた》
×星《せい》座《ざ》

なんでも！いろいろ！

ランキング BEST《ベスト》5

血液型《けつえきがた》と星座《せいざ》の組《く》み合《あ》わせで、もっとくわしく能力《のうりょく》がわかるよ！
あなたにはどんな才能《さいのう》がある？　ランキングで見《み》てみよう。

オシャレ上《じょう》手《ず》♪

1位《い》 A《エー》B《ビー》型《がた》×てんびん座《ざ》

情報《じょうほう》にびんかんで、流行《りゅうこう》をうまくファッションに取《と》り入《い》れられるね。おとなっぽいファッションが友《とも》だちからの注目《ちゅうもく》の的《まと》！

2位《い》 B《ビー》型《がた》×てんびん座《ざ》
3位《い》 A《エー》B《ビー》型《がた》×みずがめ座《ざ》
4位《い》 A《エー》型《がた》×うお座《ざ》
5位《い》 A《エー》型《がた》×てんびん座《ざ》

男《だん》子《し》にモテモテ♥

1位《い》 B《ビー》型《がた》×うお座《ざ》

ふんわりしたムードで、とってもあまえ上《じょう》手《ず》。だから男《おとこ》の子《こ》から「守《まも》ってあげたい」と思《おも》われるみたい。アイドルタイプなんだね！

2位《い》 A《エー》B《ビー》型《がた》×さそり座《ざ》
3位《い》 B《ビー》型《がた》×ふたご座《ざ》
4位《い》 A《エー》B《ビー》型《がた》×しし座《ざ》
5位《い》 A《エー》B《ビー》型《がた》×かに座《ざ》

好《す》きな仕《し》事《ごと》でかがやく

1位《い》 B《ビー》型《がた》×みずがめ座《ざ》

やりたいことしかやりたくないから、自《し》然《ぜん》と好《す》きなことが仕《し》事《ごと》になるよ。オタク的《てき》な才能《さいのう》が開《かい》花《か》して、キラキラかがやけるはず！

2位《い》 A《エー》B《ビー》型《がた》×おひつじ座《ざ》
3位《い》 A《エー》型《がた》×おひつじ座《ざ》
4位《い》 A《エー》型《がた》×やぎ座《ざ》
5位《い》 O《オー》型《がた》×おとめ座《ざ》

やさしいママになる！

1位《い》 Ｏ《オー》型《がた》×かに座《ざ》

かに座《ざ》のなかでもＯ《オー》型《がた》は、一番《いちばん》家族《かぞく》を大事《だいじ》にするタイプ。いつも家《いえ》にいてやさしく出《で》むかえてくれる、ステキなママになるよ。

2位《い》 Ａ《エー》型《がた》×かに座《ざ》
3位《い》 ＡＢ《エービー》型《がた》×おうし座《ざ》
4位《い》 Ａ《エー》型《がた》×さそり座《ざ》
5位《い》 Ｂ《ビー》型《がた》×おうし座《ざ》

スターの才能《さいのう》アリ★

1位《い》 Ｂ《ビー》型《がた》×おひつじ座《ざ》

目立《めだ》つことが大好《だいす》きで、みんなをワクワクさせることが得意《とくい》！　オーディションも元気《げんき》に勝《か》ち取《と》り、スターへの道《みち》をかけのぼれるよ。

2位《い》 Ｏ《オー》型《がた》×しし座《ざ》
3位《い》 Ｂ《ビー》型《がた》×しし座《ざ》
4位《い》 Ｂ《ビー》型《がた》×いて座《ざ》
5位《い》 Ａ《エー》型《がた》×うお座《ざ》

お金《かね》もちになる！

1位《い》 Ａ《エー》型《がた》×おうし座《ざ》

ずっとお金《かね》をため続《つづ》けて、気《き》がつけば大金《おおがね》もち……というコツコツタイプ。お金《かね》の使《つか》い方《かた》が上手《じょうず》だからたまるんだね！

2位《い》 Ｏ《オー》型《がた》×おうし座《ざ》
3位《い》 ＡＢ《エービー》型《がた》×やぎ座《ざ》
4位《い》 ＡＢ《エービー》型《がた》×おとめ座《ざ》
5位《い》 Ｏ《オー》型《がた》×さそり座《ざ》

将来《しょうらい》は女《おんな》社《しゃ》長《ちょう》！

1位《い》 Ｏ《オー》型《がた》×やぎ座《ざ》

トップでいないと気《き》がすまない性格《せいかく》が社長《しゃちょう》にピッタリ！　商売《しょうばい》の才能《さいのう》もあるので、自分《じぶん》の会社《かいしゃ》をどんどん大《おお》きくしていけるよ。

2位《い》 Ｂ《ビー》型《がた》×やぎ座《ざ》
3位《い》 Ｏ《オー》型《がた》×おひつじ座《ざ》
4位《い》 Ａ《エー》型《がた》×しし座《ざ》
5位《い》 Ｏ《オー》型《がた》×てんびん座《ざ》

芸術《げいじゅつ》センスバツグン！

1位《い》　B《ビー》型《がた》×さそり座《ざ》

みんながおどろくような、おもしろい絵《え》やデザインを作《つく》るセンスがピカイチ。歌《うた》やダンスでも、自分《じぶん》の世界《せかい》を表現《ひょうげん》できるよ。

- 2位《い》　AB《エービー》型《がた》×うお座《ざ》
- 3位《い》　O《オー》型《がた》×うお座《ざ》
- 4位《い》　B《ビー》型《がた》×かに座《ざ》
- 5位《い》　O《オー》型《がた》×いて座《ざ》

国語《こくご》の才能《さいのう》アリ！

1位《い》　A《エー》型《がた》×ふたご座《ざ》

たくさんの漢字《かんじ》を覚《おぼ》えたり、作文《さくぶん》の才能《さいのう》がすぐれていて表彰《ひょうしょう》されることも。本《ほん》をたくさん読《よ》むほど能力《のうりょく》をきたえられるよ。

- 2位《い》　AB《エービー》型《がた》×いて座《ざ》
- 3位《い》　O《オー》型《がた》×てんびん座《ざ》
- 4位《い》　A《エー》型《がた》×いて座《ざ》
- 5位《い》　O《オー》型《がた》×ふたご座《ざ》

算数《さんすう》の才能《さいのう》アリ！

1位《い》　A《エー》型《がた》×おとめ座《ざ》

頭《あたま》にパソコンが入《はい》っているみたいにテキパキ計算《けいさん》できるよ。表《ひょう》を作《つく》ったり、決《き》められたことをキチンとすることが得意《とくい》！

- 2位《い》　A《エー》型《がた》×みずがめ座《ざ》
- 3位《い》　AB《エービー》型《がた》×ふたご座《ざ》
- 4位《い》　B《ビー》型《がた》×おとめ座《ざ》
- 5位《い》　O《オー》型《がた》×みずがめ座《ざ》

ハピかわうらない
その3

ねむった才《さい》能《のう》がわかる！

手《て》相《そう》うらない

手《て》の形《かたち》や表《あらわ》れている線《せん》から、才《さい》能《のう》や未《み》来《らい》を
うらなうことができるよ。あなたは、
どんなおとなになるのかな？

見方《みかた》のキホン

左《ひだり》の手相《てそう》は生《う》まれもった運勢《うんせい》を、右《みぎ》の手相《てそう》は自分《じぶん》の力《ちから》で作《つく》っていく運勢《うんせい》を示《しめ》すよ。両方《りょうほう》見《み》てうらなうけど、子《こ》どもなら左手《ひだりて》を中心《ちゅうしん》に見《み》ると◎。よくない手相《てそう》でも、いい生《い》き方《かた》をすればどんどん変《か》わっていくよ。

手相《てそう》うらないの約束《やくそく》

1 まずは手《て》を石《せっ》けんで洗《あら》って

手相《てそう》を見《み》る前《まえ》に、石《せっ》けんで手《て》を洗《あら》おう。その後《ご》、塩《しお》をふって清《きよ》めるとベスト。

2 明《あか》るい場所《ばしょ》で見《み》よう

なるべく昼《ひる》に明《あか》るい場所《ばしょ》で見《み》るようにしよう。細《こま》かい線《せん》もハッキリわかるよ。

代表的《だいひょうてき》な線《せん》

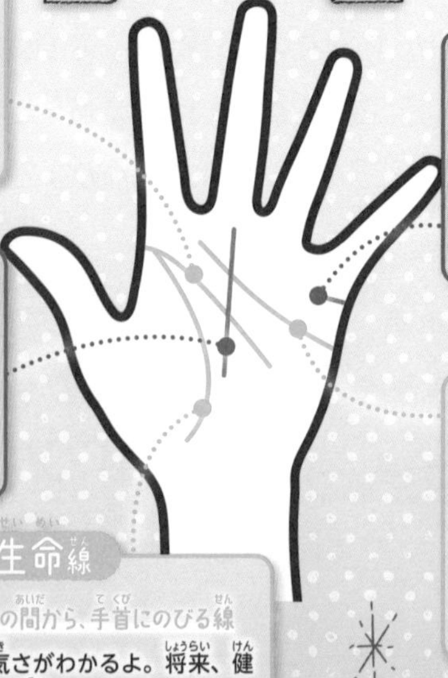

知能《ちのう》線《せん》

人さし指《ゆび》と親指《おやゆび》の間《あいだ》から出て
真《ま》ん中《なか》を横切《よこぎ》る線《せん》

どんな考《かんが》え方《かた》をもっているかに関係《かんけい》する。勉強《べんきょう》や成績《せいせき》のことをうらなえるよ。

結婚《けっこん》線《せん》

小指《こゆび》と感情線《かんじょうせん》の間《あいだ》の
短《みじか》い横《よこ》の線《せん》

何才《なんさい》くらいで結婚《けっこん》をするかがわかるよ。子《こ》どものころはない人《ひと》も。

運命《うんめい》線《せん》

手《て》のひらの下《した》のほうから
中指《なかゆび》のほうに向《む》かう線《せん》

仕事《しごと》や自分《じぶん》の使命《しめい》に関係《かんけい》するよ。子《こ》どものころはまだない人《ひと》も多《おお》いみたい。

感情《かんじょう》線《せん》

小指《こゆび》の下《した》のほうから出《で》て
人さし指《ゆび》にのびる線《せん》

おもに恋愛運《れんあいうん》をうらなえるよ。ほかにも愛情《あいじょう》に関係《かんけい》することがわかる線《せん》。

生命《せいめい》線《せん》

人さし指《ゆび》と親指《おやゆび》の間《あいだ》から、手首《てくび》にのびる線《せん》

体力《たいりょく》や気力《きりょく》、元気《げんき》さがわかるよ。将来《しょうらい》、健康《けんこう》かどうかはここを見《み》てね。

仕事運《しごとうん》がわかる!

運命線《うんめいせん》

仕事《しごと》や役割《やくわり》を通《とお》して、社会《しゃかい》でどれだけ活躍《かつやく》できるかを示《しめ》す線《せん》。しっかりした線《せん》ほど成功《せいこう》できるよ。でも手《て》がやわらかい子《こ》どもには、まだ出《で》ていないことが多《おお》いみたい。

とっても太《ふと》い

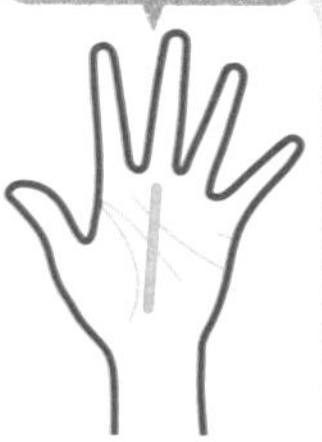

バリバリ仕事《しごと》をがんばるキャリアウーマンに

キャリアウーマンタイプ。おとなになったらバリバリ仕事《しごと》をがんばって、みんなの役《やく》に立《た》てるよ。有《ゆう》名《めい》になれる予感《よかん》も！

あまり見《み》えない

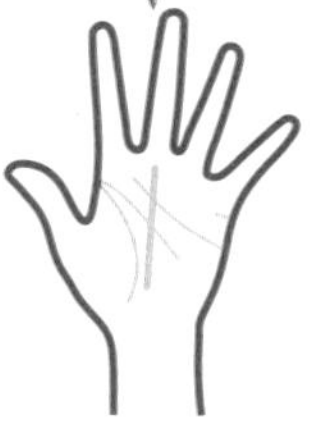

おとなになって働《はたら》くと少《すこ》しずつこくなるはず

子《こ》どもは、まだあまり見《み》えない人《ひと》が多《おお》いから、気《き》にしないで！　おとなになって働《はたら》くようになると、少《すこ》しずつこくなってくるはず。

手《て》の形《かたち》でもわかるよ!

線《せん》を見《み》る前《まえ》に、まずは手《て》の全体《ぜんたい》を見《み》ることが大切《たいせつ》。手《て》の形《かたち》を見《み》て、大《おお》まかな性格《せいかく》を確認《かくにん》しよう。

手《て》が大《おお》きい・小《ちい》さい

大《おお》きい人《ひと》は細《こま》かくて気配《きくば》り上手《じょうず》
小《ちい》さい人《ひと》はだいたんでパワフル!

体《からだ》に比《くら》べて手《て》が大《おお》きい人《ひと》は、細《こま》かいことに気《き》がつく気配《きくば》り上手《じょうず》。でも少《すこ》し気《き》が弱《よわ》いかも？　手《て》が小《ちい》さい人《ひと》は、だいたん！　活発《かっぱつ》に動《うご》くパワーがあるよ。

関節《かんせつ》がゴツゴツ……

関節《かんせつ》が目立《めだ》つ人《ひと》は、研究家《けんきゅうか》タイプ
好《す》きな世界《せかい》にトコトンはまりそう

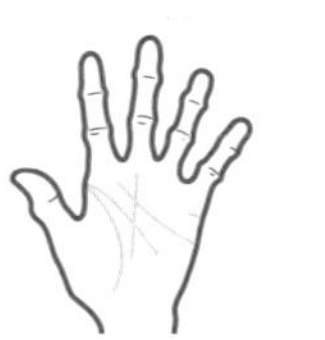

指《ゆび》の関節《かんせつ》が目立《めだ》つ人《ひと》は、何《なに》かにトコトンはまる研究家《けんきゅうか》タイプ。将来《しょうらい》は、好《す》きな世界《せかい》にどっぷりつかって生《い》きそうだね。

指《ゆび》が長《なが》い・短《みじか》い

指《ゆび》が長《なが》い人《ひと》は計画的《けいかくてき》な性格《せいかく》
短《みじか》い人《ひと》は直感《ちょっかん》で動《うご》くタイプ

指《ゆび》が長《なが》い人《ひと》は、じっくり考《かんが》えるタイプ。きちんと計画《けいかく》を立《た》てて動《うご》くね。指《ゆび》が短《みじか》い人《ひと》は、直《ちょっ》感《かん》で動《うご》くタイプ。失敗《しっぱい》も多《おお》いけど、大成功《だいせいこう》することも！

健康運《けんこううん》がわかる!

生命線《せいめいせん》

生命線《せいめいせん》では体力《たいりょく》や気力《きりょく》の量《りょう》がわかり、おもに健康運《けんこううん》をうらなえるよ。線《せん》に勢《いきお》いがあるほど、元気《げんき》いっぱい!

こくてよく見《み》える ハッキリしている線《せん》

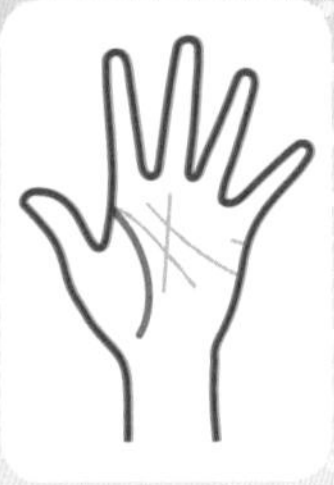

動《うご》いてもつかれない とてもよい生命線《せいめいせん》

とてもよい生命線《せいめいせん》。体力《たいりょく》気力《きりょく》が満《み》ちていて、動《うご》き回《まわ》ってもつかれにくいよ。体《からだ》を動《うご》かすことが好《す》きで、体育《たいいく》が得意《とくい》かもしれないね。

手首《てくび》に届《とど》きそうなほど とっても長《なが》～い線《せん》

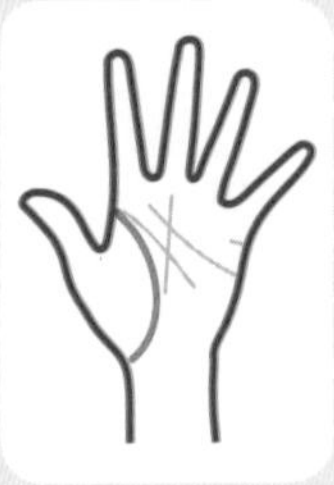

病気知《びょうきし》らずで長生《ながい》き でも油断《ゆだん》しないこと

年《とし》を取《と》っても大《おお》きな病気《びょうき》をせず、長生《ながい》きできそう。とくに線《せん》が太《ふと》いほどパワフル！　でも健康管理《けんこうかんり》に手《て》をぬきやすいので気《き》をつけて。

手《て》の半分《はんぶん》くらいの とても短《みじか》い線《せん》

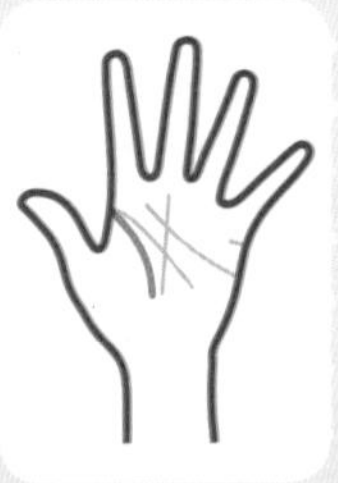

パワーは弱《よわ》いみたい 体力《たいりょく》をつけて伸《の》ばして

短《みじか》いから短命《たんめい》というわけではないよ。でもパワーは弱《よわ》くなるのでつかれやすいかも。体力《たいりょく》をつけるようにすれば、だんだん伸《の》びるよ。

小指《こゆび》のほうに向《む》かって 先《さき》が流《なが》れている線《せん》

好奇心《こうきしん》が強《つよ》いタイプ 変化《へんか》することが好《す》き

好奇心《こうきしん》が強《つよ》くて少《すこ》し落《お》ち着《つ》きのない性格《せいかく》。一《ひと》つのことをじっくり続《つづ》けることが苦手《にがて》。将来《しょうらい》は旅行《りょこう》や引《ひ》っこしが大好《だいす》きになりそうだね。

とちゅうで1か所《しょ》だけ 切《き》れている線《せん》

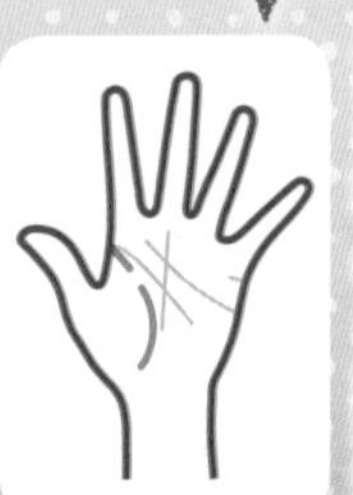

切《き》れめが上《うえ》にあれば 生活《せいかつ》リズムを変《か》えて

今《いま》の生活《せいかつ》リズムを続《つづ》けると、体力《たいりょく》が落《お》ちてくるかも。切《き》れている場所《ばしょ》が上《うえ》にあるほど、今《いま》の生活《せいかつ》に気《き》をつけて。早《はや》ね早起《はやお》きすると◎。

ところどころ切《き》れている つながりのない線《せん》

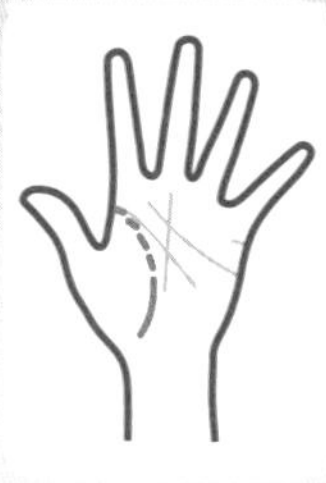

体力不足《たいりょくぶそく》の様子《ようす》 運動《うんどう》で線《せん》をつなげて

パワーはイマイチ。すぐにつかれたり、カゼをひいたりしそう。たくさん走《はし》ったり、歩《ある》いたりすれば、だんだん線《せん》がくっつくはず。

目《め》の形《かたち》が並《なら》んだ くさりのような線《せん》

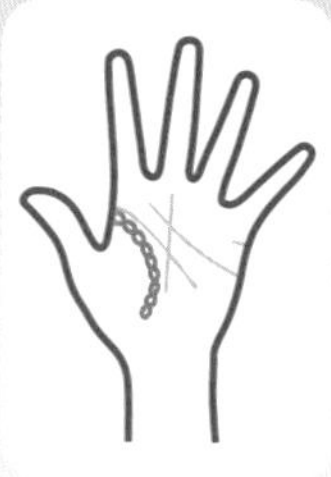

ヤル気《き》が出《で》にくくて すぐあきらめがち

ヤル気《き》が出《で》にくくて、カベに当《あ》たるとすぐあきらめてしまいがち。とちゅうからふつうの線《せん》なら、おとなになると元気《げんき》になれるよ。

小《ちい》さな目《め》の形《かたち》が 線《せん》の上《うえ》にある

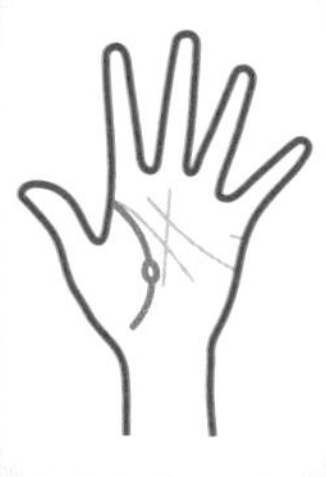

がんばり過《す》ぎかも 上《うえ》にあるほど休《やす》んで

がんばり過《す》ぎて、つかれているかも。上《うえ》のほうにあれば、休《やす》みの日《ひ》はのんびりして。下《した》のほうにあると、おとなになってつかれがち。

2本《ほん》が寄《よ》りそって 並《なら》んでいる線《せん》

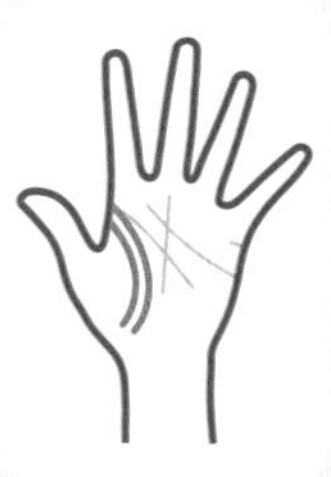

病気《びょうき》やケガに強《つよ》い パワフルな体《からだ》をもつ

エネルギッシュで、とても健康《けんこう》な体《からだ》のもち主《ぬし》。病気《びょうき》やケガに強《つよ》くて、すぐ元気《げんき》になれるよ。重《かさ》なっている線《せん》が多《おお》いほど、パワフル！

下《した》のほうで2つに 分《わ》かれている線《せん》

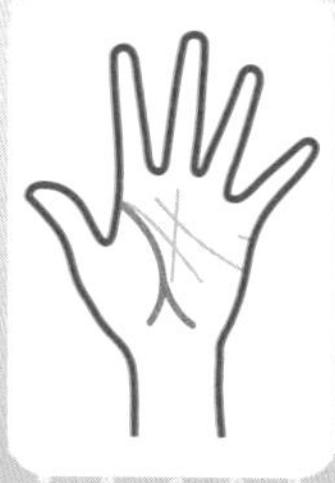

出《で》かけることが好《す》き 早《はや》く家《いえ》を出《で》るかも

小指《こゆび》に向《む》かうほうの線《せん》は、旅行線《りょこうせん》とも呼《よ》ばれるよ。外出《がいしゅつ》が好《す》きで、おとなになったらあちこちへ旅《たび》するかも。早《はや》く家《いえ》を出《で》る可能性《かのうせい》も。

下《した》のほうで何本《なんぼん》かに 分《わ》かれている線《せん》

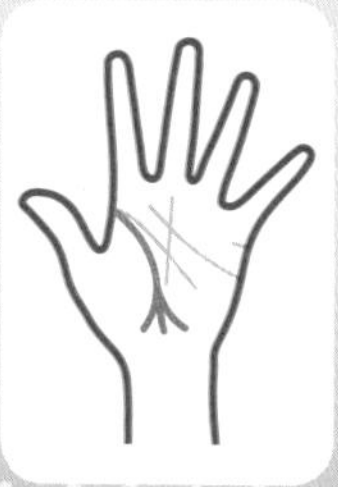

分《わ》かれる数《かず》が多《おお》いと つかれがたまってる

下《した》のほうでたくさん分《わ》かれているほど、つかれがたまっているサイン。勉強《べんきょう》をがんばり過《す》ぎかも？ 休《やす》む時間《じかん》をちゃんと取《と》ってね。

才能《さいのう》がわかる！

知《ち》能《のう》線《せん》

知能線《ちのうせん》では勉強運《べんきょううん》のほかに、その人《ひと》がどんな考《かんが》え方《かた》をしているかや、どんな才能《さいのう》をもっているかがわかるよ。

小《こ》指《ゆび》の下《した》に届《とど》くほどとっても長《なが》い線《せん》

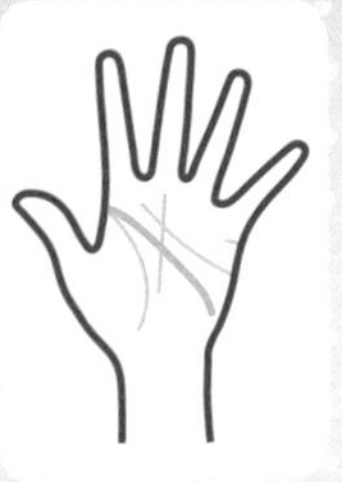

心《しん》配《ぱい》性《しょう》で計《けい》画《かく》的《てき》じっくり考《かんが》える性《せい》格《かく》

じっくりと考《かんが》えるタイプ。少《すこ》し心配性《しんぱいしょう》で、きちんと計画《けいかく》を立《た》てて動《うご》くから、失敗《しっぱい》することが少《すく》ないね。理《り》屈《くつ》っぽくなる点《てん》には注《ちゅう》意《い》。

中《なか》指《ゆび》の下《した》までしかないとっても短《みしか》い線《せん》

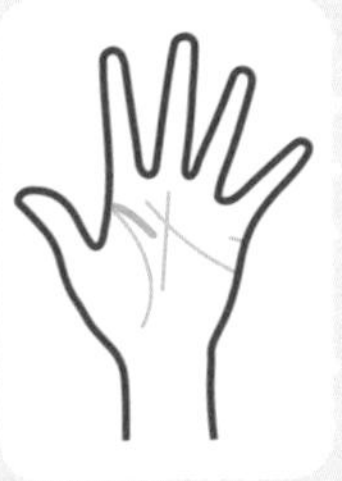

ひらめいたら動《うご》くだいたんな直《ちょっ》感《かん》

ひらめいたらパッと動《うご》く直感《ちょっかん》タイプ。だいたんなので大成功《だいせいこう》できるけど、失敗《しっぱい》することも多《おお》いよ。その場《ば》のノリを大切《たいせつ》にしているね。

全《ぜん》体《たい》的《てき》にななめになって大《おお》きくたれ下《さ》がっている

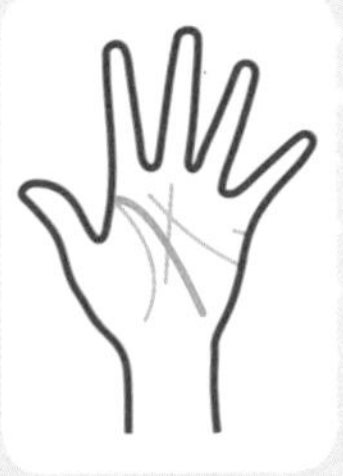

ロマンチストで芸《げい》術《じゅつ》の才《さい》能《のう》もアリ

人《ひと》の気《き》もちやムードを大事《だいじ》にする、空想好《くうそうず》きなロマンチスト。芸《げい》術《じゅつ》の才能《さいのう》もあって、ステキな作品《さくひん》ができるね。でも算数《さんすう》は苦手《にがて》かも。

線《せん》のスタート地《ち》点《てん》が生《せい》命《めい》線《せん》とはなれている

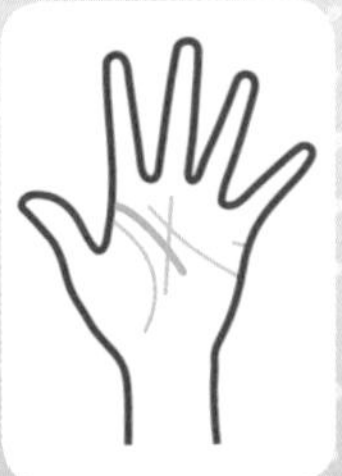

だいたんで積《せっ》極《きょく》的《てき》新《あたら》しい世《せ》界《かい》を作《つく》る

KY《ケーワイ》線《せん》とも呼《よ》ばれているよ。だいたんで積極《せっきょく》的《てき》な性格《せいかく》で、周《まわ》りをアッとおどろかせることが。新《あたら》しい世界《せかい》を作《つく》ることもできるね。

2本《ほん》が並《なら》んで走《はし》っている線《せん》

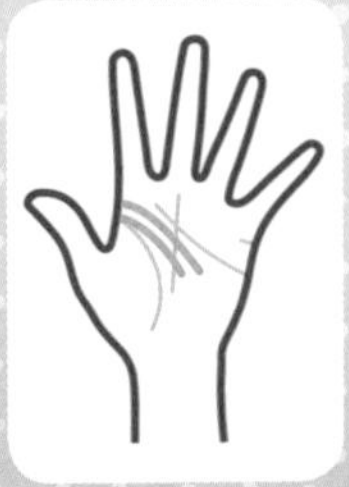

成《せい》績《せき》はトップクラス美《び》術《じゅつ》のセンスもあり

とにかく頭《あたま》がいい！何《なん》でも上手《じょうず》に進《すす》められる天才《てんさい》タイプ。成績《せいせき》はトップかも？　美術《びじゅつ》や音楽《おんがく》のセンスもある最強《さいきょう》の頭脳《ずのう》のもち主《ぬし》。

目《め》の形《かたち》が並《なら》んだくさりのような線《せん》

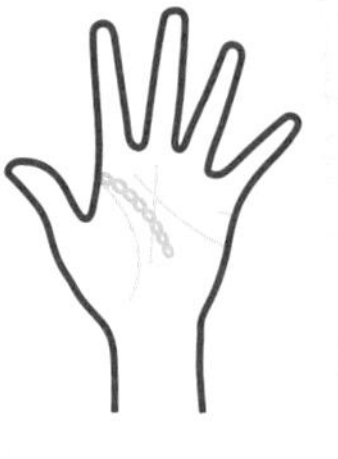

優柔不断《ゆうじゅうふだん》な性格《せいかく》
感情《かんじょう》に流《なが》される面《めん》も

あれこれ迷《まよ》う優柔不《ゆうじゅうふ》断《だん》タイプ。感情《かんじょう》に流《なが》されるところも。とちゅうからはふつうの線《せん》なら、おとなになると意志《いし》が強《つよ》くなるよ。

とちゅうで切《き》れているところがある線《せん》

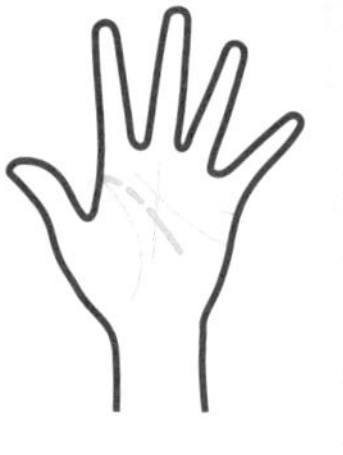

運動神経《うんどうしんけい》バツグン！
気分屋《きぶんや》なところも

じっくり考《かんが》えるより、体《からだ》を動《うご》かすほうが好《す》き。運動神経《うんどうしんけい》バツグンで、スポーツで注目《ちゅうもく》されるタイプ。気分屋《きぶんや》なところは気《き》をつけよう。

線《せん》の先《さき》のほうがはね上《あ》がっている

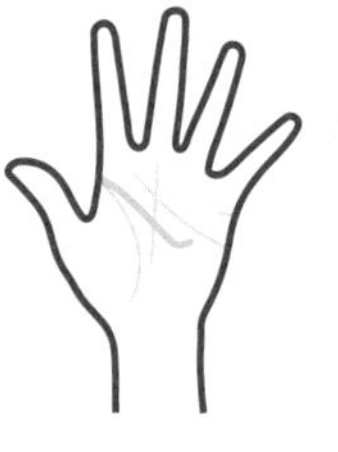

お金《かね》を大切《たいせつ》にする
商売人《しょうばいにん》タイプ

愛情《あいじょう》より、モノやお金《かね》にこだわるドライなタイプ。おとなになると、よい商売人《しょうばいにん》になりそう。お金《かね》をあつかう仕《し》事《ごと》にも向《む》いているよ。

線《せん》の先《さき》のほうが2つに分《わ》かれている

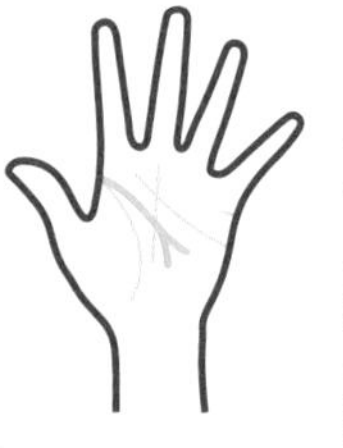

ライター線《せん》と呼《よ》ばれ
文章《ぶんしょう》を書《か》く才能《さいのう》アリ

ライター線《せん》とも呼《よ》ばれていて、文章《ぶんしょう》を書《か》くことに才能《さいのう》があるよ。将《しょう》来《らい》は作家《さっか》や記者《きしゃ》、企画《きかく》のアイデアを出《だ》す仕《し》事《ごと》で成功《せいこう》しそうだね。

上向《うわむ》きの短《みじか》い線《せん》が何本《なんぼん》か出《で》ている

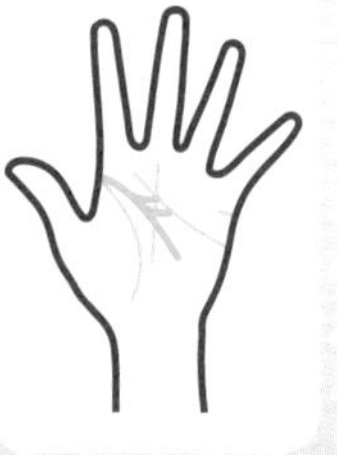

チャレンジ精神《せいしん》アリ
人付《ひとつ》き合《あ》いも上手《じょうず》

新《あたら》しいことにチャレンジするのが大好《だいす》き！ みんながおどろくアイデアを考《かんが》えられるよ。だれとでも仲《なか》よしになれる才能《さいのう》もあるね。

小《ちい》さな目《め》の形《かたち》が線《せん》の上《うえ》にある

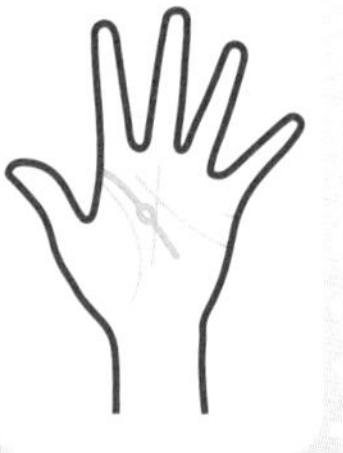

脳《のう》がつかれていそう
視力《しりょく》ダウンに注意《ちゅうい》！

頭《あたま》を使《つか》い過《す》ぎて脳《のう》がつかれているか、クヨクヨすることが多《おお》いみたい。視力《しりょく》が下《さ》がる心配《しんぱい》もあるので、本《ほん》を読《よ》むなら明《あか》るい場所《ばしょ》でね。

愛情《あいじょう》がわかる！

感《かん》情《じょう》線《せん》

感情線《かんじょうせん》では恋愛運《れんあいうん》をうらなえるほかに、ふだんの感情《かんじょう》や、どんな愛《あい》情《じょう》や友情《ゆうじょう》をもつのかについてもわかるよ。

手《て》のひらのはしにまで届《とど》きそうな長《なが》い線《せん》

恋《こい》心《こころ》を出《だ》すのが苦手《にがて》ゆっくり進《すす》める性格《せいかく》

愛情深《あいじょうぶか》くてやさしいけど、しんちょうで気《き》もちを出《だ》すのが苦手《にがて》。失《しっ》敗《ぱい》しないようにゆっくりと時間《じかん》をかけて、恋《こい》を進《すす》めるタイプだね。

中指《なかゆび》の下《した》に届《とど》かないとっても短《みじか》い線《せん》

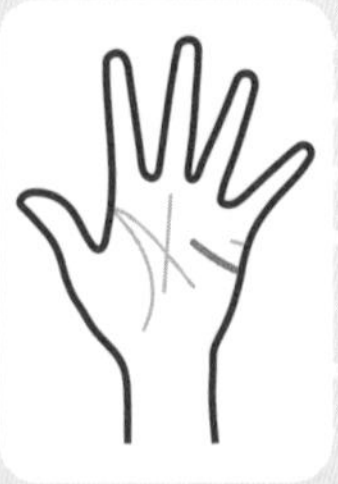

一気《いっき》に燃《も》え上《あ》がりあきるのも早《はや》い

熱《ねっ》しやすくて冷《さ》めやすいタイプ。恋《こい》に落《お》ちたら一気《いっき》に燃《も》えて、すぐにアタック！　でもあきるのも早《はや》いから、恋《こい》多《おお》き人生《じんせい》になりそう。

線《せん》の先《さき》のほうがはね上《あ》がっている

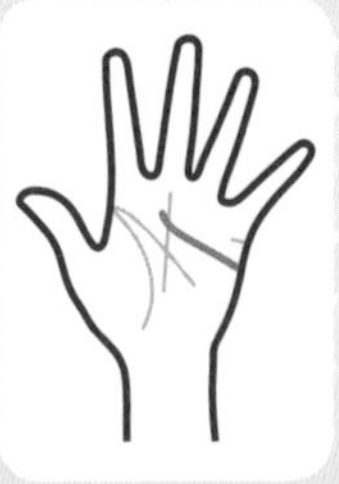

ロマンを求《もと》めてほれっぽいところも

愛情《あいじょう》が深《ふか》くて、ロマンチックな恋《こい》を求《もと》めているよ。男《おとこ》の子《こ》からやさしくされただけで、恋《こい》に落《お》ちる……なんて、ほれっぽいところも。

線《せん》の先《さき》のほうが下《さ》がっている

恋愛《れんあい》の回数《かいすう》は少《すく》ないでもほれると一直線《いっちょくせん》

恋《こい》より勉強《べんきょう》や仕事《しごと》に熱中《ねっちゅう》するタイプ。恋《こい》をする回数《かいすう》は少《すく》ないかもしれないね。そのかわり、好《す》きになったらトコトンほれこむはず。

ほとんどまっすぐのピシッとした１本《ぽん》線《せん》

恋《こい》をしてもクールでポーカーフェイス

いつもクールでドライ。好《す》きな人《ひと》の前《まえ》でもポーカーフェイスで、感情《かんじょう》を出《だ》さないよ。だから冷《つめ》たい人《ひと》だと誤解《ごかい》されやすいみたいだね。

目《め》の形《かたち》が並《なら》んだくさりのような線《せん》

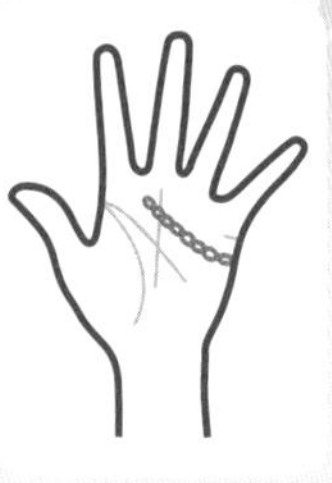

恋《こい》に落《お》ちやすいけど傷《きず》つくのをおそれる

せんさいで傷《きず》つきやすいハートのもち主《ぬし》。ムードに流《なが》されて、恋《こい》に落《お》ちることも多《おお》いけど、傷《きず》つくことがこわくて動《うご》けないみたい。

線《せん》の先《さき》のほうが2つに分《わ》かれている

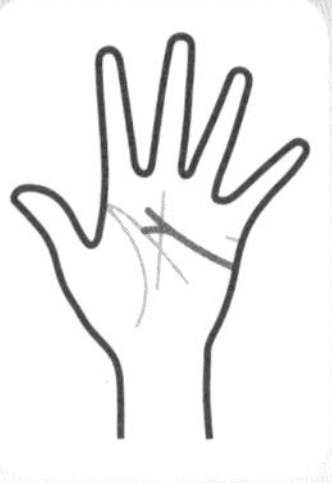

愛《あい》情《じょう》表《ひょう》現《げん》がうまくて男《おとこ》の子《こ》からモテモテ

幸《しあわ》せな恋《こい》を呼《よ》ぶよい手相《てそう》。愛情表現《あいじょうひょうげん》も上《じょう》手《ず》だから男《おとこ》の子《こ》に好《す》かれて、両思《りょうおも》いになるよ。モテ過《す》ぎてうわき者《もの》と思《おも》われるかも!?

とちゅうで切《き》れているところがある線《せん》

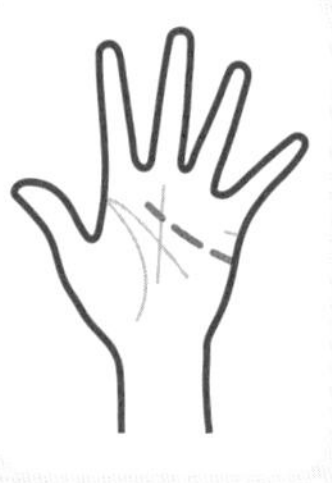

気《き》もちが不安定《ふあんてい》で恋《こい》では感情的《かんじょうてき》になる

恋《こい》では感情的《かんじょうてき》になりやすいので注意《ちゅうい》して。すごく好《す》きだと思《おも》っていたのにスーッと冷《さ》めちゃうなど、気《き》もちが不安定《ふあんてい》になりがちだよ。

2本《ほん》が並《なら》んで走《はし》っている線《せん》

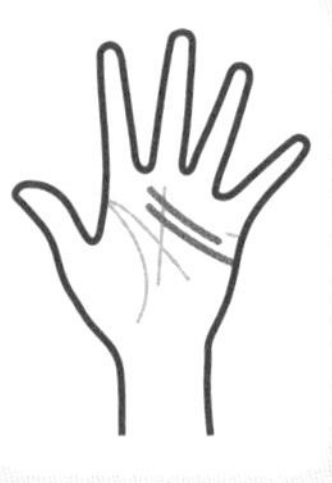

いつも恋《こい》していたい情熱《じょうねつ》に燃《も》えるタイプ

恋愛《れんあい》への情熱《じょうねつ》に燃《も》えていて、いつも恋《こい》していたいタイプ。自分《じぶん》から積極的《せっきょくてき》にアタックできるから、たくさんの恋《こい》をしていきそうだね。

下《した》向《む》きの線《せん》がいくつか出《で》ている

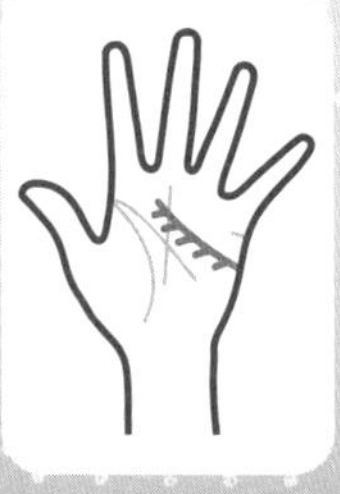

過去《かこ》にこだわってクヨクヨするかも

終《お》わった恋《こい》を思《おも》い出《だ》しては、クヨクヨしたりなやんだりするネガティブなタイプ。新《あたら》しい恋《こい》を探《さが》せば、だんだん線《せん》が消《き》えていくはず。

小《ちい》さな目《め》の形《かたち》が線《せん》の上《うえ》にある

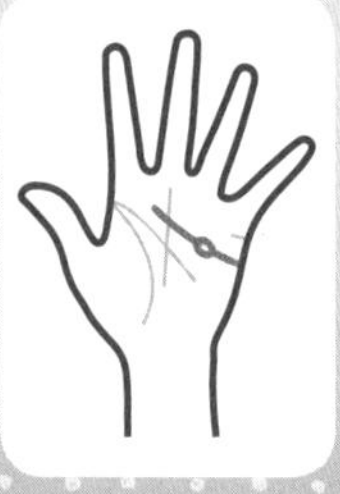

ネガティブな気分《きぶん》で恋《こい》をしているとき

恋愛《れんあい》でイヤなことがあったり、落《お》ちこんだりしているのかも?ネガティブな気分《きぶん》になると、この形《かたち》ができるよ。気分《きぶん》を上《あ》げよう。

未来《みらい》の結婚《けっこん》がわかる！

結《けっ》婚《こん》線《せん》

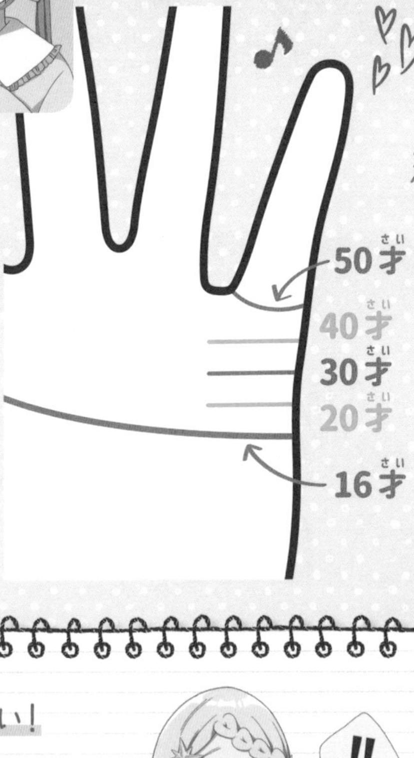

結婚線《けっこんせん》がある位置《いち》の高《たか》さで将来《しょうらい》、結婚《けっこん》する年《とし》がわかる

結婚線《けっこんせん》が、何才《なんさい》の位置《いち》にあるかを確認《かくにん》しよう。感情線《かんじょうせん》の高《たか》さが16才《さい》、小指《こゆび》の付《つ》け根《ね》が50才《さい》。その間《あいだ》をちょうど半分《はんぶん》にした位置《いち》が30才《さい》だよ。16才《さい》と30才《さい》の中間《ちゅうかん》が20才《さい》、30才《さい》と50才《さい》の中間《ちゅうかん》を40才《さい》としてね。いちばんこくてハッキリしている場所《ばしょ》が、あなたが将来結婚《しょうらいけっこん》しそうな年《とし》だよ！

ショック!? 結婚線《けっこんせん》がない！

子《こ》どもはまだ手相《てそう》の線《せん》が少《すく》ないので、ハッキリした結婚線《けっこんせん》がなくてもだいじょうぶ。これから出《で》てくるよ。おとなになっても結婚線《けっこんせん》がなかったり、うすかったりする人《ひと》は、結婚《けっこん》したい気《き》もちがあまりないみたい。1人《り》のほうが楽《たの》しいんだね。

パワーがわかる！

丘《おか》

丘《おか》という部分《ぶぶん》でも、運《うん》を読《よ》めるよ。ふくらんでいたり線《せん》が多《おお》かったりするほど、その丘《おか》がもつ運《うん》が強《つよ》いんだよ。

親指《おやゆび》の付《つ》け根《ね》にある「金星丘《きんせいきゅう》」

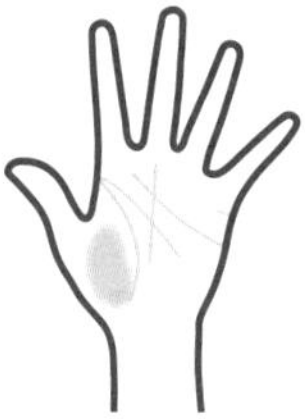

スタミナの強《つよ》さと人情《にんじょう》の深《ふか》さがわかる

いちばん広《ひろ》く目立《めだ》つ丘《おか》。パワーとスタミナの強《つよ》さを見《み》るよ。ふっくらしているほどエネルギッシュ！ 周《まわ》りへの人情《にんじょう》の深《ふか》さも表《あらわ》すよ。

小指側《こゆびがわ》のいちばん下《した》にある「月丘《げっきゅう》」

神秘《しんぴ》の丘《おか》でわかるロマンチック度《ど》

2番《ばん》めに広《ひろ》く、神秘《しんぴ》の丘《おか》とも呼《よ》ばれていて、ロマンチック度《ど》を表《あらわ》すよ。ここがふっくらしていると、感性《かんせい》が豊《ゆた》かでロマンチスト。

人さし指《ゆび》の下《した》にある「木星丘《もくせいきゅう》」

リーダーになれるタイプかがわかる

ここがふくらんでいたり、ツヤがよかったりすると、何《なん》でも積極《せっきょく》的《てき》にがんばる自信家《じしんか》。リーダーになれるけど、プライドが高《たか》い面《めん》も。

薬指《くすりゆび》の下《した》にある「太陽丘《たいようきゅう》」

有名人《ゆうめいじん》になれるなど人気運《にんきうん》がわかる

ここがふくらんでいたり、目立《めだ》つ線《せん》があったりすると、人気運《にんきうん》が高《たか》いよ。はなやかでチヤホヤされるね。将来《しょうらい》は有名人《ゆうめいじん》になれるかも！

小指《こゆび》のすぐ下《した》にある「水星丘《すいせいきゅう》」

仕事《しごと》ができてお金《かね》をかせげるかがわかる

ここは、おもに金運《きんうん》を見《み》るよ。大《おお》きくふくらんでいると、将来《しょうらい》テキパキ仕事《しごと》ができる人間《にんげん》に。だから収入《しゅうにゅう》が多《おお》くてお金《かね》に困《こま》らないね。

まだまだわかる！
そのほかの線《せん》

まだいろんな線《せん》があるよ。おとなになるほど細《こま》かい線《せん》が増《ふ》えてくるはず。今《いま》からいろんな線《せん》を覚《おぼ》えておこう。

太陽丘《たいようきゅう》に出《で》る縦《たて》の線《せん》の「太陽線《たいようせん》」

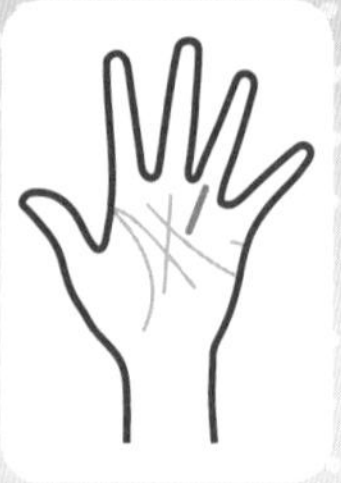

人気運《にんきうん》を表《あらわ》す線《せん》しっかり太《ふと》いと◎

人気運《にんきうん》を表《あらわ》すよ。ハッキリした線《せん》や長《なが》い線《せん》があると、人気運《にんきうん》があって芸能人《げいのうじん》に向《む》いているね。細《こま》かい線《せん》が多《おお》いとあきっぽいみたい。

水星丘《すいせいきゅう》に出《で》る縦《たて》の線《せん》の「金運線《きんうんせん》」

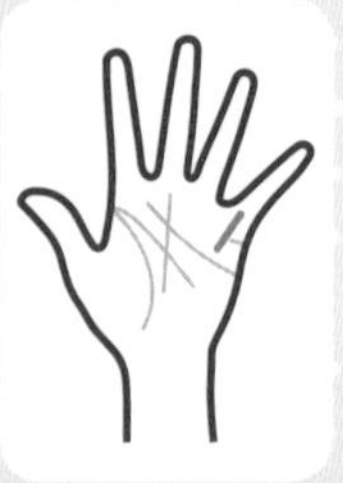

しっかりした線《せん》なら金運《きんうん》にめぐまれる

小指《こゆび》の下《した》の水星丘《すいせいきゅう》にこい線《せん》があれば、金運《きんうん》にめぐまれるよ。横《よこ》の線《せん》があるときは、イマイチ。子《こ》どもでは、出《で》ていない人《ひと》が多《おお》いかも。

木星丘《もくせいきゅう》にある縦《たて》の線《せん》の「希望線《きぼうせん》」

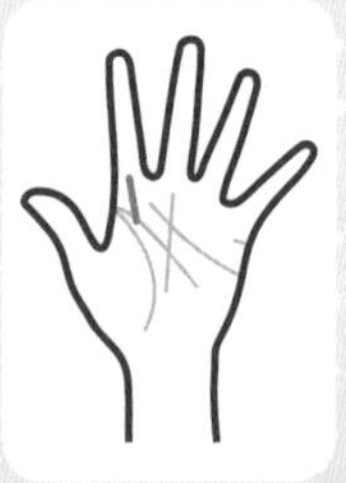

人《ひと》をまとめられてリーダーとして成功《せいこう》

人さし指下《ゆびした》の「木星《もくせい》丘《きゅう》」にこの線《せん》があれば、人《ひと》をまとめる力《ちから》があり、リーダーの才能《さいのう》アリ。でも、だれかに命令《めいれい》されることは苦手《にがて》。

生命線《せいめいせん》から指《ゆび》に向《む》かって上《あ》がる「努力線《どりょくせん》」

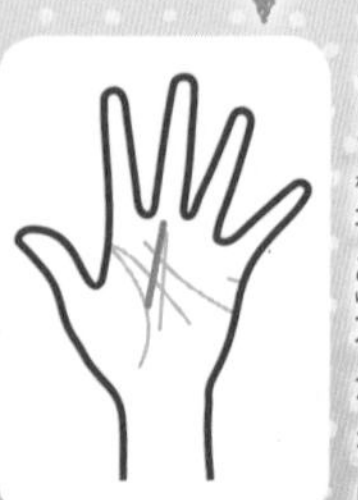

がんばりが実《みの》って年《とし》を取《と》るほど成功《せいこう》

長《なが》かったり、たくさんあったりするほど、努《ど》力《りょく》するタイプ。そのがんばりが実《みの》って、年《とし》を取《と》れば取《と》るほどハッピーになれそうだね。

人さし指《ゆび》と中指《なかゆび》の間《あいだ》からななめに出《で》る「社交線《しゃこうせん》」

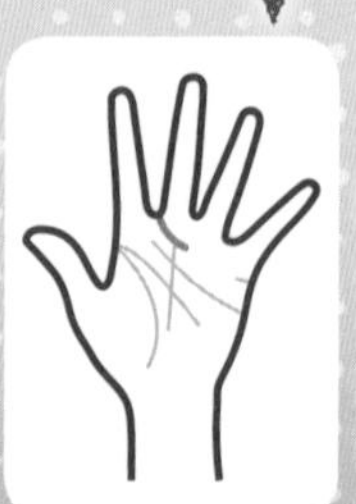

だれとでも仲《なか》よし人《ひと》といることが好《す》き

陽気《ようき》でだれとでも仲《なか》よくなれて、チームワークが得意《とくい》。さみしがり屋《や》で、いつもだれかといっしょにいたいタイプだね。

薬指《くすりゆび》の付《つ》け根《ね》の下《した》にある「太陽環《たいようかん》」

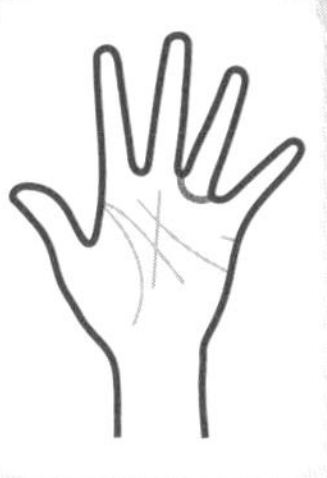

周《まわ》りに人《ひと》が集《あつ》まり いい話《はなし》が入《はい》ってくる

この線《せん》があると、人気《にんき》運《うん》アップ！ 自然《しぜん》と周《まわ》りに人《ひと》が集《あつ》まって、いい話《はなし》がどんどん入《はい》ってくるよ。目上《めうえ》の人《ひと》からのサポートもアリ。

人さし指《ゆび》の付《つ》け根《ね》下《した》のカーブ「ソロモンの環《わ》」

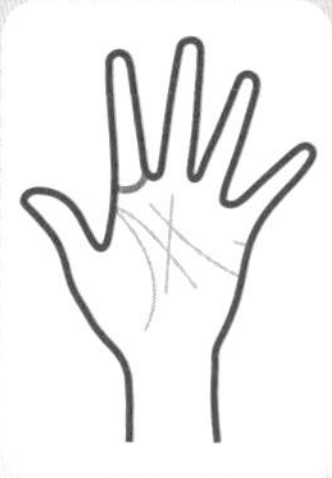

カリスマ性《せい》があり みんなのリーダーに

どうどうとしていてカリスマ性《せい》があり、みんなのリーダーになる力《ちから》があるよ。将来《しょうらい》仕事《しごと》で大成功《だいせいこう》して、有名《ゆうめい》になるかも。

月丘《げっきゅう》を囲《かこ》むようにカーブした「直感線《ちょっかんせん》」

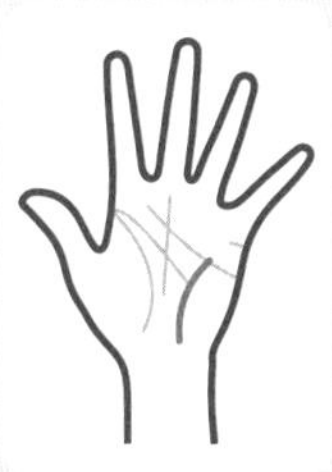

するどい直感力《ちょっかんりょく》でテスト問題《もんだい》を当《あ》てる

この線《せん》があると直感《ちょっかん》がするどくて、テストで出《で》るところや、くじを当《あ》てることが得意《とくい》。運《うん》が強《つよ》く、直感《ちょっかん》で動《うご》くと成功《せいこう》するタイプだよ。

縦《たて》と横《よこ》の線《せん》でできた金星丘《きんせいきゅう》の格子《こうし》もよう

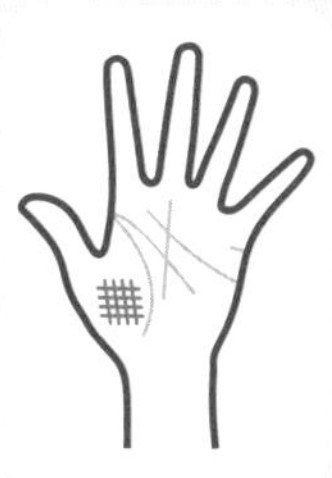

家族《かぞく》を大事《だいじ》にして家族運《かぞくうん》がハッピー

金星丘《きんせいきゅう》に格子《こうし》もようがあると、愛情深《あいじょうぶか》くて家族《かぞく》をとても大切《たいせつ》にする人《ひと》。だから家族運《かぞくうん》がハッピーだよ。親《おや》にあまえ過《す》ぎる点《てん》は注意《ちゅうい》。

下《した》から水星丘《すいせいきゅう》の手前《てまえ》に向《む》かう「健康線《けんこうせん》」

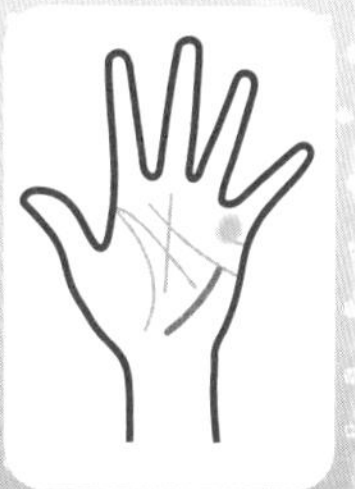

内臓《ないぞう》のつかれを表《あらわ》すないほうがいい線《せん》

内臓《ないぞう》がつかれていることを表《あらわ》し、こい線《せん》ほど休《やす》むことが必要《ひつよう》だよ。できるだけないほうがいい線《せん》。子《こ》どものときはないことが多《おお》いよ。

親指《おやゆび》の付《つ》け根《ね》のくさり「ファミリーリング」

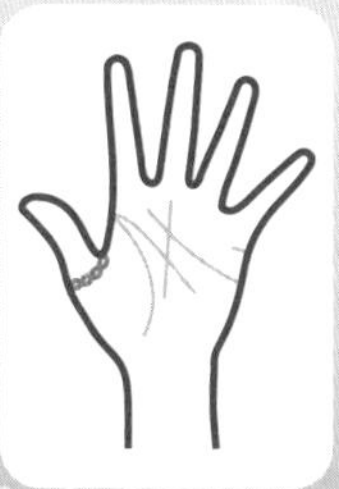

家族《かぞく》を大切《たいせつ》にする結婚後《けっこんご》はよい母親《ははおや》に

親指《おやゆび》の付《つ》け根《ね》のくさりのような線《せん》。これがあると家族思《かぞくおも》いで、家族《かぞく》との関係《かんけい》を大切《たいせつ》にするよ。結婚《けっこん》したらいいお母《かあ》さんになりそう。

あったらラッキー！

めずらしい手相《てそう》

めったに見《み》られないめずらしい手相《てそう》も、たくさんあるよ。そのなかからラッキーなものをしょうかいするね。

感情線《かんじょうせん》と知能線《ちのうせん》が１本《ぼん》になった「ますかけ線《せん》」

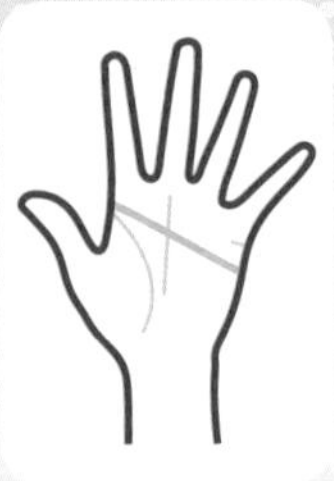

頭《あたま》がよく強運《きょううん》！ えんぎのいい線《せん》

とてもえんぎがいい線《せん》として有名《ゆうめい》。強《つよ》い運《うん》のもち主《ぬし》で、頭《あたま》がよくて人気運《にんきうん》もバツグン。将来大成功《しょうらいだいせいこう》して、大勢《おおぜい》の人《ひと》から尊敬《そんけい》されるはず。

運命線《うんめいせん》から、太陽線《たいようせん》と金運線《きんうんせん》が出《で》る「覇王線《はおうせん》」

幸運《こううん》の線《せん》がつながり仕事《しごと》で大成功《だいせいこう》できる

３本《ぼん》ともラッキーな線《せん》なので、将来《しょうらい》、仕事《しごと》で大成功《だいせいこう》しそうだよ。大《おお》きな仕事《しごと》をして人《ひと》の役《やく》に立《た》ち、お金《かね》もたくさんかせげそう。

４本《ほん》の線《せん》がつながってできる「ラッキーM《エム》」

線《せん》が助《たす》け合《あ》い強力《きょうりょく》に自分《じぶん》の力《ちから》で大成功《だいせいこう》

感情線《かんじょうせん》、知能線《ちのうせん》、運命線《うんめいせん》、生命線《せいめいせん》がつながった手相《てそう》だよ。全部《ぜんぶ》の線《せん》が助《たす》け合《あ》ってパワーアップするので、自分《じぶん》の力《ちから》で大成功《だいせいこう》できるね。

感情線《かんじょうせん》と知能線《ちのうせん》の間《あいだ》にできる「神秘十字線《しんぴじゅうじせん》」

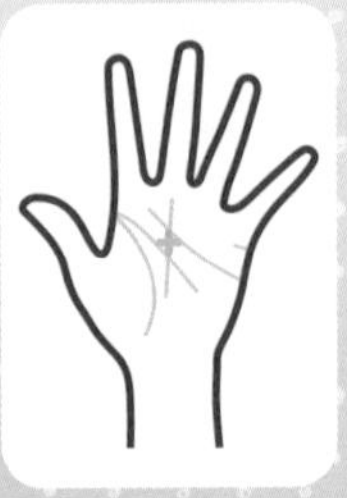

神秘的《しんぴてき》な力《ちから》をもちしっかり守《まも》られる

直感《ちょっかん》や霊感《れいかん》の神秘的《しんぴてき》な力《ちから》が強《つよ》いといわれているよ。ご先祖様《せんぞさま》や神様《かみさま》にも守《まも》られているから、困《こま》っても助《たす》けてもらえるね。

親指《おやゆび》の第一関節《だいいちかんせつ》が目《め》の形《かたち》の「仏眼相《ぶつかんそう》」

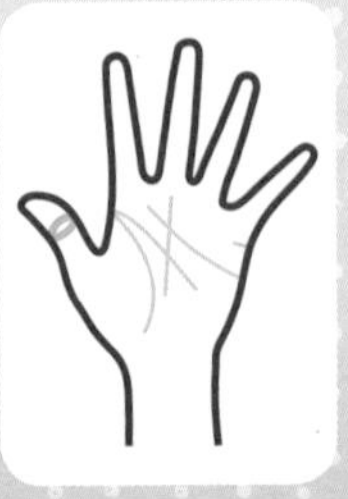

直感《ちょっかん》や霊感《れいかん》が強《つよ》く守《まも》られて運《うん》も強《つよ》い

直感《ちょっかん》や霊感《れいかん》が強《つよ》くて、見《み》えないものを見《み》る力《ちから》があるよ。神様《かみさま》に強《つよ》く守《まも》られているから、運《うん》も強《つよ》いね。両手《りょうて》にあるとさらにラッキー♪

長《なが》い結婚線《けっこんせん》が太陽線《たいようせん》を横切《よこぎ》る「玉《たま》のこし線《せん》」

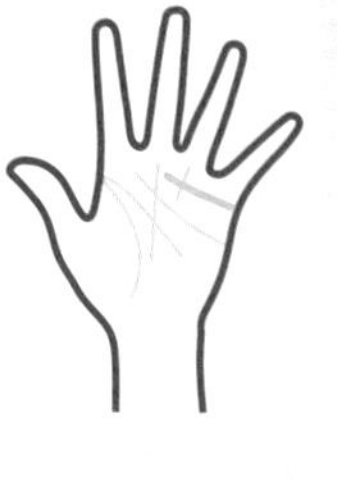

お金《かね》もちと結婚《けっこん》して
豊《ゆた》かな生活《せいかつ》を送《おく》れる

かなりめずらしい手相《てそう》。これがあると、お金《かね》もちと結婚《けっこん》できるといわれているよ。結婚後《けっこんご》に、豊《ゆた》かでぜいたくな生活《せいかつ》を送《おく》れるかも。

3本以上《ほんいじょう》の線《せん》が星《ほし》になる「スターマーク」

スターの素質《そしつ》があり
人気者《にんきもの》になれそう

この星《ほし》のマークがあるとラッキー！ スターの素質《そしつ》があり人気者《にんきもの》になれるよ。とくに太陽《たいよう》丘《きゅう》にあると◎。どの丘《おか》にあるかも参考《さんこう》にして。

木星丘《もくせいきゅう》で4本《ほん》が井《い》になる「ボランティア線《せん》」

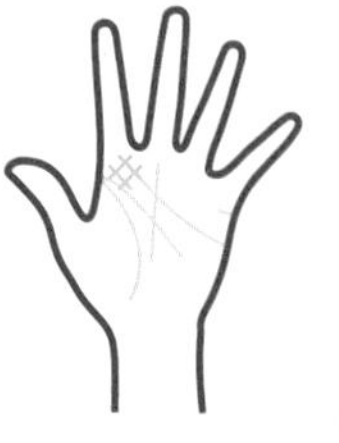

人《ひと》のための活動《かつどう》が
好《す》きな心《こころ》やさしい人《ひと》

「井《い》」のようなマークが木星丘《もくせいきゅう》にある人《ひと》は、やさしい人《ひと》。困《こま》っている人《ひと》を助《たす》けたり、人《ひと》に何《なに》かを教《おし》えることが好《す》きだったりするよ。

月丘《げっきゅう》の下《した》のほうにあるななめの「モテ線《せん》」

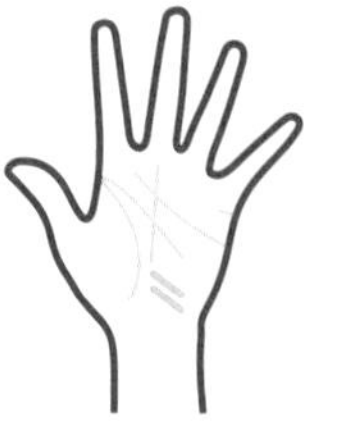

話《はな》すことが上手《じょうず》な人《ひと》
線《せん》が多《おお》いとモテモテ

線《せん》が多《おお》いほどモテ度《ど》UP《アップ》！ 人《ひと》と話《はな》すことが上手《じょうず》で、どこへ行《い》ってもチヤホヤされるよ。あちこちにいい顔《かお》をしないように注意《ちゅうい》。

薬指《くすりゆび》と中指《なかゆび》の根元《ねもと》でカーブする「金星帯《きんせいたい》」

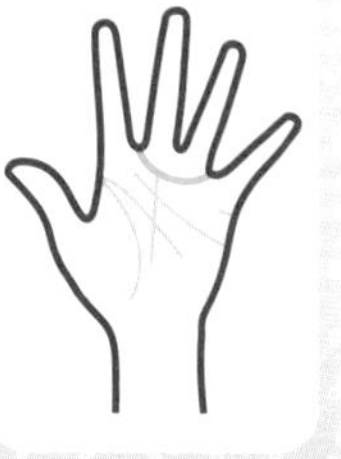

魅力《みりょく》とセンスがあり
みんなから愛《あい》される

この線《せん》があると魅力《みりょく》と美《び》のセンスがあって、みんなから愛《あい》されやすいステキな人《ひと》だよ。たいていは、切《き》れ切《ぎ》れの線《せん》として表《あらわ》れるよ。

手《て》のひらの真《ま》ん中《なか》にあるホクロの「福《ふく》つかみ」

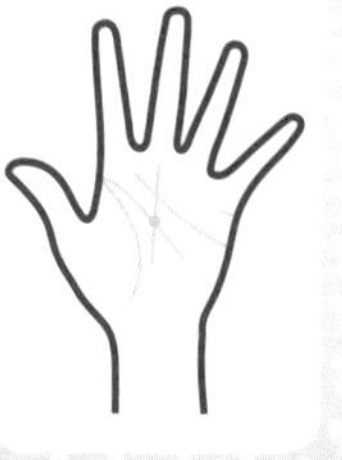

幸運《こううん》を強《つよ》くつかんで
はなさない手相《てそう》

手《て》をにぎると、ホクロをつかんでいる感《かん》じになるね。だから幸運《こううん》を強《つよ》く引《ひ》き寄《よ》せて、一度《いちど》つかんだ幸《しあわ》せをのがさない力《ちから》があるよ。

手相《てそう》を書《か》いちゃおう！

「こんな手相《てそう》がほしい！」と思《おも》うものがあったかな？　なくてもだいじょうぶ。自分《じぶん》でほしい線《せん》を書《か》いて、その線《せん》から運《うん》をもらうこともできるよ。何度《なんど》も書《か》くうちに、本当《ほんとう》にその線《せん》ができてくる可能性《かのうせい》も！　ボールペンや細《ほそ》いサインペンを使《つか》って書《か》いてね。

スターマーク

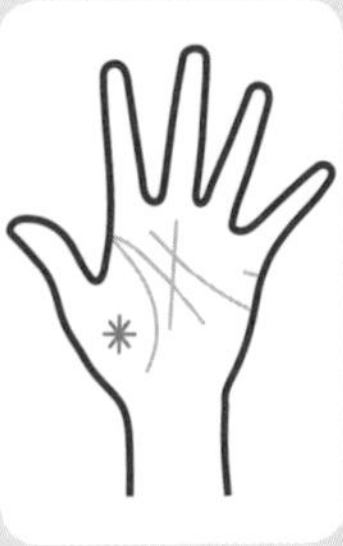

ほしい運《うん》の丘《おか》に
スターマークを書《か》こう

幸運《こううん》のスターマークを、ほしい運《うん》の丘《おか》に書《か》きこもう。人気運《にんきうん》なら金星丘《きんせいきゅう》に、金運《きんうん》なら水星丘《すいせいきゅう》に書《か》いてね。４本以上《ほんいじょう》で星《ほし》を作《つく》ると◎。

長《なが》い金運《きんうん》線《せん》

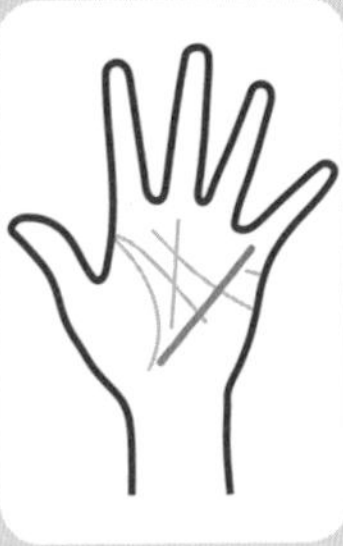

長《なが》～い金運線《きんうんせん》で
おこづかい額《がく》UP《アップ》！

おこづかいを増《ふ》やしたいなど金運《きんうん》を上《あ》げたいなら、長《なが》～い金《きん》運線《うんせん》を書《か》こう。小指《こゆび》の下《した》から生命線《せいめいせん》の近《ちか》くまで、まっすぐ線《せん》を引《ひ》いてみてね。

太《ふと》い運命《うんめい》線《せん》

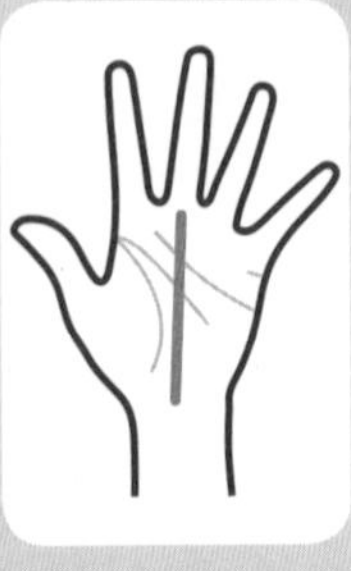

太《ふと》くて強《つよ》い運命線《うんめいせん》から
パワーをもらおう！

何《なに》かをがんばる！人《ひと》のためになりたい！と思《おも》うなら、しっかりした運命線《うんめいせん》を書《か》こう。手首《てくび》の上《うえ》から中指《なかゆび》の下《した》まで、太《ふと》めに書《か》いてね。

モテモテになる線《せん》

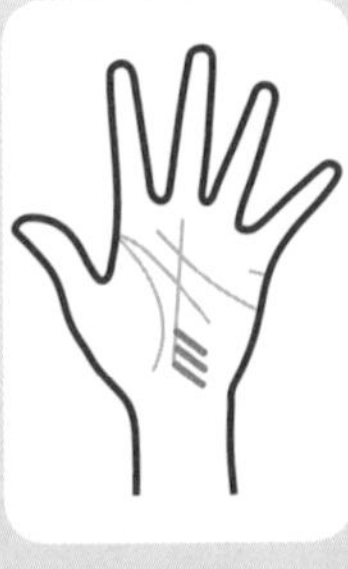

くっきりモテ線《せん》で
カレの心《こころ》をゲット！

モテ線《せん》で、好《す》きな人《ひと》をふり向《む》かせよう！くっつかないように３本以上《ぼんいじょう》書《か》いてね。運命線《うんめいせん》があるなら、そこから出《で》るように書《か》こう。

ハピかわうらない
その4

空間《くうかん》やコーデで幸《しあわ》せを呼《よ》ぶ！

風《ふう》水《すい》うらない

方角《ほうがく》や色《いろ》を使《つか》ってエネルギーを高《たか》め
幸運《こううん》を引《ひ》き寄《よ》せる風水《ふうすい》。長《なが》く過《す》ごす部屋《へや》や
身《み》に着《つ》けるアイテムをかえてハッピーになれる
空間《くうかん》やコーデが完成《かんせい》！

ハッピーを呼《よ》び寄《よ》せる！

風《ふう》水《すい》的《てき》おそうじ&《アンド》お片《かた》づけ術《じゅつ》！

家《いえ》のなかのパワーを高《たか》めて、家族《かぞく》の運《うん》をUP《アップ》させる風水《ふうすい》。
風水《ふうすい》を暮《く》らしのなかに取《と》り入《い》れて、ハッピーな毎日《まいにち》にしよう！

幸《こう》運《うん》はいろんな場《ば》所《しょ》からやってくる！

リビング

▸▸p.117

家族《かぞく》が集《あつ》まってのんびり過《す》ごすリビングは、とくに家族運《かぞくうん》に関係《かんけい》しているよ。つかれをいやして、パワーを補《おぎな》う場所《ばしょ》でもあるね。

玄《げん》関《かん》

▸▸p.116

ドアを開《あ》けて人《ひと》が出入《ではい》りするたび、運《うん》も出入《ではい》りしている場所《ばしょ》。だから運《うん》を上《あ》げるためには、玄関《げんかん》が家《いえ》のなかでいちばん大切《たいせつ》だよ。

クローゼット・引《ひ》き出《だ》し

しまっている間《あいだ》に、服《ふく》にパワーをあたえてくれる場所《ばしょ》。ここでパワーアップした服《ふく》や下《した》着《ぎ》を身《み》に着《つ》ければ、自《じ》分《ぶん》の運《うん》も上《あ》がるよ。

▸▸p.120

勉《べん》強《きょう》部《ぶ》屋《や》・寝《しん》室《しつ》

▸▸p.118～119

勉強《べんきょう》したりねむったりする場所《ばしょ》だから、自分《じぶん》の運《うん》を上《あ》げるにはとても大切《たいせつ》。ねむっている間《あいだ》に、体《からだ》がよい運《うん》を吸《す》い取《と》るよ。

おそうじで運《うん》気《き》UP《アップ》！

風水《ふうすい》でいちばん大事《だいじ》なことは、そうじと片《かた》づけで部屋《へや》をきれいにすること！　よごれていたり散《ち》らかっている部屋《へや》では、どんなに風水《ふうすい》をがんばっても効果《こうか》が出《で》ないから注意《ちゅうい》して！

おふろ・トイレ

水《みず》のパワーを強《つよ》く受《う》ける女《おんな》の子《こ》にとっては、とくに大切《たいせつ》な場所《ばしょ》。健《けん》康運《こううん》を強《つよ》く動《うご》かすほかに、恋愛運《れんあいうん》UP《アップ》にも関《かん》係《けい》しているよ。

▸▸p.121

風《ふう》水《すい》のカギ 色《いろ》

色《いろ》にはそれぞれ、ちがったパワーがあるよ。今《いま》、自分《じぶん》がほしいパワーをあたえてくれる色《いろ》を使《つか》って、上手《じょうず》に運気《うんき》UP《アップ》を目指《めざ》そう！

赤《あか》・ピンク色《いろ》

情熱《じょうねつ》が高《たか》まり恋愛《れんあい》モードになる、恋愛運《れんあいうん》を上《あ》げる色《いろ》だよ。

青《あお》・水色《みずいろ》

心《こころ》が落《お》ち着《つ》いて、頭《あたま》がさえる色《いろ》。勉強運《べんきょううん》UP《アップ》に効果《こうか》あり！

黄《き》・オレンジ色《いろ》

ビタミンカラー。元気《げんき》になりユニークさもUP《アップ》するよ。

緑色《みどりいろ》

葉《は》っぱの色《いろ》で、心《こころ》をおだやかにリラックスさせる力《ちから》あり。

白色《しろいろ》

心《こころ》を正《ただ》しくまっすぐにする色《いろ》。新《あたら》しさを感《かん》じさせる力《ちから》も。

黒色《くろいろ》

周《まわ》りにカベを作《つく》って、自分《じぶん》の世界《せかい》にひたれる色《いろ》だよ。

風《ふう》水《すい》のカギ 方《ぼう》角《がく》

太陽《たいよう》の動《うご》きで方角《ほうがく》にもパワーがあって、それぞれ効果《こうか》がちがうよ。上《あ》げたい運《うん》に注目《ちゅうもく》して、その方角《ほうがく》をきれいにしたり好《す》きなものを置《お》くと◎。

北《きた》
健康運《けんこううん》と、女《おんな》の子《こ》らしさを高《たか》めてくれるよ。

北東《ほくとう》
変化《へんか》させるパワーと金運《きんうん》が上《あ》がる方角《ほうがく》。

東《ひがし》
日《ひ》がのぼる方角《ほうがく》の東《ひがし》は、スタートする力《ちから》が強《つよ》まるよ。

東南《とうなん》
出会《であ》い運《うん》と社交運《しゃこううん》がUP《アップ》してにぎやかに。

南《みなみ》
派手《はで》に目立《めだ》ち注目《ちゅうもく》される方角《ほうがく》。美容運《びようううん》にも◎。

西南《せいなん》
落《お》ち着《つ》きがあり家庭運《かていうん》を上《あ》げる方角《ほうがく》だよ。

西《にし》
恋愛《れんあい》や遊《あそ》びなど楽《たの》しいことを増《ふ》やすのにピッタリ。

北西《ほくせい》
責任感《せきにんかん》を高《たか》めるよ。お父《とう》さんの運《うん》を上《あ》げるのにも重要《じゅうよう》。

玄関《げんかん》

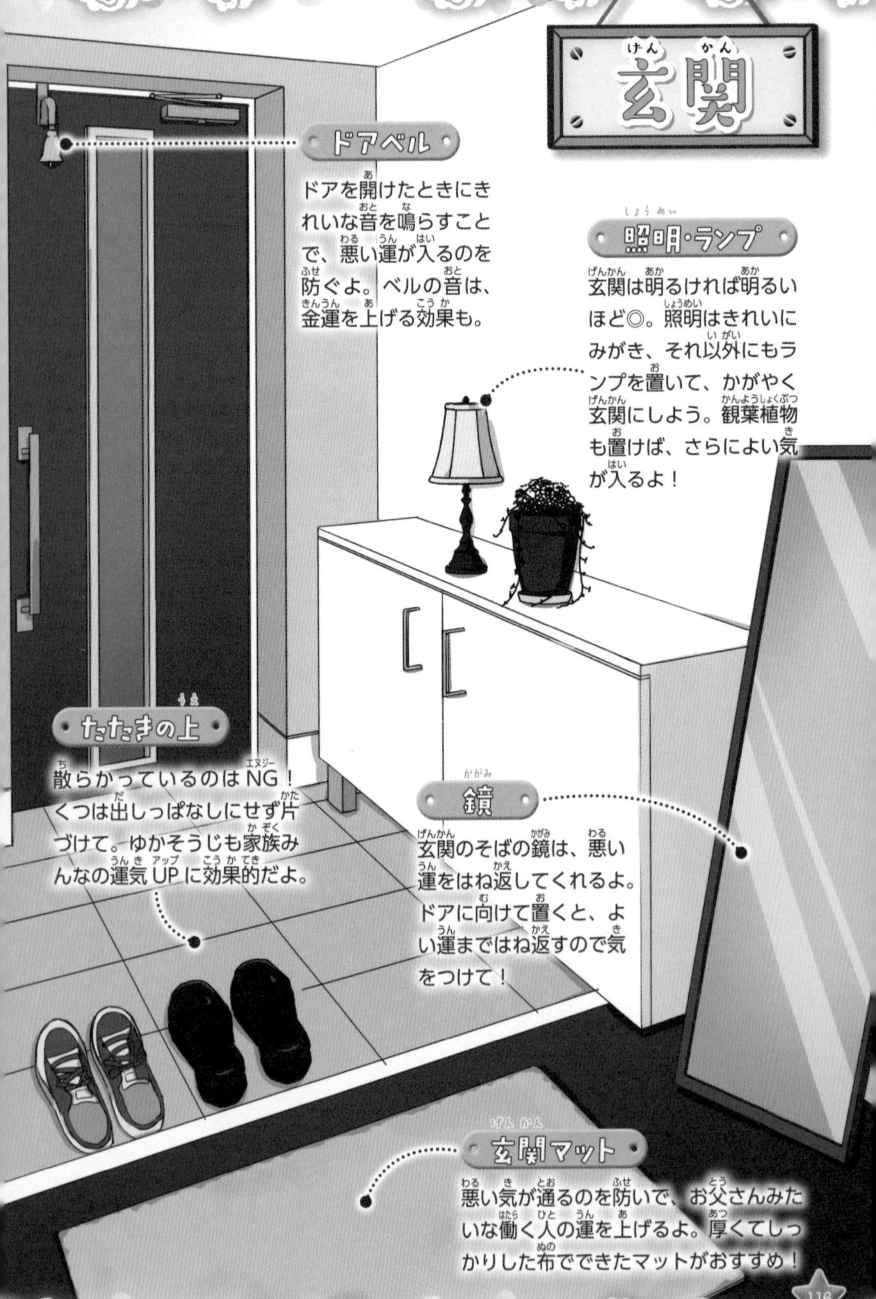

ドアベル

ドアを開《あ》けたときにきれいな音《おと》を鳴《な》らすことで、悪《わる》い運《うん》が入《はい》るのを防《ふせ》ぐよ。ベルの音《おと》は、金運《きんうん》を上《あ》げる効果《こうか》も。

照明《しょうめい》・ランプ

玄関《げんかん》は明《あか》るければ明《あか》るいほど◎。照明《しょうめい》はきれいにみがき、それ以外《いがい》にもランプを置《お》いて、かがやく玄関《げんかん》にしよう。観葉植物《かんようしょくぶつ》も置《お》けば、さらによい気《き》が入《はい》るよ！

たたきの上《うえ》

散《ち》らかっているのはNG《エヌジー》！くつは出《だ》しっぱなしにせず片《かた》づけて。ゆかそうじも家族《かぞく》みんなの運気《うんき》UP《アップ》に効果的《こうかてき》だよ。

鏡《かがみ》

玄関《げんかん》のそばの鏡《かがみ》は、悪《わる》い運《うん》をはね返《かえ》してくれるよ。ドアに向《む》けて置《お》くと、よい運《うん》まではね返《かえ》すので気《き》をつけて！

玄関《げんかん》マット

悪《わる》い気《き》が通《とお》るのを防《ふせ》いで、お父《とう》さんみたいな働《はたら》く人《ひと》の運《うん》を上《あ》げるよ。厚《あつ》くてしっかりした布《ぬの》でできたマットがおすすめ！

リビング

照明《しょうめい》・スタンドライト

リビングが明《あか》るいほど、家族《かぞく》の心《こころ》も明《あか》るくなるよ。温《あたた》かい電球色《でんきゅうしょく》がGOOD《グッド》。スタンドライトがあるなら、それもつけて、より部屋《へや》を明《あか》るくすると◎。

テレビ

情報《じょうほう》をくれるテレビは、リビングの東《ひがし》か東南《とうなん》に置《お》くのがベスト！　西《にし》に置《お》くとダラダラと見《み》てしまうのでさけてね。

観葉植物《かんようしょくぶつ》

部屋《へや》の悪《わる》い気《き》を吸《す》い取《と》って、調整《ちょうせい》してくれるよ。テレビやパソコンの近《ちか》くに置《お》くと、電磁波《でんじは》を弱《よわ》くしてくれるので◎。

クッション

クッションを置《お》くと、リラックス度《ど》UP《アップ》！　2個《こ》、4個《こ》など偶数《ぐうすう》の数《かず》だけ置《お》けば、家族《かぞく》みんなが仲《なか》よく過《す》ごせるよ。

テーブル

下《した》にマットをしくと、運気《うんき》が安定《あんてい》するよ。テーブルの上《うえ》にかわいい花《はな》をかざると、家族《かぞく》のつながりが強《つよ》まるよ！

勉強部屋《べんきょうべや》

勉強《べんきょう》づくえ

木《き》でできたシンプルなデザインのつくえなら成績《せいせき》UP《アップ》！　東《ひがし》か北向《きたむ》きに置《お》くと勉強《べんきょう》に集中《しゅうちゅう》できるよ。西向《にしむ》きはさけてね。

部屋《へや》のカベ

ポスターなどをはらず、スッキリさせたほうが気《き》が散《ち》らないよ。カベ紙《がみ》によい色《いろ》は水色《みずいろ》。白《しろ》やベージュ、ピンクも◎。

文房具《ぶんぼうぐ》

集中力《しゅうちゅうりょく》を上《あ》げたいときは、青色《あおいろ》や水色《みずいろ》を使《つか》うといいよ。柄《がら》はストライプやチェック柄《がら》が◎。花柄《はながら》はさけて。

収納《しゅうのう》かご・ボックス

物《もの》は出《だ》しっぱなしにせず片《かた》づけよう。かごやボックスはプラスチック製《せい》ではなく、木《き》などの自《し》然素材《ぜんそざい》でできたものが◎。

カーテン

レースのカーテンも使《つか》って二《に》重《じゅう》にすると◎。ベッドカバーと同《おな》じ色《いろ》でそろえて、片方《かたほう》を柄《がら》もの、もう片方《かたほう》を無地《むじ》にしよう。そうすると、リラックス度《ど》が上《あ》がりぐっすりねむれるよ。

鏡《かがみ》

東南《とうなん》か南《みなみ》に向《む》けると悪《わる》い運《うん》をはね返《かえ》すよ。ベッドが映《うつ》らないところに置《お》いて。映《うつ》るなら、夜《よる》は布《ぬの》をかけておこう。

ベッド

まくらは東側《ひがしがわ》か北側《きたがわ》に置《お》くと頭《あたま》がさえて勉強運《べんきょううん》UP《アップ》！　ベッドライトの近《ちか》くに、花《はな》やアロマを置《お》きかおりをただよわせて。

クローゼット

服《ふく》をかける順番《じゅんばん》

右《みぎ》から春《はる》もの、夏《なつ》もの、秋《あき》もの、冬《ふゆ》ものの順《じゅん》に。さらにたけの短《みじか》いものを右側《みぎがわ》に、左《ひだり》になるほど長《なが》いものをかけてね。そうすれば、運《うん》の流《なが》れがよくなるよ。

引《ひ》き出《だ》し

日光《にっこう》や風《かぜ》に当《あ》てると◎

タンスは南《みなみ》に向《む》かって置《お》くといいよ。ときどき引《ひ》き出《だ》しをぬき出《だ》して、服《ふく》を日光《にっこう》やしんせんな空気《くうき》に当《あ》ててあげて。

服《ふく》を収納《しゅうのう》する高《たか》さにも注意《ちゅうい》！

下着《したぎ》やくつ下《した》など、はだに直接《ちょくせつ》ふれるものは上《うえ》の段《だん》に入《い》れよう。セーターやカーディガン、スカートなどは下《した》の段《だん》が◎。

つめ過《す》ぎてはダメ！

パンパンにつめ過《す》ぎると、きゅうくつで服《ふく》たちの息《いき》がつまっちゃう！　スペースによゆうをもたせるようにして。

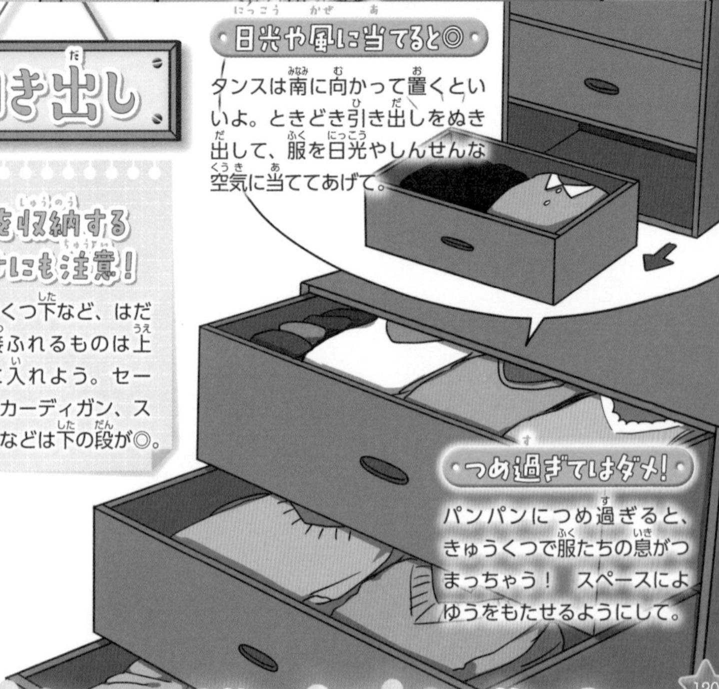

アイテムの色《いろ》

ボディータオルや洗面器《せんめんき》の色《いろ》を、パステルカラーにすると美容運《びようううん》UP《アップ》。なるべく同《おな》じ色《いろ》でそろえて。

湯船《ゆぶね》の水《みず》

しっけがこもると健康運《けんこううん》ダウン。湯船《ゆぶね》の水《みず》はぬくか、ためておくならふたをしよう。

芳香剤《ほうこうざい》や花《はな》

トイレ用芳香剤《ようほうこうざい》や花《はな》で、かおりをただよわせて。花《はな》の絵《え》や写真《しゃしん》をかざると恋愛運《れんあいうん》UP《アップ》。

アイテムの色《いろ》

パステルカラーでそろえると◎。赤《あか》や黄《き》の原色《げんしょく》は、健《けん》康運《こううん》が下《さ》がるのでNG《エヌジー》。

オシャレ度《ど》も
運気《うんき》もUP《アップ》!

運気別《うんきべつ》! 春《はる》夏《なつ》秋《あき》冬《ふゆ》 開運《かいうん》コーデ

恋愛運《れんあいうん》、友情運《ゆうじょううん》、勉強運《べんきょううん》、コーデでUP《アップ》させたいのはどの運《うん》?
ほしい運気《うんき》を上《あ》げる色《いろ》を上手《じょうず》に合《あ》わせて、オシャレを楽《たの》しもう!

恋愛運《れんあいうん》UP《アップ》!

夏《なつ》 まっ赤《か》なミニスカで燃《も》える心《こころ》をアピール!

情熱的《じょうねつてき》な色《いろ》のミニスカートでだいたんに! 男《おとこ》の子《こ》をドキドキさせちゃおう。スカートと同《おな》じ色《いろ》のシュシュやリボンを合《あ》わせるとさらにGOOD《グッド》!

春《はる》 花《はな》がさき乱《みだ》れる春《はる》は恋《こい》のチャンスの季節《きせつ》

春《はる》は恋愛運《れんあいうん》UP《アップ》の大《だい》チャンス! お花《はな》畑《ばたけ》みたいなパステル色《いろ》の花柄《はながら》ワンピで、モテ運《うん》を高《たか》めよう。スカートをなびかせ、春風《はるかぜ》を感《かん》じさせてね。

秋《あき》 深《ふか》いワインレッドで おとなっぽコーデ☆

しっとりした秋《あき》は、ワインカラーでおとな女子《じょし》に変身《へんしん》。ロングスカートとベレーぼうの組《く》み合《あ》わせは最強《さいきょう》！　ステキな男《おとこ》の子《こ》も思《おも》わずふり向《む》いちゃう♡

冬《ふゆ》 最強《さいきょう》アイテム モフモフセーター♡

ピンクのモフモフセーターが、カレのハートをうつ最強《さいきょう》トップス！　萌《も》えそでで、さらにかわいい印象《いんしょう》に。思《おも》わずギュッとだきしめたくなっちゃう♡

年中《ねんじゅう》使《つか》えるプラスワンアイテム！

リンゴやレモンのプリントつきくつ下《した》が、両思《りょうおも》いをサポートするよ。

告白《こくはく》など勇気《ゆうき》を出《だ》したい日《ひ》には、赤《あか》いスニーカーで行動力《こうどうりょく》UP《アップ》！

ハートモチーフのネックレスは、恋愛運《れんあいうん》UP《アップ》のマストアイテムだよ！

友情《ゆうじょう》運《うん》UP《アップ》!

夏《なつ》 ビタミンカラーの服《ふく》で みんなにも元気《げんき》を!

ワイワイしたい夏《なつ》は、黄色《きいろ》やオレンジ色《いろ》のビタミンカラーのトップスを。植物《しょくぶつ》でできた麦《むぎ》わらぼうしやかごバッグも、みんなに元気《げんき》をあげるよ。

春《はる》 レモンイエローの服《ふく》と ツインテールが◎

みんなが動《うご》きたくなる季節《きせつ》。レモンイエローのトレーナーやカーディガンで元気《げんき》をアピール！　ヘアアレンジはツインテールが春《はる》の陽気《ようき》にピッタリ☆

秋《あき》 タータンチェックでホットな気分《きぶん》の秋《あき》に♪

さみしさを感《かん》じる秋《あき》は、にぎやかなタータンチェックで気分《きぶん》を上《あ》げて！ストールやスカートで取《と》り入《い》れると◎。友《とも》だちも話《はな》しかけたくなっちゃう！

冬《ふゆ》 ボアコートでやさしく友《とも》だちも温《あたた》めちゃう！

モコモコしたはだざわりが、友《とも》だちの心《こころ》をホッとさせるボアコートがGOOD《グッド》♪「寒《さむ》いね～」なんて友《とも》だちに寄《よ》りそえば、友情《ゆうじょう》もグッと深《ふか》まるよ。

年中《ねんじゅう》使《つか》えるプラスワンアイテム！

友《とも》だちと遊《あそ》びに行《い》くときは、動物《どうぶつ》モチーフのポシェットが強《つよ》いお守《まも》りに☆

革《かわ》ひものロングペンダントがステキな友《とも》だちと出《で》会《あ》わせてくれるよ！

イヤリングは友《とも》だち運《うん》UP《アップ》には欠《か》かせないアイテム！　緑色《みどりいろ》のものが◎。

勉強運《べんきょううん》UP《アップ》!

夏《なつ》 オールインワンで暑《あつ》くても頭《あたま》スッキリ

夏《なつ》でもすずしいオールインワンスタイルが◎。色《いろ》はまっ青《さお》か植物柄《しょくぶつがら》を選《えら》ぶといいよ♪　すずしさで暑《あつ》さを忘《わす》れて、夏休《なつやす》みの宿題《しゅくだい》もスイスイ進《すす》む！

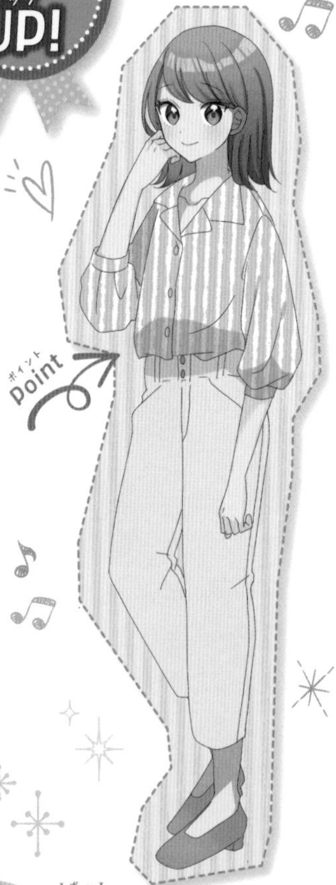

春《はる》 水色《みずいろ》のストライプでシャキッとキメて！

気分《きぶん》が引《ひ》きしまる水色《みずいろ》のシャツで、春《はる》のねむさをふき飛《と》ばそう！　スッキリとしたストライプがベスト。白《しろ》のパンツを合《あ》わせてクールなOL《オーエル》風《ふう》に♡

冬《ふゆ》 ほっこり茶色《ちゃいろ》コーデで ぬくぬくと勉強《べんきょう》しよう

心《こころ》が落《お》ち着《つ》く茶色《ちゃいろ》のダッフルコートやダウンコートで、しっかり体《からだ》を温《あたた》めて。家《いえ》で勉強《べんきょう》するときもカーディガンなどをはおって、身《み》に着《つ》けるとGOOD《グッド》！

秋《あき》 デニムファッションで集中力《しゅうちゅうりょく》UP《アップ》！

いつもの服《ふく》にG《ジー》ジャンをはおったり、デニムパンツをステキに着《き》こなしたりして集中力《しゅうちゅうりょく》を高《たか》めて。デニムのカチューシャで髪《かみ》をまとめても◎。

年中《ねんじゅう》使《つか》えるプラスワンアイテム！

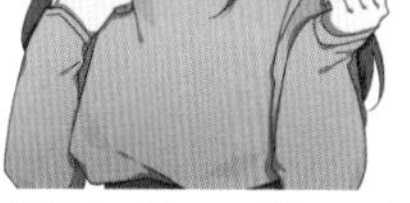

集中力《しゅうちゅうりょく》を高《たか》める緑《みどり》・黄緑《きみどり》色《いろ》のトップス。冬《ふゆ》はインナーに取《と》り入《い》れて。

テストの日《ひ》は頭《あたま》をスッキリさせるネイビーのキャップで出《で》かけよう！

前髪《まえがみ》をとめるヘアピンは勉強《べんきょう》のマストアイテム。クローバーモチーフが◎。

かわいいだけじゃない！

ラッキーアイテム

動物《どうぶつ》モチーフや布《ぬの》の柄《がら》などにもそれぞれちがうパワーがあるよ。
どんな自分《じぶん》になりたいかを考《かんが》えて、合《あ》うものを選《えら》んでみてね♪

柄《がら》・もよう

チェック柄《がら》

責任感《せきにんかん》が強《つよ》くなって、勉強《べんきょう》やお手伝《てつだ》いをマジメにがんばれる、しっかり者《もの》になれるよ。

ストライプ

友《とも》だち付《づ》き合《あ》いをスムーズにさせるよ。素《す》直《なお》な性格《せいかく》になれて、みんなに好《す》かれちゃう！

花柄《はながら》

女《おんな》の子《こ》らしさUP《アップ》！ 笑顔《えがお》が魅力的《みりょくてき》になってモテるように。両思《りょうおも》いになるパワーも♡

水《みず》玉《たま》もよう

金運《きんうん》UP《アップ》のパワーがあるよ。おこづかいが増《ふ》えたり、くじ運《うん》が強《つよ》くなったりしそう。

動物《どうぶつ》モチーフ

小鳥《ことり》・ウサギ

人間関係《にんげんかんけい》がよくなるよ。よい出《で》会《あ》いがあったり、話《はな》し上手《じょうず》で付《つ》き合《あ》い上手《じょうず》になれるモチーフ。

フクロウ

昔《むかし》から福《ふく》を呼《よ》ぶといわれるフクロウ。金運《きんうん》UP《アップ》のパワーが強《つよ》いよ。置《お》き物《もの》がおすすめ！

魚《さかな》・イルカ

恋愛運《れんあいうん》がUP《アップ》！ 女《おんな》の子《こ》らしいムードが身《み》について、モテるようになるよ。

ネコ

人気運《にんきうん》と美容運《びよううん》がUP《アップ》☆ オシャレ上手《じょうず》になって、人気者《にんきもの》になれちゃう♪

ハピかわうらない その5

未来《みらい》や人《ひと》の気《き》もちがうらなえる！

タロットうらない

タロットうらないは、人気《にんき》ナンバー1のカードうらない！

ふろくのタロットカードを使《つか》って

実際《じっさい》にうらなってみよう！

これであなたもプロのうらない師《し》!?

あれ？
雪《ゆき》平《ひら》さんだ
雪《ゆき》平《ひら》 しずな
雪《ゆき》平《ひら》さん！
何《なに》か探《さが》し物《もの》？
星《ほし》宮《みや》さん
うん ちょっと…
よかったら いっしょに 探《さが》すよ
何《なに》探《さが》してるの…？
じつは… 大《おお》きな声《こえ》では 言《い》えないのですが

うっかりこれを家《いえ》からもってきてしまって…
トランプ…？
タロットカードだ！
そうです
学校《がっこう》で出《だ》さないようにしていたのですが…
今《いま》見《み》たら1枚《まい》なくて…
先生《せんせい》に見《み》つかったら…どうしましょう
おこられちゃうものね
いっしょに探《さが》そう！

あ!!
あったよ!!
わぁ~
ありがとうございます!
きれいな絵《え》のカードだね
これは「世界《せかい》」のカードです
星宮《ほしみや》さんはこの先《さき》精神的《せいしんてき》にも成長《せいちょう》して、次《つぎ》のステージへとステップアップしていくのかもしれません
え!?

つむぎが見《み》つけたそのカードが
そういうことを告《つ》げているってことよ
でも引《ひ》いたカードが逆向《ぎゃくむ》きだと、別《べつ》の意味《いみ》になるのよね？
そうなんです
逆位置《ぎゃくいち》というのがあるので
へえ〜
私《わたし》じつはタロットうらないに興味《きょうみ》があったの
雪平《ゆきひら》さんタロットくわしいの？
くわしいというほどでもありませんが…
今回《こんかい》のお礼《れい》に
うちでタロットうらないやりませんか？
いいの⁉
もちろん！

愚者《ぐしゃ》

本来《ほんらい》の意味《いみ》

旅《たび》する若者《わかもの》のように、自由気《じゆうき》ままに動《うご》いたり、冒険《ぼうけん》したりすることを示《しめ》すよ。何《なに》も考《かんが》えずに計画《けいかく》しないで動《うご》くから、先《さき》がよく見《み》えないことも。

恋愛運《れんあいうん》

何《なに》も考《かんが》えないで動《うご》く、行《い》き当《あ》たりばったりの恋《こい》になりそう。恋《こい》に興味《きょうみ》がないから男《おとこ》の子《こ》と出会《であ》っても、その場《ば》の仲《なか》で終《お》わってしまいがち。

友情運《ゆうじょううん》

友《とも》だちの存在《そんざい》を忘《わす》れて、自分勝手《じぶんかって》に動《うご》きがち。自分《じぶん》の世界《せかい》に入《はい》っているから、空《くう》気《き》が読《よ》めないよ。1人《り》で動《うご》いたほうが、自由《じゆう》で気楽《きらく》かも。

イエスor《オア》ノー

ハッキリしないけれど、どちらかというとノー。まだ準備《じゅんび》ができていなかったり、今《いま》はまだ結果《けっか》が決《き》められていなかったりするよ。

魔術師《まじゅつし》

本来《ほんらい》の意味《いみ》

自信《じしん》あふれるこの魔《ま》術師《じゅつし》のように、自力《じりき》で何《なに》かを始《はじ》めることを意味《いみ》するよ。頭《あたま》がキレて才能《さいのう》があるから、人《ひと》にたよらず1人《り》で動《うご》けるね。

恋愛運《れんあいうん》

ステキな男《おとこ》の子《こ》を見《み》つけたり、逆《ぎゃく》にアプローチされたりして、新《あたら》しい恋《こい》が始《はじ》まりそう。自分《じぶん》からも積極《せっきょく》的《てき》にアクションを起《お》こせるよ。

友情運《ゆうじょううん》

自分《じぶん》から積極的《せっきょくてき》に、友《とも》だちに声《こえ》をかけられるけど、合《あ》わせることは苦手《にがて》。友《とも》だちと動《うご》くより、1人《り》で行動《こうどう》したほうが楽《たの》しいみたい。

イエスor《オア》ノー

かなりハッキリしたイエス。勇気《ゆうき》を出《だ》して、積極的《せっきょくてき》に動《うご》くと◎。とくに自分《じぶん》1人《り》でがんばることでは、いい結果《けっか》を出《だ》せるはず。

女教皇《おんなきょうこう》

本来《ほんらい》の意味《いみ》

クールで知識《ちしき》がある女教皇《おんなきょうこう》。冷静《れいせい》で頭《あたま》がキレる状態《じょうたい》を表《あらわ》すよ。動《うご》かず何《なに》かを学《まな》んだり、じっくり考《かんが》えたりする意味《いみ》があって、勉強運《べんきょううん》では幸運《こううん》。

恋愛運《れんあいうん》

クールでドライなムードで、恋愛《れんあい》にえんがないみたい。恋《こい》のことを頭《あたま》で考《かんが》え過《す》ぎの可能性《かのうせい》も。ステキな男《おとこ》の子《こ》でも恋心《こいごころ》がめばえにくいよ。

友情運《ゆうじょううん》

感情《かんじょう》をおさえて、友《とも》だちと冷静《れいせい》に話《はな》し合《あ》えそう。情報《じょうほう》を交換《こうかん》するなど、中身《なかみ》のこい話《はなし》が楽《たの》しめるよ。いっしょに勉強《べんきょう》してもいいね。

イエスor《オア》ノー

どちらかというとイエス。とくに話《はな》し合《あ》いや勉強《べんきょう》については、いい結果《けっか》になるよ。でも恋愛《れんあい》では冷《つめ》たさを感《かん》じるので、あまりよくないかも。

女帝《じょてい》

本来《ほんらい》の意味《いみ》

豊《ゆた》かな生活《せいかつ》を送《おく》る女《じょ》帝《てい》のように、モノやお金《かね》がたくさんあり、満《み》たされていることを示《しめ》すよ。愛情《あいじょう》もあふれているので、幸《しあわ》せいっぱい。

恋愛運《れんあいうん》

とてもよい運気《うんき》。カレとは愛《あい》し愛《あい》されて、幸《しあわ》せあふれる恋愛《れんあい》になるよ。あなたが女《おんな》の子《こ》らしく魅力的《みりょくてき》で、モテモテになっていることも。

友情運《ゆうじょううん》

友《とも》だちに愛《あい》される、幸《しあわ》せな状態《じょうたい》。おたがいに必要《ひつよう》としていることがわかり、深《ふか》い友情《ゆうじょう》を実感《じっかん》できるよ。親友《しんゆう》と呼《よ》べる人《ひと》が現《あらわ》れることも。

イエスor《オア》ノー

とてもハッキリしたイエスの答《こた》え。何《なに》をしても満足《まんぞく》できそう。とくに愛情《あいじょう》とお金《かね》に関《かん》することでは、深《ふか》い幸福感《こうふくかん》を味《あじ》わえるはず。

皇帝《こうてい》

本来《ほんらい》の意味《いみ》

父親《ちちおや》のように厳《きび》しく仕事熱心《しごとねっしん》な皇帝《こうてい》。自《じ》分《ぶん》の役割《やくわり》をしっかりこなす、強《つよ》い責任感《せきにんかん》と自信《じしん》を示《しめ》すよ。何《なん》でも最後《さいご》までやりとげられるはず。

恋愛運《れんあいうん》

年上《としうえ》や、しっかりした男《おとこ》の子《こ》とえんができそう。そんなカレは信頼《しんらい》できるタイプ。好《す》きな人《ひと》を愛《あい》しぬく、マジメな恋愛《れんあい》を示《しめ》すことも。

友情運《ゆうじょううん》

リーダー役《やく》になって、みんなをまとめられるよ。もしくは、たよれる先輩《せんぱい》と仲《なか》よくなれるかも。えんりょしないで意見《いけん》を言《い》うことが大事《だいじ》。

イエスor《オア》ノー

ハッキリしたイエスのカード。責任感《せきにんかん》があるので、一《ひと》つのことをがんばって、安《あん》定《てい》した結果《けっか》を出《だ》せそうだよ。そのまま進《すす》んでいくと◎。

教皇《きょうこう》

本来《ほんらい》の意味《いみ》

なやむ人《ひと》の話《はなし》を聞《き》く、親切《しんせつ》な心《こころ》のある教皇《きょうこう》。困《こま》っている人《ひと》を助《たす》けたり守《まも》ったりする、温《あたた》かさを示《しめ》すよ。よいアドバイスをされることも。

恋愛運《れんあいうん》

年下《としした》の男《おとこ》の子《こ》とえんができて、お姉《ねえ》さんみたいな気《き》もちで見《み》守《まも》ることに。友《とも》だちのしょうかいで、親《しん》切《せつ》な男《おとこ》の子《こ》と出《で》会《あ》える暗示《あんじ》もあるよ。

友情運《ゆうじょううん》

友《とも》だちが親切《しんせつ》だったり、逆《ぎゃく》にあなたが友《とも》だちを助《たす》けたりと、温《あたた》かいムードになれそう。年《とし》がはなれた人《ひと》と、助《たす》け合《あ》える関《かん》係《けい》になる可能性《かのうせい》も。

イエスor《オア》ノー

イエスを示《しめ》す、温《あたた》かくポジティブなカードだよ。とくに人間《にんげん》関係《かんけい》では周《まわ》りの協力《きょうりょく》を得《え》られるので、何《なん》でもおだやかに進《すす》んでいくはず。

恋人《こいびと》

本来《ほんらい》の意味《いみ》

このカップルのように、ドキドキ・ワクワクする楽《たの》しい様子《ようす》を示《しめ》すよ。軽《かる》い気《き》もちで遊《あそ》びを楽《たの》しめそうだね。でもマジメさには欠《か》けるみたい。

恋愛運《れんあいうん》

気《き》が合《あ》う男《おとこ》の子《こ》といいムードになったり、デートが楽《たの》しめたりしそう。真剣《しんけん》さはないウキウキした恋《こい》になるよ。うわき心《ごころ》は少《すこ》し心配《しんぱい》かも。

友情運《ゆうじょううん》

とってもにぎやかにおしゃべりやレジャーが盛《も》り上《あ》がる予感《よかん》。友《とも》だちといると楽《たの》しい！と心《こころ》から思《おも》えそう。恋《こい》の話《はなし》もできそうだね。

イエスor《オア》ノー

どちらかというとイエス。とくにレジャーや友《とも》だち関係《かんけい》では、幸運《こううん》が多《おお》いよ。でもうかれて、勉強《べんきょう》にはあまり集中《しゅうちゅう》できないみたい。

戦車《せんしゃ》

本来《ほんらい》の意味《いみ》

スピーディーに前《まえ》に進《すす》む戦車《せんしゃ》のように、勢《いきお》いよく進《すす》んでいくことを意味《いみ》するよ。動《うご》きは速《はや》いけれど、よく考《かんが》えないので失敗《しっぱい》することも。

恋愛運《れんあいうん》

出会《であ》ってすぐに恋《こい》に落《お》ちるなど、おどろくほどスピーディーに恋《こい》が進《すす》んでいきそう。とつぜん男《おとこ》の子《こ》にアタックされて、ビックリするかも。

友情運《ゆうじょううん》

友《とも》だちからとつぜん意外《いがい》な連絡《れんらく》が入《はい》って、おどろく可能性《かのうせい》が。いきなりさそわれたり、逆《ぎゃく》にあなたが急《きゅう》にさそったりもしそうだよ。

イエスor《オア》ノー

ストレートなイエスを示《しめ》しているよ。勢《いきお》いはあるのでスタートはいいけれど、最後《さいご》までたどり着《つ》けるかどうかはまだわからないみたい。

力《ちから》

本来《ほんらい》の意味《いみ》

ライオンをおさえる女性《じょせい》のように、パワーあふれる状態《じょうたい》だよ。実力《じつりょく》があってパワフルに何《なに》かをがんばり、自分《じぶん》でよい結《けっ》果《か》を出《だ》せそうだね。

恋愛運《れんあいうん》

自信《じしん》をもって積極的《せっきょくてき》に動《うご》いて、恋《こい》の成功《せいこう》をつかめそう。前向《まえむ》きながんばりが実《みの》っていくよ。それだけ真剣《しんけん》で強《つよ》い愛情《あいじょう》をもっている状態《じょうたい》。

友情運《ゆうじょううん》

パワーがあるので、友《とも》だちとの仲《なか》を理想《りそう》の方向《ほうこう》へもっていけるよ。リーダー役《やく》になることも。あなたが引《ひ》っぱっていくことで成功《せいこう》する暗示《あんじ》。

イエスor《オア》ノー

かなりハッキリしたイエス。とくにがんばっていることがあるなら、成功《せいこう》するはず。自分《じぶん》から全力《ぜんりょく》を出《だ》してどうどうと動《うご》くことがポイント。

隠者《いんじゃ》

本来《ほんらい》の意味《いみ》

この隠者《いんじゃ》のように、1人《り》でひっそりと何《なに》かを考《かんが》える様子《ようす》を示《しめ》すよ。あまり目立《めだ》つ出来事《できごと》はないけれど、心《こころ》は満《み》たされていそうだね。

恋愛運《れんあいうん》

好《す》きな気《き》もちはつのるけれど、それを表《おもて》に出《だ》せないみたい。1人《り》で静《しず》かに考《かんが》えこんでいるよ。だから恋愛《れんあい》の状況《じょうきょう》もなかなか動《うご》かないかも。

友情運《ゆうじょううん》

友《とも》だちを大事《だいじ》に思《おも》いながらも、本音《ほんね》を話《はな》さないので、理解《りかい》してもらえないかも。心《こころ》のなかで考《かんが》えるだけでは、気《き》もちが伝《つた》わらないよ。

イエスor《オア》ノー

どちらかというと、ノーになるよ。でも、なかなか答《こた》えがハッキリ出《で》ずに、あいまいさが続《つづ》いてしまうかも。動《うご》かないことが原因《げんいん》の可能性大《かのうせいだい》。

運命《うんめい》の輪《わ》

本来《ほんらい》の意味《いみ》

運命《うんめい》の輪《わ》が回《まわ》って、とつぜんチャンスがおとずれたり、うれしい出来事《できごと》が起《お》こったりするよ。でも一《いち》時的《じてき》で、すぐ過《す》ぎ去《さ》ってしまうもの。

恋愛運《れんあいうん》

ぐうぜんステキな男《おとこ》の子《こ》と出会《であ》えたり、好《す》きなカレと仲《なか》よくなるキッカケができるかも。いっしゅんのチャンスだから、にがさないでね。

友情運《ゆうじょううん》

気《き》になる人《ひと》と仲《なか》よくなれたり、なつかしい子《こ》にバッタリ会《あ》えたりしそう。友《とも》だちの意外《いがい》なよい面《めん》を見《み》つけて、イメージが変《か》わる可能性《かのうせい》も。

イエスor《オア》ノー

ハッキリしたイエスのカード。とくに何《なに》かの当選《とうせん》に関《かん》することはラッキーだよ！　でもあくまでも一時《いちじ》的《てき》な幸運《こううん》になるから、うかれないこと。

正義《せいぎ》

本来《ほんらい》の意味《いみ》

手《て》にしたてんびんがつり合《あ》い、バランスが取《と》れて安定《あんてい》していることを意味《いみ》するよ。悪《わる》いことを裁《さば》いて正《ただ》しい状態《じょうたい》であることを示《しめ》すことも。

恋愛運《れんあいうん》

冷静《れいせい》で落《お》ち着《つ》いた感《かん》情《じょう》を示《しめ》すので、恋《こい》のドキドキとはえんがないみたい。ステキな男《おとこ》の子《こ》がいても、友《とも》だちムードにしかならないみたい。

友情運《ゆうじょううん》

なだらかな運気《うんき》。感《かん》情《じょう》をぶつけることなく、友《とも》だちと落《お》ち着《つ》いて話《はなし》ができるね。聞《き》き上手《じょうず》になれるので、どんな人《ひと》とでも仲《なか》よくできるよ。

イエスor《オア》ノー

どちらかといえばイエスだけど、てんびんがゆれ動《うご》いて、簡《かん》単《たん》にノーにかたむくことも。だからだいじょうぶと安心《あんしん》し過《す》ぎないようにね。

つるされた男《おとこ》

本来《ほんらい》の意味《いみ》

木《き》につるされたこの人《ひと》のように、身動《みうご》きできない苦《くる》しい様子《ようす》を示《しめ》すよ。でもこうした修業《しゅぎょう》が終《お》われば、パワーアップできるという意味《いみ》も。

恋愛運《れんあいうん》

恋《こい》を進《すす》めたくても動《うご》けないから、ジッとガマンが必要《ひつよう》なときを示《しめ》すよ。カレへの思《おも》いがつのって苦《くる》しいけど、その思《おも》いはむくわれるはず。

友情運《ゆうじょううん》

自分《じぶん》をおさえて、友《とも》だちのために合《あ》わせなければならないかも。気《き》もちをおさえこむから少《すこ》ししんどいけれど、友《とも》だちは喜《よろこ》んでくれるよ。

イエスor《オア》ノー

その答《こた》えはノーだよ。思《おも》うような結果《けっか》が出《で》なくて、ちょっと苦《くる》しい思《おも》いをしそうだね。でも長《なが》い目《め》で見《み》れば、いい結果《けっか》になるはずだよ。

死神《しにがみ》

本来《ほんらい》の意味《いみ》

人間《にんげん》に、死《し》を教《おし》えに来《く》る死神《しにがみ》。何《なに》かがスッパリときれいに終《お》わることを意味《いみ》するよ。その後《あと》に、また何《なに》かが新《あたら》しく生《う》まれるサインとも。

恋愛運《れんあいうん》

恋心《こいごころ》がとつぜん冷《さ》めるなど、一《ひと》つの恋《こい》が終《お》わってしまうかも。カレに会《あ》いにくくなってしまう心配《しんぱい》も。次《つぎ》の恋《こい》に進《すす》む時期《じき》かもしれないね。

友情運《ゆうじょううん》

友《とも》だちと会《あ》う予定《よてい》が中止《ちゅうし》になるかも。引《ひ》っこしやクラスがえで、友《とも》だちとお別《わか》れになる可能性《かのうせい》も。でも気《き》もちはスパッと割《わ》り切《き》れるはず。

イエスor《オア》ノー

完全《かんぜん》なノーを示《しめ》すカードだよ。えんがなくなったり、何《なに》かが終《お》わったりしそう。でも、新《あたら》しい次《つぎ》の世界《せかい》が待《ま》っていることも示《しめ》すよ。

節制《せっせい》

本来《ほんらい》の意味《いみ》

よごれた水《みず》をきれいにしている天使《てんし》。おだやかでバランスが取《と》れていて、安心《あんしん》して取《と》り組《く》める状態《じょうたい》だね。何《なん》でもスムーズに進《すす》んでいくよ。

恋愛運《れんあいうん》

友《とも》だち同士《どうし》みたいな、さわやかな恋《こい》になりそう。ドキドキはしないけど、安《やす》らぎは感《かん》じるよ。新《あたら》しいボーイフレンドができる可能性《かのうせい》も！

友情運《ゆうじょううん》

おたがいにリラックスできる交際《こうさい》ができそう。友《とも》だちの前《まえ》でありのままの自分《じぶん》を出《だ》せて、ムリすることなく、自然《しぜん》と心《こころ》が通《かよ》い合《あ》うよ。

イエスor《オア》ノー

どちらかというとイエスだけど、それほどの強《つよ》さはないよ。自然《しぜん》の流《なが》れのままに過《す》ごしていれば、よい形《かたち》をキープできそうだね。

悪魔《あくま》

本来《ほんらい》の意味《いみ》

悪魔《あくま》にしばられて、何《なに》かからにげたくてもにげられない状態《じょうたい》だよ。欲《よく》ばりやナマケ心《ごころ》で、自分《じぶん》を苦《くる》しめる意味《いみ》も。ラクなほうににげないで。

恋愛運《れんあいうん》

カレへの思《おも》いが深《ふか》まっても、なかなか会《あ》えずに苦《くる》しい思《おも》いをしがち。恋人《こいびと》がいる男《おとこ》の子《こ》を好《す》きになって、ジェラシーでなやむことも。

友情運《ゆうじょううん》

いじわるな人《ひと》に困《こま》らされるなど、イヤな思《おも》いをする可能性《かのうせい》が。苦手《にがて》な人《ひと》とガマンして付《つ》き合《あ》わないといけないことも。周《まわ》りに相談《そうだん》してね。

イエスor《オア》ノー

苦《くる》しさを示《しめ》すカードなので、答《こた》えはノー。望《のぞ》む結果《けっか》が出《で》ずに、ストレスを感《かん》じそう。動《うご》かないで時期《じき》を待《ま》ったほうがいいかもしれないね。

塔《とう》

本来《ほんらい》の意味《いみ》

積《つ》み上《あ》げてきたことが、いっきにくずれるという意味《いみ》があるよ。そのときはショックを受《う》けるけど、何《なに》かから解放《かいほう》されることにもつながりそう。

恋愛運《れんあいうん》

好《す》きな人《ひと》の欠点《けってん》を見《み》つけたり、男《おとこ》の子《こ》に冷《つめ》たくされたりとガッカリすることがありそう。一時的《いちじてき》なショックで終《お》わるから、心配《しんぱい》しないで！

友情運《ゆうじょううん》

友《とも》だちと気《き》まずくなったり、遊《あそ》ぶ予定《よてい》がとつぜん中止《ちゅうし》になったりするかも。そのときは落《お》ちこむけど、ときがたてば立《た》ち直《なお》れるよ。

イエスor《オア》ノー

とてもハッキリとしたノー。何《なに》かにチャレンジしても大失敗《だいしっぱい》するなど、イヤな思《おも》いをしそう。動《うご》かないで静《しず》かにしていたほうがいいみたい。

星《ほし》

本来《ほんらい》の意味《いみ》

遠《とお》い夜空《よぞら》にかがやく星《ほし》のような、未来《みらい》への夢《ゆめ》や希望《きぼう》を示《しめ》しているよ。何《なに》かにあこがれるようなロマンチックな気《き》もちという意味《いみ》も。

恋愛運《れんあいうん》

好《この》みの男《おとこ》の子《こ》を見《み》つけて、あこがれの気《き》もちでいっぱいに。でも遠《とお》い存在《そんざい》で、なかなか手《て》が届《とど》かないみたい。恋《こい》に恋《こい》する気分《きぶん》も表《あらわ》すよ。

友情運《ゆうじょううん》

あこがれていた人《ひと》と話《はな》せたり、友《とも》だちがキラキラかがやいて見《み》えたりと、心《こころ》がときめきそう。ワクワクする予定《よてい》が入《はい》る可能性《かのうせい》もあるね。

イエスor《オア》ノー

どちらかというとノーだよ。ワクワクと期待《きたい》するけれど、実際《じっさい》にいいことは起《お》きにくいみたい。あまり期待《きたい》し過《す》ぎないほうがよさそう。

月《つき》

本来《ほんらい》の意味《いみ》

うす暗《ぐら》い月夜《つきよ》みたいに、先《さき》がよく見《み》えなくて、迷《まよ》いや不安《ふあん》が多《おお》い様子《ようす》を示《しめ》すよ。自分《じぶん》をわかってもらえずに、誤解《ごかい》されてしまうことも。

恋愛運《れんあいうん》

カレの気《き》もちがわからず、不安《ふあん》になりそう。気《き》になる男《おとこ》の子《こ》が何人《なんにん》か出《で》てきて、迷《まよ》ってしまうことも。三角関係《さんかくかんけい》にも気《き》をつけたいとき！

友情運《ゆうじょううん》

友《とも》だちの本音《ほんね》がわからず、疑《うたが》いたくなるかも。何《なに》を話《はな》せばいいのかわからなくて困《こま》ることも。ウソもつきやすいときなので、注意《ちゅうい》して。

イエスor《オア》ノー

どちらかというと、ノーを示《しめ》すよ。でもフラフラした変《か》わりやすい状態《じょうたい》なので、何《なに》かのはずみでイエスに変《か》わることもあるみたいだよ。

太《たい》陽《よう》

本来《ほんらい》の意味《いみ》

かがやく太陽《たいよう》のように、元気《げんき》に笑《わら》える楽《たの》しい出来事《できごと》がおとずれるよ。みんなに注目《ちゅうもく》される予感《よかん》も。カラッとした心《こころ》や性格《せいかく》も表《あらわ》しているね。

恋愛運《れんあいうん》

明《あか》るくさわやかな恋愛運《れんあいうん》。カレと笑《わら》いながら楽《たの》しく過《す》ごせそう。楽《たの》しい男《おとこ》の子《こ》と仲《なか》よくなれる可能性《かのうせい》もあるね。告白《こくはく》も成功《せいこう》するはずだよ。

友情運《ゆうじょううん》

みんなで大笑《おおわら》いして、元気《げんき》に過《す》ごせるよ。オープンに何《なん》でも話《はな》してくれる女《おんな》の子《こ》と、仲《なか》よくなることも。レジャー先《さき》ではとくに楽《たの》しめそう。

イエスor《オア》ノー

かなり強《つよ》いイエスのカード。結果《けっか》がハッキリ出《で》て、スッキリした気《き》もちになれそう。笑顔《えがお》でいられるから、不安《ふあん》に思《おも》わなくてだいじょうぶ。

審判《しんぱん》

本来《ほんらい》の意味《いみ》

天使《てんし》が死者《ししゃ》を生《い》き返《かえ》らせている様子《ようす》。一《いち》度終《どお》わったことがまた始《はじ》まったり、きせきだと思《おも》えるすばらしい出来事《できごと》が起《お》こったりするよ。

恋愛運《れんあいうん》

カレとの恋《こい》は神様《かみさま》に応援《おうえん》されているから、うまくいくはず。告白《こくはく》も成功《せいこう》しそう。一《いち》度終《どお》わった恋《こい》が、また始《はじ》まる可能性《かのうせい》もアリ。

友情運《ゆうじょううん》

なつかしい人《ひと》に会《あ》ったりして、友情《ゆうじょう》が復活《ふっかつ》しそう。友《とも》だちが信頼《しんらい》してくれて、友情《ゆうじょう》の大切《たいせつ》さやありがたさも感《かん》じられるはずだよ。

イエスor《オア》ノー

ハッキリしたイエスの答《こた》えなので、自信《じしん》をもってだいじょうぶ！　神様《かみさま》が応援《おうえん》してくれているよ。だからよい結果《けっか》を信《しん》じて進《すす》もう。

世界《せかい》

本来《ほんらい》の意味《いみ》

何《なに》かが完成《かんせい》するという意味《いみ》があるよ。最高《さいこう》な結果《けっか》がおとずれて、幸《しあわ》せを味《あじ》わえるはず。そして、次《つぎ》のステージへ進《すす》むことができそうだね。

恋愛運《れんあいうん》

とても幸《しあわ》せな結果《けっか》をむかえるよ。カレと両思《りょうおも》いになって、最高《さいこう》に楽《たの》しい毎日《まいにち》を過《す》ごせそう。今《いま》までの恋《こい》が、一《ひと》つのゴールに達《たっ》したみたい。

友情運《ゆうじょううん》

友《とも》だちと信頼《しんらい》し合《あ》い、幸《しあわ》せな気《き》もちになれるよ。おたがいに相手《あいて》の幸《しあわ》せを心《こころ》から応援《おうえん》できる仲《なか》に。大切《たいせつ》な友《とも》だちだと思《おも》えて感動《かんどう》しそう。

イエスor《オア》ノー

答《こた》えはイエスだと、カードがしっかり告《つ》げているよ。あなたのその考《かんが》えは、正《ただ》しいはず。そしてあなたを幸《しあわ》せなほうへ導《みちび》いてくれるよ。

タロットカードの意味《いみ》

人生《じんせい》で起《お》こる出来事《できごと》がえがかれ数字《すうじ》が増《ふ》えるほど成長《せいちょう》する

0から21までのローマ数字《すうじ》がふってある、22枚《まい》のタロットカード。それぞれのカードの名前《なまえ》に合《あ》った、人生《じんせい》に起《お》こるいろんな出来事《できごと》がえがかれているよ。0の「愚者《ぐしゃ》」が何《なに》もない状態《じょうたい》を示《しめ》し、21の「世界《せかい》」に向《む》かって、さまざまな経験《けいけん》をして進《すす》んでいく。タロットカードには、心《こころ》が成長《せいちょう》していく様子《ようす》がえがかれているんだよ。

お守りタロットカード

カードをもっているだけでも、運《うん》がUP《アップ》するよ。ポケットやかばんに入《い》れて、ときどき出《だ》してながめよう。恋愛《れんあい》運《うん》なら「女帝《じょてい》」を、友情運《ゆうじょううん》なら「太陽《たいよう》」を選《えら》んで。勉強運《べんきょううん》なら「女教皇《おんなきょうこう》」、スポーツは「力《ちから》」を選《えら》ぶといいよ。

恋愛運《れんあいうん》UP《アップ》!

友情運《ゆうじょううん》UP《アップ》!

おまけの豆知識《まめちしき》

カードが逆《さか》さまに出《で》た場合《ばあい》はちがう意味《いみ》で読《よ》むこともできる!

この本《ほん》では使《つか》わないけれど、カードが逆《さか》さまで出《で》たら、「逆位置《ぎゃくいち》」として別《べつ》の読《よ》み方《かた》をする方法《ほうほう》があるよ。カードの意味《いみ》が正反対《せいはんたい》になったり、弱《よわ》くなったりするよ。

正位置《せいいち》

逆位置《ぎゃくいち》

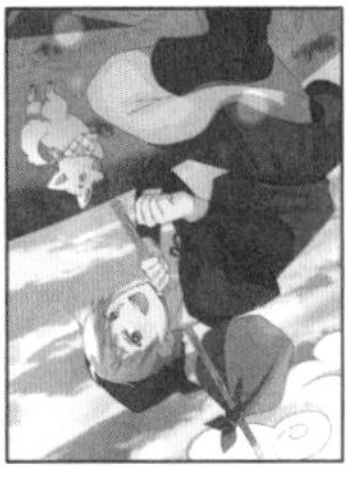

うらなう前《まえ》に覚《おぼ》えておこう！

タロットうらないの基《き》礎《そ》

どんなうらない？

22枚《まい》のカードを使《つか》う、神秘的《しんぴてき》なうらない。
あなたの未来《みらい》やアドバイスがわかるよ！

タロットうらないは、約《やく》200年《ねん》前《まえ》にヨーロッパで生《う》まれたよ。当《あ》たる確率《かくりつ》がとても高《たか》く、カードうらないでは人気《にんき》ナンバー1！　恋《れん》愛《あい》や友《とも》だちとの仲《なか》、勉強《べんきょう》、将来《しょうらい》の夢《ゆめ》などに、「このまま進《すす》むとどうなるか」「どうすればよくなるか」という、未来《みらい》への見通《みとお》しやアドバイスを出《だ》してくれるよ。人《ひと》の気《き》もちをうらなうことも得意《とくい》。未来《みらい》でうらないやすいのは、約《やく》3か月後《げつご》までで、長《なが》くても約《やく》2年後《ねんご》まで。同《おな》じ質問《しつもん》を1日《にち》に何度《なんど》もうらなうのは、NG《エヌジー》だから気《き》をつけてね。

タロットうらないのお約束《やくそく》

- なるべく夜《よる》はさけて、明《あか》るい時間《じかん》にうらなおう。
- テーブルに、カードを混《ま》ぜやすい布《ぬの》や紙《かみ》をしこう。
- イエスかノーで答《こた》えられる質問《しつもん》を考《かんが》えよう。
- クジや人《ひと》の死《し》、人《ひと》を不幸《ふこう》にする質問《しつもん》はNG《エヌジー》！

カードの準備《じゅんび》

1

テーブルの上《うえ》で、22枚《まい》のカードを裏《うら》向《む》きに置《お》く。うらなうことを念《ねん》じながら、両手《りょうて》で時計回《とけいまわ》りに混《ま》ぜてね。

2

よく混《ま》ざったと思《おも》ったら手《て》を止《と》めて。カードを一《ひと》つの山《やま》にまとめて、それから三《みっ》つの山《やま》に分《わ》けてね。

3

分《わ》けたときとちがう順番《じゅんばん》にして、一《ひと》つの山《やま》にもどせば、準備《じゅんび》OK《オーケー》！　さあ、うらないを始《はじ》めよう。

1枚《まい》のカードでうらなう！

今《いま》の自《じ》分《ぶん》の選《せん》択《たく》を知《し》りたい

1枚《まい》のカードでうらなうと、知《し》りたいことがズバリわかるので便利《べんり》！
気《き》になることがあれば、何《なん》でも気軽《きがる》にうらなってみて。

うらない方《かた》

すべてのカードを裏向《うらむ》きのまま、1列《れつ》に並《なら》べるよ。なるべくカードの間隔《かんかく》をそろえてね。次《つぎ》にうらなうことを念《ねん》じながら、ピンと来《き》たカードを1枚《まい》引《ひ》いて。そのカードが質問《しつもん》の答《こた》えだよ。

例《たと》えば……

少《すこ》し高《たか》いワンピースがほしい…
買《か》ってもいいかな？

134ページ以降《いこう》の「イエスor《オア》ノー」でチェック！

1

「教皇《きょうこう》」でイエス

イエスで、買《か》ってもOK《オーケー》！「教皇《きょうこう》」は温《あたた》かくてやさしいカード。そのワンピースを着《き》るといいことが起《お》こるよ。

または

2

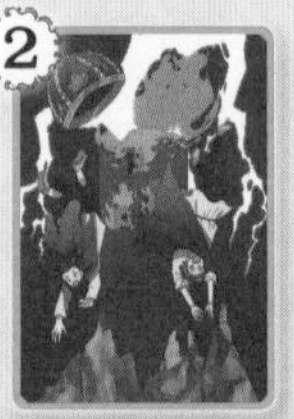

「塔《とう》」でノー

「塔《とう》」は大《おお》きなショックを表《あらわ》し、答《こた》えはノー。せっかくためたおこづかいがなくなって、後《こう》悔《かい》しそう。

友《とも》だちからの連《れん》絡《らく》、
今日《きょう》中《じゅう》に来《く》るかなぁ？

1

「戦《せん》車《しゃ》」でイエス

「戦車《せんしゃ》」はスピードを表《あらわ》すカード。答《こた》えもイエスで、もうすぐ連絡《れんらく》が来《き》そうだね！ 期待《きたい》して待《ま》っていよう。

または

2

「死《しに》神《がみ》」でノー

答《こた》えはハッキリしたノー。「死神《しにがみ》」は終《お》わりという意味《いみ》があるよ。今日《きょう》は待《ま》ってもムダに終《お》わりそう。

2枚《まい》のカードでうらなう！

好《す》きな人《ひと》の気《き》もちを知《し》りたい

好《す》きなカレから好《す》かれているかどうかは、女《おんな》の子《こ》の永遠《えいえん》のなやみ！
どう思《おも》われているか、恋《こい》されているかをうらなおう。

うらない方《かた》

147ページで準備《じゅんび》したカードの山《やま》の、いちばん上《うえ》のカードをA《エー》に置《お》いて。続《つづ》く2番《ばん》めのカードを、その下《した》のB《ビー》に置《お》くよ。A《エー》はカレがあなたをどう考《かんが》えているのか、B《ビー》はあなたに恋心《こいごころ》があるかないか、つまり好《す》きなのかを表《あらわ》すよ。

A《エー》

B《ビー》

A《エー》 ➡ 好《す》きな人《ひと》があなたをどう思《おも》っているか？

B《ビー》 ➡ 好《す》きな人《ひと》があなたを好《す》きかどうか？

⬅ 結果《けっか》は次《じ》ページ以降《いこう》を見《み》てね！

カレの気《き》もちはどのカード？

愚者《ぐしゃ》

0

Ａ《エー》 とくに何《なに》も思《おも》っていない

いそがしかったり、何《なに》かで頭《あたま》がいっぱいだったり、あなたのことを考《かんが》えるヒマがないよ。今《いま》は何《なん》とも思《おも》っていないかも。おたがいの自由《じゆう》な時間《じかん》を大切《たいせつ》にしよう。

Ｂ《ビー》 まだあなたの印象《いんしょう》が弱《よわ》い

今《いま》はほかのことで頭《あたま》がいっぱい。だから今《いま》は、あなたに恋心《こいごころ》を感《かん》じるよゆうがないよ。まだあなたの印象《いんしょう》が弱《よわ》いのかも？もっとアピールしてみよう。

女《おんな》教《きょう》皇《こう》

II

Ａ《エー》 落《お》ち着《つ》いていて尊敬《そんけい》できる人《ひと》

落《お》ち着《つ》いていて、おとなっぽい人《ひと》だと思《おも》っているよ。デキるあなたを尊敬《そんけい》しているけど、少《すこ》し近寄《ちかよ》りにくいみたい。あなたの前《まえ》ではきんちょうしちゃうのかも。

Ｂ《ビー》 ときめく恋心《こいごころ》はないかも

あなたに冷静《れいせい》な気《き》もちがあって、ときめく恋心《こいごころ》はないみたい。でもあなたがどんな人《ひと》なのかな？と気《き》にしているよ。何《なに》を考《かんが》えているのか知《し》りたい様子《ようす》。

魔《ま》術《じゅつ》師《し》

I

Ａ《エー》 積極的《せっきょくてき》に近《ちか》づきたい！

あなたと話《はな》すと、自信《じしん》がつくと感《かん》じているよ。あなたに好《す》かれていることが、わかっているのかも。だからもっと近《ちか》づきたいと思《おも》っている可能性《かのうせい》が。

Ｂ《ビー》 強《つよ》い興味《きょうみ》が恋《こい》になるかも

あなたへの強《つよ》い興味《きょうみ》が出《で》てきたばかり。まだ恋心《こいごころ》にはなってないけど、これから好《す》きになるかもしれないね。自分《じぶん》を理解《りかい》してくれることがうれしいみたい。

皇帝《こうてい》

A《エー》 めんどうを見《み》て守《まも》りたい

大事《だいじ》なクラスメイトだと思《おも》い、めんどうを見《み》ようという責任《せきにん》感《かん》があるよ。イヤな思《おも》いをさせないように、守《まも》りたいんだね。お父《とう》さんみたいな気《き》もちかも。

B《ビー》 大事に思い、恋心に近い感情

自分《じぶん》があなたを守《まも》るという、義務《ぎむ》みたいな気《き》もちがあるよ。ドキドキする感情《かんじょう》じゃないけど、とても大事《だいじ》に思《おも》っていることは確《たし》か。恋心《こいごころ》にかなり近《ちか》いみたい。

女帝《じょてい》

A《エー》 女《おんな》の子《こ》らしくてかわいい人《ひと》

あなたを女《おんな》の子《こ》らしいステキな子《こ》だと思《おも》って、尊敬《そんけい》しているよ。オシャレですごくかわいい！と思《おも》っている可能性《かのうせい》も。見《み》ているだけでウットリした気分《きぶん》に。

B《ビー》 大好きで深い愛情アリ

ズバリ、カレはあなたのことが大好《だいす》き！深《ふか》い愛情《あいじょう》があって、だれよりも大事《だいじ》な女《おんな》の子《こ》だと思《おも》っているよ。お母《かあ》さんみたいなやさしさにいやされるんだね。

教皇《きょうこう》

A《エー》 世話《せわ》を焼《や》きたくなる

あなたを温《あたた》かく見《み》守《まも》る、やさしい気《き》もちがあるよ。カレはあなたを見《み》ていると、どこか放《ほう》っておけなくてめんどうを見《み》たくなるみたい。世話《せわ》を焼《や》きたいんだね。

B《ビー》 家族愛に近い、温かい感情

あなたを特別《とくべつ》に大事《だいじ》にしたいという、ほっこりした情《じょう》をもっているね。でもそれは恋心《こいごころ》とはちがい、家族《かぞく》をやさしく見《み》守《まも》るお兄《にい》さんみたいな感情《かんじょう》だよ。

恋人《こいびと》

VI

A《エー》 ドキドキする好《この》みの女《おんな》の子《こ》

好《この》みのタイプのあなたを見《み》るたびに、カレはドキドキ♡ファッションセンスや、ふと見《み》せるしぐさもお気《き》に入《い》り。女《おんな》の子《こ》っぽいなぁと思《おも》っているみたい。

B《ビー》 ふんわりした軽《かる》めの恋心《こいごころ》

まさに恋心《こいごころ》をもっていて、ズバリ、あなたを好《す》きみたい！　でも真剣《しんけん》で深《ふか》い恋《こい》じゃなくて、軽《かる》いムードのドキドキ感《かん》のよう。これから深《ふか》まるかもしれないね。

力《ちから》

VIII

A《エー》 大切《たいせつ》だと強《つよ》く思《おも》う女《おんな》の子《こ》

あなたを、強《つよ》く大事《だいじ》に考《かんが》えているよ。伝《つた》えたいことや、あなたに望《のぞ》むことがあるのかも。だからとつぜんカレから連絡《れんらく》がきてビックリ！なんてことが。

B《ビー》 真剣《しんけん》に好《す》きみたい！

カレに燃《も》えるような恋心《こいごころ》があって、あなたを真剣《しんけん》に好《す》きみたい！　自分《じぶん》からリードして、あなたを守《まも》っていきたいと思《おも》っていそう。とてもたのもしい愛情《あいじょう》だよ。

戦車《せんしゃ》

VII

A《エー》 近《ちか》づきたい！と思《おも》っている

あなたに早《はや》く近《ちか》づきたいと思《おも》っているね。伝《つた》えたいことがあるとか、理由《りゆう》があるのかも。カレから話《はな》しかけてきたり、とつぜん連絡《れんらく》がきたりする予感《よかん》が。

B《ビー》 勢《いきお》いで恋《こい》しそうなムード

カレはあなたに興味《きょうみ》いっぱい！　すぐにでも恋《こい》をしそうなムードだよ。でも勢《いきお》いだけなので、その感情《かんじょう》が長《なが》く続《つづ》くかはわからないかも。少《すこ》し様子《ようす》を見《み》よう。

運命《うんめい》の輪《わ》

X

A《エー》 長所《ちょうしょ》を見《み》つけ好感度《こうかんど》UP《アップ》

最近《さいきん》あなたのよい点《てん》を見《み》つけて、急《きゅう》に好感《こうかん》をもったみたい。あなたのことを考《かんが》えると、ワクワクした気分《きぶん》になるね。チャンスがあれば話《はな》したいと思《おも》っているよ。

B《ビー》 とつぜん恋心《こいごころ》が生《う》まれた

最近《さいきん》になってとつぜん、あなたに恋心《こいごころ》をもったみたい！　何《なに》かの大《おお》きなキッカケがあったのかも。でも生《う》まれたばかりの恋《こい》で、長《なが》く続《つづ》くかはわからないよ。

隠者《いんじゃ》

IX

A《エー》 こっそりと気《き》にしている

あなたのことを、こっそり気《き》にしているよ。深《ふか》く考《かんが》えこんだり、心配《しんぱい》したりすることがあるみたい。でもあなたにそれを言《い》えなくて、モンモンとしているよう。

B《ビー》 恋心《こいごころ》があっても勇気《ゆうき》はナシ

あなたのことが気《き》になってしかたなくて、少《すこ》し恋心《こいごころ》をもっているよ。でも、あなたに声《こえ》をかける勇気《ゆうき》はないみたい。好《す》かれる自信《じしん》がないのかも。

正義《せいぎ》

XI

A《エー》 みんなと同《おな》じ大事《だいじ》な仲間《なかま》

あなたに落《お》ち着《つ》いた感情《かんじょう》があるみたい。大切《たいせつ》なクラスメイトの1人《り》だと思《おも》っているよ。だから特別《とくべつ》あつかいしないで、みんなと同《おな》じに接《せっ》しているんだね。

B《ビー》 恋心《こいごころ》はなく、友情《ゆうじょう》がある

冷静《れいせい》な気《き》もちがあるから、あなたに恋心《こいごころ》はなさそう。よい仲間《なかま》の1人《り》だと思《おも》っているよ。だからあなたの前《まえ》でも落《お》ち着《つ》いていて、みんなと同《おな》じ態度《たいど》を取《と》りそう。

つるされた男《おとこ》

XII

A《エー》 心配《しんぱい》や反省《はんせい》で苦《くる》しむ気《き》もち

何《なに》か理由《りゆう》があって、苦《くる》しい気《き》もちをかかえているよ。あなたを心配《しんぱい》していたり、「悪《わる》いことをした」と反省《はんせい》しているかも。そっと話《はな》しかけてみてね。

B《ビー》 恋心《こいこころ》をおさえて苦《くる》しむ

あなたを気《き》にして苦《くる》しくなっているカレ。少《すこ》し恋心《こいごころ》があるみたい。でもその感情《かんじょう》をおさえて、顔《かお》に出《だ》さないよ。好《す》きにならないように気《き》をつけているのかも。

節制《せっせい》

XIV

A《エー》 気《き》が合《あ》ってよい友《とも》だち

いっしょにいると気《き》をつかわないで、リラックスできると思《おも》っているよ。あなたには素直《すなお》に何《なん》でも話《はな》せるのかも。よい友《とも》だちだとは感《かん》じているはず。

B《ビー》 恋心《こいこころ》ではなく友情《ゆうじょう》みたい

あなたを思《おも》うと、ホッと温《あたた》かい気《き》もちになれるよ。でもそれは恋心《こいごころ》じゃなくて、おだやかな友情《ゆうじょう》のよう。女《おんな》の子《こ》としてではなく、家族《かぞく》みたいに思《おも》っているよ。

死神《しにがみ》

XIII

A《エー》 すっかり忘《わす》れがちに

今《いま》はほかのことが気《き》になって、あなたのことをすっかり忘《わす》れていそう。それか最《さい》近《きん》、あなたと会《あ》っていないとか、もう会《あ》えないとか思《おも》っている可能性《かのうせい》も。

B《ビー》 思《おも》い出《だ》さないほど恋心《こいごころ》なし

あなたのことを思《おも》い出《だ》しにくいので、残《ざん》念《ねん》ながら恋心《こいごころ》はほとんどないよ。最近話《さいきんはな》していないから……というのが理由《りゆう》かも。もっと自分《じぶん》を知《し》ってもらおう！

塔《とう》

XVI

A《エー》 何《なに》かの理由《りゆう》で心配《しんぱい》している

何《なに》か理由《りゆう》があって、あなたに強《つよ》いショックを感《かん》じているよ。少《すこ》し冷《つめ》たくしちゃったのかな？　カレは「きらわれているのでは？」と心配《しんぱい》しているのかも。

B《ビー》 動揺《どうよう》して恋心《こいごころ》がわからず

カレの心《こころ》が強《つよ》くゆれ動《うご》いていて、あなたをとても気《き》にしていることは確《たし》か。でも今《いま》は好《す》きかどうかがわからない状態《じょうたい》みたい。落《お》ち着《つ》けば気《き》もちが見《み》えるはず。

悪魔《あくま》

XV

A《エー》 気《き》が重《おも》く近《ちか》づきにくい

あなたのことを考《かんが》えると、カレは少《すこ》し気《き》が重《おも》くなるみたい。話《はな》しかけにくいムードがあると思《おも》っているかも？　明《あか》るくすると、楽《たの》しくおしゃべりできるはず。

B《ビー》 恋心《こいごころ》があって重苦《おもくる》しい気分《きぶん》

あなたをかなり気《き》にしていて、恋《こい》に近《ちか》い感情《かんじょう》があるよ。でもなやんでいたり、ジェラシーを感《かん》じていたりと重《おも》い気分《きぶん》。あなたの前《まえ》で、暗《くら》い顔《かお》になりそうだね。

星《ほし》

XVII

A《エー》 あこがれるステキな人《ひと》

ステキな女《おんな》の子《こ》だと感《かん》じて、あなたにあこがれの気《き》もちがあるよ。でも遠《とお》い存《そん》在《ざい》で、近《ちか》よれないと思《おも》っているかも。だからあなたを見《み》ているだけみたいだね。

B《ビー》 ときめくけどまだ深《ふか》さナシ

あなたを思《おも》い出《だ》すと、キュンとする様子《ようす》。あなたのことが好《す》きみたい。でも本当《ほんとう》のあなたをよくわかっていなくて、あこがれに近《ちか》い気《き》もちだよ。

太陽《たいよう》

XIX

A《エー》 明《あか》るく元気《げんき》な楽《たの》しい女《おんな》の子《こ》

「明《あか》るく楽《たの》しい人《ひと》」というイメージをもっているね。いっしょにいると、元気《げんき》になれると思《おも》っていそう。あなたにはオープンになって、何《なん》でも話《はな》すはず。

B《ビー》 大好《だいす》きだけど友《とも》だち感覚《かんかく》

明《あか》るくカラッとした感情《かんじょう》があって、あなたのことが大好《だいす》き！　でもドキドキするときめきとはちがい、友《とも》だち感覚《かんかく》みたい。恋心《こいごころ》はもっていないかも。

月《つき》

XVIII

A《エー》 不安《ふあん》を感《かん》じて気《き》にしている

あなたが何《なに》を考《かんが》えているのかわからず、不安《ふあん》を感《かん》じていそう。何《なに》かで迷《まよ》っている可能性《かのうせい》もあるよ。モヤモヤしているけど、それだけ気《き》にしている証拠《しょうこ》だね。

B《ビー》 まだ不安定《ふあんてい》なゆれる恋心《こいごころ》

あなたを何《なん》となくいいなと思《おも》っているカレ。ぼんやりした、ハッキリしない恋心《こいごころ》があるよ。ほかにも少《すこ》し気《き》になる女《おんな》の子《こ》がいて、迷《まよ》っているのかも。

世界《せかい》

XXI

A《エー》 神様《かみさま》のように深《ふか》く尊敬《そんけい》する

あなたの長所《ちょうしょ》を見《み》て、すばらしい人《ひと》だと思《おも》っていそう。勉強《べんきょう》やスポーツができるからかな？　心《こころ》から尊敬《そんけい》しているよ。まるで神様《かみさま》みたいだと思《おも》っているほど。

B《ビー》 ファンみたいな尊敬《そんけい》の感情《かんじょう》

心《こころ》の底《そこ》から、あなたが大好《だいす》き！　でもドキドキする恋心《こいごころ》というより、尊敬《そんけい》が混《ま》ざったファンのような感《かん》じも。恋《こい》の相手《あいて》にしたら悪《わる》いな……と思《おも》っているかも。

審判《しんぱん》

XX

A《エー》 とても尊敬《そんけい》している

あなたを信頼《しんらい》できるまっすぐな人《ひと》だと思《おも》って、とても尊敬《そんけい》しているよ。あなたの言《い》うことはまちがいないと思《おも》っているから、意見《いけん》を受《う》け入《い》れてくれるはず。

B《ビー》 人《ひと》として信頼《しんらい》されている

あなたを大切《たいせつ》な人《ひと》だと感《かん》じて、強《つよ》い情《じょう》があるよ。でも恋心《こいごころ》じゃなくて、信頼《しんらい》や尊敬《そんけい》みたい。女《おんな》の子《こ》としてというより、1人《り》の人間《にんげん》として好《す》きみたいだね。

2枚《まい》のカードでうらなう！

友《とも》だちにどう思《おも》われているかを知《し》りたい

仲《なか》よしの子《こ》やそっけない子《こ》、みんなあなたをどう思《おも》っているのかな？
気《き》になる友《とも》だちと、どう付《つ》き合《あ》えばいいのかもわかるよ！

うらない方《かた》

147ページで準備《じゅんび》したカードの山《やま》の、いちばん上《うえ》のカードをA《エー》に置《お》いて。2番《ばん》めのカードをその下《した》のB《ビー》に置《お》くよ。A《エー》は友《とも》だちがあなたをどう思《おも》っているのか、B《ビー》はその人《ひと》と今《いま》、どう付《つ》き合《あ》えばいいのか、というアドバイスを表《あらわ》すよ。

A《エー》

B《ビー》

A《エー》 ➡ 友《とも》だちからどう思《おも》われてる？

B《ビー》 ➡ 今《いま》は、どう付《つ》き合《あ》えばいい？

⬅ 結果《けっか》は次《じ》ページ以降《いこう》を見《み》てね！

友《とも》だちの気《き》もちはどのカード？

愚者《ぐしゃ》

0

A《エー》 マイペースに付《つ》き合《あ》いたい

相手《あいて》はあなたとはベタベタしないで、おたがいのペースで付《つ》き合《あ》いたいと思《おも》っていそう。気《き》が向《む》いたら話《はな》しかけよう……という感《かん》じ。マイペースなんだね。

B《ビー》 気《き》が向《む》いたら声《こえ》をかけて

おたがいに考《かんが》えがちがうと思《おも》って、なやまずに自由《じゆう》に付《つ》き合《あ》うといいよ。しつこく連絡《れんらく》したりしないで、気《き》が向《む》いたら軽《かる》く声《こえ》をかける、というノリで◎。

魔術師《まじゅつし》

I

A《エー》 自分《じぶん》の話《はなし》を聞《き》いてくれる

あなたなら私《わたし》のことをわかってくれる、と期待《きたい》しているみたい。これからも仲《なか》よくしたいと思《おも》っているよ。あなたが上手《じょうず》に話《はなし》を聞《き》いてあげるからかもしれないね。

B《ビー》 積極的《せっきょくてき》に声《こえ》をかけると◎

積極性《せっきょくせい》がプラスに。相手《あいて》から来《く》るのをジッと待《ま》たないで、いつも自分《じぶん》から声《こえ》をかけるようにしよう。自分《じぶん》がおもしろかった話《はなし》をして、盛《も》り上《あ》げるとよさそう。

女教皇《おんなきょうこう》

II

A《エー》 話《はな》しかけづらいかも

頭《あたま》がよくて落《お》ち着《つ》いた人《ひと》だなあと思《おも》っていそう。でも、あなたの気《き》もちがわからないみたい。冷《つめ》たくされたらどうしようと思《おも》って、話《はな》しかけられないのかも。

B《ビー》 勉強《べんきょう》の話《はなし》で情報交換《じょうほうこうかん》して

激《はげ》しい感情《かんじょう》を出《だ》さずに、落《お》ち着《つ》いて話《はな》すようにしよう。意見《いけん》もキチンとわかりやすく伝《つた》えて。テストや授業《じゅぎょう》の話《はなし》をすると、いろんな情報交換《じょうほうこうかん》ができそう。

皇帝《こうてい》

Ⅳ

A《エー》 しっかり者《もの》のイメージあり

行動力《こうどうりょく》があってしっかり者《もの》、というイメージをもっているよ。「マジメに話《はな》さないと」と思《おも》って、少《すこ》しきんちょうぎみかも。あなたを尊敬《そんけい》しているんだね。

B《ビー》 れいぎ正《ただ》しくマジメに話《はな》して

マジメな子《こ》と思《おも》われることが大切《たいせつ》。相手《あいて》にイヤな思《おも》いをさせないように気《き》をつけて、れいぎ正《ただ》しい態度《たいど》でキチンと話《はな》すと◎。小《ちい》さな約束《やくそく》でもちゃんと守《まも》って。

女帝《じょてい》

Ⅲ

A《エー》 魅力的《みりょくてき》なあなたが好《す》き

とてもやさしくて深《ふか》い愛情《あいじょう》をもつ人《ひと》だと感《かん》じていて、あなたのことが大好《だいす》きみたい！　あなたがもついろんな長所《ちょうしょ》を見習《みなら》いたいと思《おも》っているはずだよ。

B《ビー》 ストレートに好きと言おう

わかりやすく友情《ゆうじょう》を示《しめ》すことが大切《たいせつ》。「○○ちゃん大好《だいす》き！」と勇気《ゆうき》を出《だ》して言《い》ってみよう。うれしいときにうでを組《く》むなど、軽《かる》いスキンシップを取《と》るのも◎。

教皇《きょうこう》

Ⅴ

A《エー》 親切《しんせつ》にしたいかわいい妹《いもうと》

あなたを守《まも》ったり親切《しんせつ》にしたりしたいという、やさしい気《き》もちがあるよ。あなたがかわいい妹《いもうと》みたいに見《み》えるのかも？　困《こま》っていたら、助《たす》けてくれそうだね。

B《ビー》 お姉さんみたいに親切に

できるだけ親切《しんせつ》にしてあげて。相手《あいて》のグチやなやみを聞《き》いてあげたり、困《こま》っていたら助《たす》けてあげたりしよう。お姉《ねえ》さんみたいに接《せっ》すると喜《よろこ》ばれるよ。

恋《こい》人《びと》

Ⅵ

A《エー》 自分《じぶん》と似《に》た話《はな》しやすい人《ひと》

気《き》が合《あ》って、いっしょにいると楽《たの》しいと思《おも》っているよ。しゅみや考《かんが》え方《かた》が似《に》ているから、話《はな》しやすいみたい！　２人《り》で遊《あそ》びに行《い》きたいと思《おも》っているかも。

B《ビー》 遊《あそ》びや恋《こい》の話《はなし》で盛《も》り上《あ》げて

勉強《べんきょう》などのマジメな話《はなし》より、遊《あそ》びや恋《こい》の話《はなし》をすると盛《も》り上《あ》がるはず。ジョークを言《い》うなど、リラックスして話《はな》すとよさそう。同《おな》じしゅみをもつのも◎。

力《ちから》

Ⅷ

A《エー》 元気《げんき》をくれる気《き》になる存在《そんざい》

あなたのことを、とても気《き》にしているよう。言《い》いたいことがあったり、いっしょに何《なに》かしたいと思《おも》っているよ。あなたのことを思《おも》うと元気《げんき》が出《で》るみたい。

B《ビー》 意見《いけん》をハッキリ伝《つた》えてね

あなたから積極的《せっきょくてき》に声《こえ》をかけて、仲《なか》よくなるようにしよう。意見《いけん》があればえんりょせず、ハッキリ伝《つた》えて！　言《い》い合《あ》いになるのをおそれないで。

戦《せん》車《しゃ》

Ⅶ

A《エー》 急《いそ》いでもっと近《ちか》づきたい

相手《あいて》は、もっと仲《なか》よくなりたいみたい。会《あ》いたい、話《はな》したいと思《おも》っているよ。何《なに》か伝《つた》えておきたいことがあるのかも。だから急《きゅう》に連絡《れんらく》が来《く》る可能性《かのうせい》が。

B《ビー》 あなたから話《はな》しかけて

相手《あいて》から来《く》るのを待《ま》たないで、あなたから声《こえ》をかけたり、連絡《れんらく》したりするといいよ。相手《あいて》はあなたから来《く》るのを待《ま》っているのかも。きっと喜《よろこ》ばれるはず。

運命《うんめい》の輪《わ》

X

A《エー》 好感度《こうかんど》がUP《アップ》中《ちゅう》

あなたへのよいイメージが、グンと強《つよ》まっているよ。あなたといるときに、うれしい思《おも》いをしたのかな？　あなたといると、テンションが上《あ》がるみたい！

B《ビー》 今《いま》までとちがう交際《こうさい》をして

少《すこ》し流《なが》れを変《か》えたほうがいいみたい。態度《たいど》をガラッと変《か》えるなど、今《いま》までとはちがうパターンの交際《こうさい》をしてみて。できるだけ明《あか》るく楽《たの》しい話《はなし》で盛《も》り上《あ》げると◎。

隠者《いんじゃ》

IX

A《エー》 えんりょして何《なに》も言《い》えない

あなたに何《なに》か言《い》いたいことがあるけれど、言《い》えずにモンモンとしているみたい。少《すこ》し気弱《きよわ》になっているのかも。あなたの前《まえ》では、ついえんりょしてしまうんだね。

B《ビー》 彼女《かのじょ》から来《く》るのを待《ま》とう

あなたから話《はな》しかけるのはやめて、今《いま》は様子《ようす》を見《み》たほうがよさそう。タイミングが合《あ》わないのかもしれないね。話《はな》しかけられたら、明《あか》るくおしゃべりしよう。

正義《せいぎ》

XI

A《エー》 たくさんいる仲間《なかま》の1人《り》

あなたに対《たい》して冷静《れいせい》な気《き》もちがあるよ。残念《ざんねん》ながら特別《とくべつ》な人《ひと》とは思《おも》っていなくて、仲間《なかま》の1人《り》という印象《いんしょう》。みんなと同《おな》じように話《はな》そうと思《おも》っているよ。

B《ビー》 感情《かんじょう》を出《だ》さずにれいぎ正《ただ》しく

ゲラゲラ笑《わら》ったりおこったりという感情《かんじょう》は出《だ》さず、マジメな態度《たいど》を見《み》せるといいよ。勉強《べんきょう》の話《はなし》なら、楽《たの》しくできるかも。約束《やくそく》したらしっかり守《まも》るようにしてね。

つるされた男《おとこ》

A《エー》 何《なに》かをガマンしているかも

あなたに少《すこ》し重《おも》い気《き》もちがあるみたい。あなたの前《まえ》だと自分《じぶん》を出《だ》せずに、言《い》いたいことが言《い》えないのかも。何《なに》かガマンしていることがあるかもしれないね。

B《ビー》 動《うご》かずに彼女《かのじょ》に合《あ》わせよう

自分《じぶん》からヘタに動《うご》かないで、相手《あいて》から来《く》るのを待《ま》ったほうがよさそう。そして自《じ》分《ぶん》の話《はなし》ばかりしないで、相手《あいて》に合《あ》わせてみて。グチやなやみを聞《き》いてみよう。

節制《せっせい》

A《エー》 家族《かぞく》みたいに安《やす》らげる人《ひと》

あなたといるとリラックスできて、自《じ》分《ぶん》らしくいられると思《おも》っているよ。家族《かぞく》と過《す》ごしている気分《きぶん》みたい。でも、たまに空気《くうき》みたいな存在《そんざい》になることも。

B《ビー》 気取らずに本音を出すと◎

相手《あいて》の前《まえ》では、ありのままの自分《じぶん》を出《だ》すといいよ。本音《ほんね》をかくさず話《はな》したり、リラックスした態度《たいど》を見《み》せてみて。そのほうがステキな関係《かんけい》を作《つく》れるよ。

死神《しにがみ》

A《エー》 忘《わす》れているか心配《しんぱい》している

今《いま》はほかのことを考《かんが》えていて、あなたのことをすっかり忘《わす》れているかも。最近話《さいきんはな》していないのかな？　あなたと会《あ》えなくなることを心配《しんぱい》しているのかも。

B《ビー》 流《なが》れを変《か》えてみよう

きょりをおいて、流《なが》れを変《か》えたほうがいいみたい。しばらく声《こえ》をかけないで、少《すこ》し話《はな》さない時間《じかん》を作《つく》ってみよう。時間《じかん》をあけることで、仲《なか》よくなれるよ。

塔《とう》

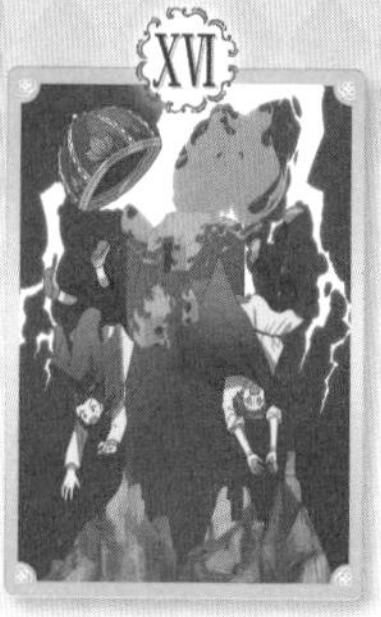

A《エー》 何《なに》かのために不安定《ふあんてい》に

何《なに》かがあって、大《おお》きく動揺《どうよう》している。あなたにきらわれるかも……と心配《しんぱい》していたり、自分《じぶん》の行《おこな》いを後悔《こうかい》していたりするのかも。時間《じかん》がたてば落《お》ち着《つ》くよ。

B《ビー》 言《い》いたいことはズバッと！

不満《ふまん》や意見《いけん》があれば、「こうしてほしい」とズバッと言《い》ったほうがいいみたい。ガマンしても、2人《り》のためにならないよ。ケンカするくらいでいいのかも。

悪魔《あくま》

A《エー》 何《なに》かをおそれ重《おも》い気《き》もちに

あなたに少《すこ》し重《おも》い気《き》もちがあるよ。どう接《せっ》すればいいのかわからなくて、きんちょうするのかも？何《なに》かをおそれたり、心配《しんぱい》したりしているみたい。

B《ビー》 ムリに動《うご》かず様子《ようす》を見《み》て

ムリしても、すぐに仲《なか》よくなるのは難《むずか》しそう。今《いま》は話《はな》しかけないで、少《すこ》し様子《ようす》を見《み》たほうがいいみたい。相手《あいて》がいそがしくて、話《はな》すよゆうがないのかも。

星《ほし》

A《エー》 センスのいいあこがれの子《こ》

あこがれの女《おんな》の子《こ》だと思《おも》っているよ。かわいかったり、オシャレのセンスがよかったりするのを、尊敬《そんけい》しているのかも。気《き》軽《がる》に話《はな》しかけられないみたい。

B《ビー》 よい点《てん》をたくさんほめて！

相手《あいて》のよい点《てん》を見《み》つけて、どんどんほめるといいよ。少《すこ》しくらいワザとらしくてもだいじょうぶ。将来《しょうらい》の夢《ゆめ》の話《はなし》をしても、盛《も》り上《あ》がって仲《なか》よくなれそうだね。

太《たい》陽《よう》

A《エー》 オープンに話《はな》せる友《とも》だち

あなたに明《あか》るいイメージをもっているよ。何《なん》でもかくさず話《はな》せる、ステキな友《とも》だちだと思《おも》っているね。いっしょにいると楽《たの》しくて、元気《げんき》になれるみたいだよ。

B《ビー》 陽気《ようき》にたくさん笑《わら》って！

彼女《かのじょ》の前《まえ》では元気《げんき》にふるまって、陽気《ようき》にたくさん笑《わら》うといいね。２人《り》で外《そと》に出《で》かけるのも◎。いっしょにスポーツをすれば、一気《いっき》に仲《なか》よくなれる予感《よかん》アリ。

月《つき》

A《エー》 疑問《ぎもん》があって不安《ふあん》な気分《きぶん》

あなたのことを思《おも》うと、今《いま》はモヤモヤした気《き》もちになるみたい。あなたの気《き》もちが、よくわからないのかも？　あなたに疑問《ぎもん》に思《おも》っていることもありそう。

B《ビー》 本音《ほんね》を言《い》わず合《あ》わせてみる

自分《じぶん》から声《こえ》をかけるより、友《とも》だちの動《うご》きに合《あ》わせたほうがよさそう。本音《ほんね》を言《い》うのもガマンして、相手《あいて》の話《はなし》を聞《き》いてみて。そうすれば、何《なに》かが見《み》えてくるかも。

世《せ》界《かい》

A《エー》 深《ふか》く尊敬《そんけい》するすばらしい人《ひと》

すばらしい女《おんな》の子《こ》だと思《おも》って、心《こころ》から尊《そん》敬《けい》しているね。あなたが光《ひか》りかがやいて見《み》えるほどだよ。だから友《とも》だちでいてくれることを、うれしく思《おも》っているはず。

B《ビー》 あなたにとって大事《だいじ》な人《ひと》

相手《あいて》はあなたにとって、とても大事《だいじ》な友《とも》だち。いい人《ひと》だから、友情《ゆうじょう》を信《しん》じて信頼《しんらい》するといいよ。学《まな》べることがたくさんあるくらい、ステキな人《ひと》だね。

審《しん》判《ぱん》

A《エー》 信頼《しんらい》できる大切《たいせつ》な子《こ》

だれよりも大切《たいせつ》な友《とも》だちだと思《おも》って、とても信頼《しんらい》しているよ。あなたになら、なやみ事《ごと》も相談《そうだん》できるはず。おとなになっても友《とも》だちでいたいと思《おも》うほどだね。

B《ビー》 安心《あんしん》して何《なん》でも打《う》ち明《あ》けて

相手《あいて》は信頼《しんらい》できる人《ひと》だから、安心《あんしん》して何《なん》でも話《はな》して。あなたとは、強《つよ》いえんで結《むす》ばれているみたい。なやみを打《う》ち明《あ》ければ、よいアドバイスをもらえるよ。

3枚《まい》のカードでうらなう!

カレと両《りょう》思《おも》いになれる可《か》能《のう》性《せい》は?

ステキな人《ひと》に片思《かたおも》い中《ちゅう》のあなた。カレと両思《りょうおも》いになりたいよね!
カレとの未来《みらい》と、両思《りょうおも》いになるための対策《たいさく》をうらなおう。

うらない方《かた》

147ページで準備《じゅんび》したカードの山《やま》の、いちばん上《うえ》のカードをA《エー》に置《お》いて。続《つづ》く2番《ばん》めのカードをBに置《お》き、3番《ばん》めのカードをC《シー》に置《お》くよ。A《エー》は、あなたとカレの今《いま》の仲《なか》がどうなっているのか、Bは、カレと両思《りょうおも》いになれるかどうかという未来《みらい》、C《シー》は、カレと両思《りょうおも》いになるためにはどうすればいいか、というアドバイスを表《あらわ》すよ。

A《エー》 ➡ あなたとカレの仲《なか》は今《いま》、どうなっているのか?

B《ビー》 ➡ カレと両思《りょうおも》いになれるかなれないかの、未来《みらい》の結果《けっか》

C《シー》 ➡ カレと両思《りょうおも》いになるために、どうすればいいか?

⬅ 結果《けっか》は次《じ》ページ以降《いこう》を見《み》てね!

両思《りょうおも》いの可能性《かのうせい》はどのカード？

愚者《ぐしゃ》

0

A《エー》 あなたをよく知《し》らないカレ

カレは本当《ほんとう》のあなたをよく知《し》らないみたい。話題《わだい》がなくて、あまり話《はな》したことがないのかも？　２人《り》にきょりがありそう。

B《ビー》 マイペースでキッカケがつかめない

仲《なか》よくなるキッカケがつかめなくて、両思《りょうおも》いになるのが難《むずか》しそう。カレがマイペースで、落《お》ち着《つ》きがないからかも。

C《シー》 動《うご》かず自然《しぜん》の流《なが》れに乗《の》って

両思《りょうおも》いになろうとムリしないで、自然《しぜん》の流《なが》れにまかせよう。もしかしたら、ほかの男《おとこ》の子《こ》のほうが赤《あか》い糸《いと》で結《むす》ばれているかも。

女教皇《おんなきょうこう》

II

A《エー》 ドライなムードの２人《り》

せっかくカレとおしゃべりできても、冷静《れいせい》でドライなムード。だからあなたはちょっと物足《ものた》りないかも⁉

B《ビー》 恋愛《れんあい》ムードのない友《とも》だちに

連絡《れんらく》を取《と》り合《あ》えるような友《とも》だちにはなれそうだよ。でもカレがクール過《す》ぎて、恋愛《れんあい》ムードにはなりにくい様子《ようす》。

C《シー》 学校《がっこう》の話《はなし》が仲《なか》よしのカギ

理由《りゆう》を作《つく》って、カレに連絡《れんらく》してみよう！　授業《じゅぎょう》や宿題《しゅくだい》のわからないところをたずねると、喜《よろこ》んで教《おし》えてくれるはずだよ。

魔術師《まじゅつし》

I

A《エー》 カレから接近中《せっきんちゅう》♡

カレもあなたを気《き》にして、近《ちか》づいているかも。何《なに》かキッカケがあれば、すぐにいいムードになれる感《かん》じだよ。

B《ビー》 うれしい恋《こい》がスタートする

両思《りょうおも》いになれる可能性《かのうせい》アリ！　カレから告白《こくはく》されるような、うれしい恋《こい》のスタートになるよ。カレが積極的《せっきょくてき》になりそうな予感《よかん》。

C《シー》 自分《じぶん》からカレに声《こえ》をかけて

勇気《ゆうき》を出《だ》して、自分《じぶん》からカレに声《こえ》をかけて。自分《じぶん》の長所《ちょうしょ》をアピールしたり、イベントなどにさそったりするとGOOD《グッド》。

皇帝《こうてい》

IV

A《エー》 仲間《なかま》としてつながる

クラスメイトや同《おな》じ部活《ぶかつ》など、仲間《なかま》としてつながっている仲《なか》だね。カベがあって、なかなか親《した》しくはなれないみたい。

B《ビー》 恋人《こいびと》よりお父《とう》さんみたい

きょりが近《ちか》づいて、カレが世話《せわ》を焼《や》いてくれる仲《なか》に。でもお父《とう》さんみたいな態度《たいど》で、両思《りょうおも》いとはちょっとちがうかも。

C《シー》 用事《ようじ》を作《つく》って話《はな》しかけよう

何《なに》か用事《ようじ》を作《つく》ってカレに連絡《れんらく》したり、話《はな》しかけてみて。同《おな》じ班《はん》をねらうなど、いつも近《ちか》くにいるようにしても◎。

女帝《じょてい》

III

A《エー》 両思《りょうおも》いっぽいいいムード♪

いっしょにいるとおたがいにドキドキして、いいムードだね。カレもあなたを恋《こい》の相手《あいて》として、気《き》にしているよ。

B《ビー》 幸せいっぱいの両思い!!

両思《りょうおも》いになれそう！　愛《あい》し愛《あい》されて、幸《しあわ》せいっぱいな恋人同士《こいびとどうし》になれる予感《よかん》アリ。いっぱい話《はな》して楽《たの》しんでね。

C《シー》 プレゼントをわたして告白《こくはく》して

勇気《ゆうき》を出《だ》して、カレに告白《こくはく》しよう。バレンタインやカレの誕生日《たんじょうび》に、プレゼントをわたして気《き》もちを伝《つた》えると、成功《せいこう》するはず。

教皇《きょうこう》

V

A《エー》 気《き》づかい合《あ》うやさしい関係《かんけい》

2人《り》でいると、ほんわかしたムードになるみたい。カレが気《き》づかってくれているよ。恋人《こいびと》より家族《かぞく》みたいな感《かん》じかも。

B《ビー》 お兄さんと妹みたいな関係

カレがあなたに親切《しんせつ》になるけど、恋愛《れんあい》ムードとはちがうみたい。やさしいお兄《にい》さんが世話《せわ》を焼《や》いてくれるような感《かん》じ。

C《シー》 はげますなどやさしくして

カレが落《お》ちこんでいたら元気《げんき》づけるなど、できるだけやさしくして。そうすれば、あなたを好《す》きになってくれる予感《よかん》。

恋人《こいびと》

VI

A《エー》 フィーリングがピッタリ

フィーリングが合《あ》っている2人《り》。話《はな》すとむじゃきに笑《わら》えて、カレも「いいムードだな」と思《おも》っているかもしれないね。

B《ビー》 両思《りょうおも》いでときめく恋《こい》に

ズバリ、両思《りょうおも》いになれそう！　カレもあなたを好《す》きになって、ラブラブムードに。週末《しゅうまつ》はいろんなデートが楽《たの》しめるはず。

C《シー》 さわやかに恋心《こいごころ》を見《み》せて

はずかしがらずに、好意《こうい》を見《み》せると◎。明《あか》るくさわやかに話《はな》しかけて。バレンタインにもさりげなくチョコをあげよう。

力《ちから》

VIII

A《エー》 カレにも好意《こうい》アリ！

なかなかいい感《かん》じの今《いま》の2人《り》。共通《きょうつう》の話題《わだい》があって、おしゃべりすることが多《おお》いのかも？　カレにも好意《こうい》があるよ。

B《ビー》 がんばれば両思《りょうおも》いになれる

あなたのがんばりが実《みの》って、カレと両思《りょうおも》いになれる！　アプローチや告白《こくはく》は成功《せいこう》するよ。自信《じしん》をもって動《うご》いた結果《けっか》だよ。

C《シー》 両思《りょうおも》い目《め》ざして全力投球《ぜんりょくとうきゅう》！

ジッとしていないで、がんばろう。マメに連絡《れんらく》して、仲《なか》よくなったらストレートに告白《こくはく》してね。

戦車《せんしゃ》

VII

A《エー》 近《ちか》づいている2人《り》のきょり

急接近中《きゅうせっきんちゅう》の2人《り》。近《ちか》くの席《せき》になったり、どちらかが積極的《せっきょくてき》に話《はな》しかけたりしているのかも。少《すこ》しいい感《かん》じだよ。

B《ビー》 スピーディーに両思《りょうおも》いに

カレからどんどん近《ちか》づいてきそう！　カレからの連絡《れんらく》も増《ふ》えそうだよ。だから両思《りょうおも》いになれる可能性《かのうせい》は高《たか》め！

C《シー》 勇気《ゆうき》を出《だ》してカレに接近《せっきん》

思《おも》い切《き》って、カレに近《ちか》づいていこう！　たわいないメールを送《おく》ってもいいし、学校《がっこう》の帰《かえ》りに声《こえ》をかけてもよさそう。

運命《うんめい》の輪《わ》

X

A《エー》 最近《さいきん》、急《きゅう》に いい動《うご》きあり

最近《さいきん》、カレとの仲《なか》が急《きゅう》にいい感《かん》じになってきたのでは？　ラッキーチャンスをうまくつかめたのかもしれないね。

B《ビー》 ハッピーな未来《みらい》の期待《きたい》あり

あなたの告白《こくはく》をカレがOK《オーケー》するなど、ドラマチックで大《おお》きな動《うご》きがある予感《よかん》！　天《てん》にものぼる気《き》もちになれそうだよ。

C《シー》 流《なが》れを変《か》えてよい動《うご》きに

流《なが》れを変《か》えるために、カレへの接《せっ》し方《かた》を少《すこ》し変《か》えてみて。いつもメールなら電話《でんわ》で連絡《れんらく》してみたり、イメチェンも◎。

隠者《いんじゃ》

IX

A《エー》 心《こころ》のきょりが あるかも

少《すこ》し心《こころ》のきょりがあるみたい。おたがいに気《き》にしているけど、本音《ほんね》が言《い》えずに相手《あいて》の様子《ようす》を見《み》ているみたいだね。

B《ビー》 恋心《こいごころ》を出《だ》せず近《ちか》づけない

なかなか恋心《こいごころ》を伝《つた》えられず、カレとのきょりが変《か》わらないみたい。勇気《ゆうき》がないことが原因《げんいん》だね。見《み》つめるだけで幸《しあわ》せ？

C《シー》 動《うご》かないで静《しず》かにしよう

今《いま》は告白《こくはく》しようとしないで、動《うご》かないほうがいい時期《じき》みたい。そのうちに、本当《ほんとう》はカレとどうしたいのかが見《み》えるはず。

正義《せいぎ》

XI

A《エー》 打《う》ち解《と》けない ドライなムード

用《よう》がなければ話《はな》さない、イマイチ打《う》ち解《と》けない２人《り》。おたがいに感情《かんじょう》を出《だ》さずに、ドライなムードがただよっているよ。

B《ビー》 仲間《なかま》や友《とも》だち止《ど》まりの仲《なか》に

カレが心《こころ》を開《ひら》かないから、仲間《なかま》や友《とも》だちから先《さき》に進《すす》むことは難《むずか》しそう。でもケンカもなく、おだやかな関係《かんけい》を作《つく》れるよ。

C《シー》 恋心《こいごころ》を見《み》せず、クールに

ドキドキする気《き》もちを出《だ》さないで、冷静《れいせい》に話《はな》したほうが好感《こうかん》をもたれるはず。今《いま》、恋《こい》心《ごころ》を出《だ》すと、少《すこ》し引《ひ》かれちゃうかも。

つるされた男《おとこ》

XII

A《エー》 心《こころ》が通《かよ》わず苦《くる》しむあなた

気《き》もちが高《たか》まり、苦《くる》しくなっているあなた。カレがそっけなくて、とまどっているのかも。ヘタに動《うご》けない状態《じょうたい》。

B《ビー》 ガマンすることが多《おお》い恋《こい》に

カレに気《き》もちが伝《つた》わらずに、ジッとガマンすることが多《おお》くなりそう。両思《りょうおも》いになるチャンスも、なかなかつかめないみたい。

C《シー》 つらくても時期《じき》を待《ま》とう

今《いま》は動《うご》かないほうがいいみたい。告白《こくはく》も連《れん》絡《らく》もやめて、静《しず》かに様子《ようす》を見《み》て。そのうち、よいチャンスがめぐって来《く》るはず。

節制《せっせい》

XIV

A《エー》 リラックスできる友《とも》だち

おたがいに気取《きど》らずリラックスして話《はな》せる、よい友《とも》だち関係《かんけい》だね。カレも、何《なん》でも話《はな》せると感《かん》じていそう。

B《ビー》 気軽《きがる》に話《はな》せる親《した》しい関係《かんけい》に

何《なん》でも話《はな》せるいい友《とも》だちになれるよ。でもおたがいにドキドキ感《かん》はなくて、まるで家《か》族《ぞく》といるみたいなムード。

C《シー》 まずは友《とも》だちとして接《せっ》していこう

いきなり恋心《こいごころ》を出《だ》すと、カレが引《ひ》いてしまうので注意《ちゅうい》。あくまでも友《とも》だちみたいにふるまってね。家族《かぞく》の話《はなし》をすると◎。

死神《しにがみ》

XIII

A《エー》 会《あ》えないから動《うご》かない恋《こい》

カレと会《あ》ったり話《はな》したりできず、恋《こい》の進《しん》展《てん》が難《むずか》しいみたい。もうダメかも……と、あきらめぎみになっているのでは？

B《ビー》 運命《うんめい》の恋人《こいびと》はカレ以外《いがい》の人《ひと》かも

残念《ざんねん》ながらカレとは両思《りょうおも》いにならずに、えんが切《き》れてしまいそう。運命《うんめい》の人《ひと》じゃないのかも。ほかの男《おとこ》の子《こ》に注目《ちゅうもく》を！

C《シー》 ほかの男《おとこ》の子《こ》に気《き》を向《む》けよう

カレとは性格《せいかく》が合《あ》わないから、やめたほうがいいみたい。あなたにはもっとステキな男《おとこ》の子《こ》がいるはずだから心配《しんぱい》しないで。

塔《とう》

XVI

A《エー》 ギクシャクしている

ケンカしたとか、2人《り》の仲《なか》がギクシャクしているね。あなたも動揺《どうよう》をかくせない様子《ようす》。気《き》もちを落《お》ち着《つ》けるようにね。

B《ビー》 カレの態度《たいど》にガッカリする

残念《ざんねん》ながら、両思《りょうおも》いになるのは難《むずか》しいよ。カレがほかの子《こ》と親《した》しくなるなど、ガッカリすることが。ケンカにも注意《ちゅうい》して。

C《シー》 告白《こくはく》でハッキリさせると◎

カレはあなたと合《あ》わない可能性大《かのうせいだい》。でも告白《こくはく》して答《こた》えを出《だ》して、スッキリさせるのもおすすめだよ。

悪魔《あくま》

XV

A《エー》 しっとすることが多《おお》い恋《こい》

今《いま》のあなたはジェラシーを感《かん》じることが多《おお》くて、とても苦《くる》しいみたい。カレのワガママに困《こま》らされることもあるかも。

B《ビー》 ストレスの多《おお》い苦《くる》しい恋《こい》に

カレの態度《たいど》があいまいで、両思《りょうおも》いなのかわからずに苦《くる》しくなるかも。ライバルに、激《はげ》しいジェラシーを燃《も》やすことも。

C《シー》 動《うご》かずカレの動《うご》きに注目《ちゅうもく》を

苦《くる》しくてもヘタに動《うご》かずに、静《しず》かにカレの動《うご》きを見守《みまも》っていてね。カレの欠点《けってん》も、しっかりと調《しら》べておくとよさそうだよ。

星《ほし》

XVII

A《エー》 あこがれが強《つよ》い恋心《こいごころ》

あなたがカレに、アイドルみたいにあこがれているね。カレの前《まえ》ではきんちょうして、スムーズには話《はな》せない状態《じょうたい》かも。

B《ビー》 ロマンチックな出来事《できごと》あり

カレがやさしくしてくれるなど、ロマンチックな出来事《できごと》がありそう。でも両思《りょうおも》いにならず、あこがれで終《お》わりがち。

C《シー》 カレに合《あ》う女《おんな》の子《こ》を目《め》ざす

カレにあこがれながら、あなたもステキな女《おんな》の子《こ》を目《め》ざそう！　明《あか》るさややさしさ、気《き》づかいを忘《わす》れないで。

太《たい》陽《よう》

XIX

A《エー》 何《なん》でも明《あか》るく話《はな》せる

何《なん》でも楽《たの》しく話《はな》せて、いいムードだね。あなたもカレといると笑顔《えがお》になれるはず。でも恋《こい》とはちょっとちがうみたい。

B《ビー》 みんなで遊《あそ》べる楽《たの》しい関係《かんけい》

両思《りょうおも》いになれる予感《よかん》！　笑《わら》い合《あ》えるステキな関係《かんけい》になるよ。でもみんなで遊《あそ》びに行《い》くなど、どこかサバサバしてるかも。

C《シー》 カレの心《こころ》を明《あか》るく照《て》らそう

カレの前《まえ》でたくさん笑《わら》って、カレの心《こころ》を明《あか》るく照《て》らしてあげて。「いっしょにいると楽《たの》しい！」と思《おも》われることが大切《たいせつ》。

月《つき》

XVIII

A《エー》 不安定《ふあんてい》で不安《ふあん》が多《おお》い

カレの心《こころ》がわからずに、不安《ふあん》をかかえているみたい。ほかにも気《き》になる男《おとこ》の子《こ》がいて、迷《まよ》っているのかも？

B《ビー》 結果《けっか》がハッキリ出《で》ない恋《こい》

両思《りょうおも》いなのかハッキリしなくて、モヤモヤが続《つづ》いてしまいがち。どこかで結果《けっか》を出《だ》さないと、時間《じかん》ばかり過《す》ぎてしまうよ。

C《シー》 何人《なんにん》かの男《おとこ》の子《こ》に注目《ちゅうもく》して

今《いま》はカレに集中《しゅうちゅう》するより、いろんな男《おとこ》の子《こ》に目《め》を向《む》けてみて。ほかにもっと好《す》きになれる人《ひと》が、出《で》てくる可能性《かのうせい》があるよ。

世《せ》界《かい》

XXI

A《エー》 カレを見《み》るだけで幸《しあわ》せに

カレを見《み》ているだけで、幸《しあわ》せいっぱいになれる今《いま》のあなた。カレの存在《そんざい》が、あなたの心《こころ》を支《ささ》えているといえそうだね。

B《ビー》 カレこそ運命《うんめい》の人《ひと》かも!?

両思《りょうおも》いになれそうだよ！　カレはあなたの運命《うんめい》の人《ひと》なのかも!?　カレに深《ふか》く愛《あい》されて、最高《さいこう》の幸《しあわ》せを味《あじ》わえるはず。

C《シー》 尊敬《そんけい》の気《き》もちを伝《つた》えよう

尊敬《そんけい》しているということを、照《て》れずに伝《つた》えよう。長所《ちょうしょ》を見《み》つけて、積極的《せっきょくてき》にほめるといいね。告白《こくはく》するときは真剣《しんけん》に！

審《しん》判《ぱん》

XX

A《エー》 おたがい信頼《しんらい》できる

カレもあなたを信頼《しんらい》して、本音《ほんね》を話《はな》し合《あ》えるいい関係《かんけい》。おたがいの心《こころ》のおくで、相手《あいて》を必要《ひつよう》としているみたい。

B《ビー》 恋人《こいびと》ではなく親友《しんゆう》になれる

2人《り》は、深《ふか》く心《こころ》が通《かよ》い合《あ》うよ。でも恋人《こいびと》ではなく、親友《しんゆう》みたいな関係《かんけい》になりそう。2人《り》で組《く》んで何《なに》かをがんばることも。

C《シー》 信《しん》じて何《なん》でも打《う》ち明《あ》けて

カレを信頼《しんらい》して、何《なん》でも打《う》ち明《あ》けてみて。なやみを相談《そうだん》しても◎。カレはたよられているなと感《かん》じて、好意《こうい》をもつはず。

ハピかわ
うらない
その6

神様《かみさま》からのメッセージ！

夢《ゆめ》うらない

夢《ゆめ》には、あなたの本音《ほんね》や神秘《しんぴ》の世界《せかい》からのメッセージがこめられているよ。どんな夢《ゆめ》を見《み》たか思《おも》い出《だ》してうらなってみよう！

つむぎ
おはよう
あ
月《るな》ちゃん
おはよ～…
ぽや～…
あら
どうかした？
うーん
ちょっとふしぎな
夢《ゆめ》を見《み》ちゃって
夢《ゆめ》？
どんな
夢《ゆめ》なの？
えーと…
私《わたし》が
結弦《ゆづる》くんに
きれいな花束《はなたば》を
プレゼント
してたね…
！
ふーん…
ムフフ
？

その夢《ゆめ》はね…
えっ⁉
おはよー
！！！
びゃっ
わっ 私《わたし》先《さき》行《い》くね！
？
ぴゅ――
なんだ？あいつ…
ふふふ
「その夢《ゆめ》はね
つむぎの結弦《ゆづる》くんに対《たい》する恋心《こいごころ》を表《あらわ》してるのよ」

KEY《キー》 1 WORD《ワード》 人物《じんぶつ》

だれが現《あらわ》れたかだけじゃなく、夢《ゆめ》のなかでその人《ひと》とどんな仲《なか》だったか、そして相手《あいて》にどんな気《き》もちを感《かん》じていたのかも、大切《たいせつ》だよ。それは、あなたのかくれた本心《ほんしん》かも？

お父《とう》さん

仲《なか》がよければ役立《やくだ》てる
悪《わる》ければ自信《じしん》をもてないとき

夢《ゆめ》でお父《とう》さんと仲《なか》がよければ、あなたがみんなのために役立《やくだ》てるということ。仲《なか》が悪《わる》いなら、自信《じしん》をもてないとき。何《なに》か後《うし》ろめたい気《き》もちがありそう。

お母《かあ》さん

仲《なか》がよければ家族《かぞく》全員《ぜんいん》仲《なか》よし
悪《わる》ければ、かげでの行《おこな》いに注意《ちゅうい》

夢《ゆめ》でお母《かあ》さんと仲《なか》がよければ、家族《かぞく》みんなで仲《なか》よく過《す》ごせるということ。仲《なか》が悪《わる》ければ、かげで悪《わる》いことをしてしまうかも。かくし事《ごと》もNG《エヌジー》だよ。

きょうだい

現実《げんじつ》のライバルのことを表《あらわ》す夢《ゆめ》
仲《なか》がいいか悪《わる》いかに注目《ちゅうもく》して

夢《ゆめ》のなかのきょうだいはライバルを表《あらわ》すよ。仲《なか》よしの夢《ゆめ》なら、ライバルと思《おも》っている人《ひと》といい関係《かんけい》を作《つく》れる暗示《あんじ》。仲《なか》が悪《わる》ければ、ケンカする心配《しんぱい》あり。

友《とも》だち

あなたにとって必要《ひつよう》な人《ひと》
ケンカする夢《ゆめ》には気《き》をつけて

夢《ゆめ》のなかに出《で》てきた友《とも》だちは、今《いま》のあなたにとって大事《だいじ》な人《ひと》だから仲《なか》よくしよう。ケンカをしたら現実《げんじつ》でもぶつかりやすいので、態度《たいど》や言葉《ことば》に注意《ちゅうい》して。

先生《せんせい》

助《たす》けてくれる人《ひと》が現《あらわ》れそう！
しかられたら行《おこな》いをふり返《かえ》って

なやみがあるなら、助《たす》けてくれる人《ひと》が現《あらわ》れそうだよ。先生《せんせい》にしかられる夢《ゆめ》は、あなたが直《なお》さなければいけない行《おこな》いがあるということ。よく考《かんが》えてみて。

お医者《いしゃ》さん

だれかにたよりたいのかも
体調《たいちょう》をくずさないように注意《ちゅうい》

だれかにたよりたい気《き》もちになっていそう。ちょっとつかれているのかも？カゼをひくなど実際《じっさい》に体調《たいちょう》をくずしやすいので、健康《けんこう》に気《き》をつけて。

どろぼう

ぬすまれる夢《ゆめ》は何《なに》かが手《て》に入《はい》り
ぬすむ夢《ゆめ》は損《そん》する心配《しんぱい》あり

どろぼうに何《なに》かをぬすまれる夢《ゆめ》は、実際《じっさい》にはよいモノを手《て》に入《い》れられるいい夢《ゆめ》。自分《じぶん》が何《なに》かをぬすむ夢《ゆめ》は、モノやお金《かね》を損《そん》しやすいので気《き》をつけて。

KEY《キー》 2 WORD《ワード》 アイテム

夢《ゆめ》のなかの小物《こもの》は、おもに未来《みらい》に起《お》こる出来事《できごと》を示《しめ》すよ。
カラーでハッキリ見《み》えた小物《こもの》ほど、未来《みらい》に強《つよ》く
えいきょうしそう！　何《なに》が出《で》てきたか、チェックしてね。

お金《かね》

お金《かね》を手《て》に入《い》れる夢《ゆめ》は損《そん》する
手《て》ばなす夢《ゆめ》は、得《とく》する暗示《あんじ》

お金《かね》をもらったり拾《ひろ》ったりする夢《ゆめ》は、欲《よく》ばりな証拠《しょうこ》。実際《じっさい》にはお金《かね》を損《そん》する心配《しんぱい》があるよ。お金《かね》をあげたり使《つか》ったりする夢《ゆめ》は、金運《きんうん》UP《アップ》の予感《よかん》。

カレンダー

ある日《ひ》づけが出《で》てきたら注目《ちゅうもく》
ラッキーな事《こと》が起《お》こる日《ひ》かも

カレンダーのある日《ひ》が気《き》になったり、ある日《ひ》づけが出《で》てきたりしたら、現実《げんじつ》でもその日《ひ》に注目《ちゅうもく》しよう。ラッキーな出来事《できごと》が起《お》こる日《ひ》かもしれないよ。

洋服《ようふく》

周《まわ》りの人《ひと》からもたれている
あなたのイメージそのもの

どんな服《ふく》を着《き》ていたかな？　それは現《げん》実《じつ》で、周《まわ》りから見《み》られているあなたのイメージそのもの。おひめさまみたいな服《ふく》なら、はなやかなイメージだね。

くつ

自分《じぶん》の人生《じんせい》の土台《どだい》を表《あらわ》す夢《ゆめ》
きれいかボロボロかに注目《ちゅうもく》

人生《じんせい》の土台《どだい》を示《しめ》すよ。しっかりしたくつなら、目標《もくひょう》と自信《じしん》をもって生《い》きられる。ヨレヨレだったり、なくしたりする夢《ゆめ》は、迷《まよ》うことが多《おお》くなりがち。

楽器《がっき》

感情《かんじょう》のアピールのしかたを表《あらわ》す
うまく演奏《えんそう》できるかがポイント！

楽《たの》しく演奏《えんそう》できるのは、気《き》もちが伝《つた》わり友《とも》だちやカレと楽《たの》しく過《す》ごせるということ。演奏《えんそう》で苦労《くろう》する夢《ゆめ》は、周《まわ》りに気《き》もちをうまく伝《つた》えにくいとき。

卵《たまご》

元気《げんき》いっぱい、パワーを表《あらわ》す
大《おお》きな夢《ゆめ》が生《う》まれる可能性《かのうせい》アリ

卵《たまご》を食《た》べる夢《ゆめ》は、パワーアップして元《げん》気《き》いっぱいになれるとき。卵《たまご》を見《み》たりもらったりする夢《ゆめ》は、新《あたら》しい大《おお》きな夢《ゆめ》が生《う》まれる予感《よかん》アリ！

あまいもの

恋愛《れんあい》でときめく出来事《できごと》アリ！
でもあま過《す》ぎ、食《た》べ過《す》ぎは危険《きけん》

恋愛《れんあい》でドキドキする出来事《できごと》がありそうだよ。でもあま過《す》ぎたり、たくさん食《た》べたりする夢《ゆめ》は、健康運《けんこううん》ダウン。実際《じっさい》におかしの食《た》べ過《す》ぎにも注意《ちゅうい》してね。

KEY《キー》 WORD《ワード》 3

行動《こうどう》・気《き》もち

夢《ゆめ》のなかのあなたの行動《こうどう》には、ふだんの性格《せいかく》がそのまま出《で》やすいよ。あなたの未来《みらい》がどう切《き》り開《ひら》かれていくかという大切《たいせつ》なメッセージがこめられていることも。

空《そら》を飛《と》ぶ

多《おお》くの人《ひと》が見《み》るラッキーな夢《ゆめ》 景色《けしき》はこれから先《さき》の人生《じんせい》を示《しめ》す

多《おお》くの人《ひと》が見《み》る、よい夢《ゆめ》だよ。勢《いきお》いがあって、運気《うんき》がぐんぐんＵＰ《アップ》しているね。飛《と》んでいるときに見《み》た景色《けしき》が、これから先《さき》の人生《じんせい》を示《しめ》しているよ。

歩《ある》く・走《はし》る

スムーズに進《すす》めると目標達成《もくひょうたっせい》 カベは苦労《くろう》の数《かず》を表《あらわ》す

順調《じゅんちょう》に歩《ある》いたり走《はし》ったりできる夢《ゆめ》は、目標《もくひょう》が達成《たっせい》できる。歩《ある》いたり走《はし》ったりするのが大変《たいへん》な夢《ゆめ》は、乗《の》りこえるカベが多《おお》いことを暗示《あんじ》しているよ。

探《さが》す

探《さが》して見《み》つかればラッキー！ 見《み》つからないと解決《かいけつ》に時間《じかん》が

探《さが》しているモノが見《み》つかる夢《ゆめ》は、願《ねが》い事《ごと》がかなうなど、うれしいことの予感《よかん》。見《み》つからない夢《ゆめ》は、なやみの解決《かいけつ》に時間《じかん》がかかることを示《しめ》すよ。

勉強《べんきょう》する

楽《たの》しく学《まな》ぶ夢《ゆめ》はよい結果《けっか》に
苦労《くろう》するのは勉強《べんきょう》が必要《ひつよう》なとき

楽《たの》しく勉強《べんきょう》する夢《ゆめ》は、がんばりがよい結果《けっか》になるということ。勉強《べんきょう》で苦労《くろう》している夢《ゆめ》は、実際《じっさい》にもっと勉強《べんきょう》したほうがいい、という意味《いみ》があるよ。

メイクをする

本音《ほんね》をかくしたい気《き》もちアリ
ほかの人《ひと》がしている夢《ゆめ》も同《おな》じ

本音《ほんね》をかくしたい気《き》もちの表《あらわ》れ。友《とも》だちの前《まえ》で背《せ》のびしがちに。だれかがメイクをする夢《ゆめ》は、その人《ひと》が本音《ほんね》をかくしているということを示《しめ》すよ。

そうじする

自分《じぶん》の心《こころ》がそうじされて
スッキリさわやかな気分《きぶん》に

夢《ゆめ》のなかでそうじをしているのは、自《じ》分《ぶん》の心《こころ》をきれいにしているということ。イライラやなやみのネガティブな気《き》もちが消《き》えて、スッキリするね。

死《し》ぬ

自分《じぶん》が死《し》ぬなら新《あたら》しい自分《じぶん》に
人《ひと》の死《し》は、関係《かんけい》が変《か》わる暗示《あんじ》

自分《じぶん》が死《し》ぬ夢《ゆめ》は、新《あたら》しい自分《じぶん》に生《う》まれ変《か》われるということ。だれかが死《し》ぬ夢《ゆめ》は、これからあなたとその人《ひと》の関係《かんけい》が、変《か》わってくる可能性《かのうせい》があるよ。

歌《うた》う

アピールしたい気《き》もちの表《あらわ》れ
上手《じょうず》に歌《うた》えれば人気者《にんきもの》に

だれかの前《まえ》で歌《うた》う夢《ゆめ》は、自分《じぶん》をアピールしたいという気《き》もちの表《あらわ》れ。うまく歌《うた》えればアピールが成功《せいこう》して、みんなから注目《ちゅうもく》してもらえそうだね。

笑《わら》う

現実《げんじつ》のイヤなことを忘《わす》れようと
ごまかしている可能性《かのうせい》アリ

夢《ゆめ》のなかでゲラゲラ大笑《おおわら》いしても、現《げん》実《じつ》ではよくないよ。イヤなことを忘《わす》れようと、ごまかしているのかも。つらくてもにげずに、しっかり取《と》り組《く》もう。

泣《な》く

たくさん泣《な》くほどラッキー！
現実《げんじつ》では笑《わら》えるうれしいことが

たくさん泣《な》く夢《ゆめ》ほど、現実《げんじつ》では大《おお》きく運気《うんき》UP《アップ》！ 心《こころ》のつかれやなやみがなくなってスッキリしそう。うれしい出来《でき》事《ごと》が起《お》こることも期待《きたい》できるよ。

おこる

不満《ふまん》が消《き》えて明《あか》るい気《き》もちに
おこられる夢《ゆめ》は、相手《あいて》に注目《ちゅうもく》

強《つよ》くおこるほど心《こころ》のなかの不満《ふまん》が消《き》えて、気《き》もちが明《あか》るくなるよ。おこられる夢《ゆめ》は、おこっている人《ひと》が実際《じっさい》あなたに不満《ふまん》をもっている可能性《かのうせい》アリ。

こわい・不安《ふあん》

心《こころ》のおくの気《き》もちが出《で》ている夢《ゆめ》 原因《げんいん》を探《さが》して解決《かいけつ》していこう

現実《げんじつ》でも心《こころ》のおくで、こわさや不安《ふあん》をかかえているよ。それが夢《ゆめ》に出《で》ているんだね。その原因《げんいん》は何《なに》かしっかり探《さが》して、解決《かいけつ》することが大切《たいせつ》だよ。

さみしい

現実《げんじつ》でもさみしさがある証拠《しょうこ》 楽《たの》しい時間《じかん》を増《ふ》やしていこう

現実《げんじつ》でも、こどくやさみしさを感《かん》じることが多《おお》いみたいだね。自分《じぶん》から友《とも》だちに声《こえ》をかけたりしゅみを始《はじ》めたりして、楽《たの》しい時間《じかん》を増《ふ》やしていこう。

愛《あい》する

愛《あい》する夢《ゆめ》は、さみしさの裏返《うらがえ》し 愛《あい》される夢《ゆめ》は、現実《げんじつ》でも幸《しあわ》せに

だれかを愛《あい》する夢《ゆめ》は、現実《げんじつ》ではさみしいみたい。だれかを愛《あい》したいと思《おも》っているよ。愛《あい》される夢《ゆめ》はラッキー！　現《げん》実《じつ》でもだれかに愛《あい》されて、幸《しあわ》せ気分《きぶん》に。

きらう

きらう人《ひと》の欠点《けってん》が自分《じぶん》にもある きらわれる夢《ゆめ》は自信《じしん》のなさ

だれかをきらう夢《ゆめ》は、その人《ひと》のイヤなところが、あなたにもあるということ。きらわれる夢《ゆめ》は、自信《じしん》がもてない気《き》もちの表《あらわ》れ。心配《しんぱい》し過《す》ぎないこと！

KEY《キー》 4 WORD《ワード》

風景《ふうけい》・建物《たてもの》

夢《ゆめ》の風景《ふうけい》や建物《たてもの》は、人生《じんせい》そのものを表《あらわ》すことが多《おお》いよ。
カラーでかがやく美《うつく》しい夢《ゆめ》ほど、大《おお》きな意味《いみ》をもつから、
どんな景色《けしき》だったか、よく思《おも》い出《だ》そう。

空《そら》

晴《は》れていたら願《ねが》い事《ごと》がかなう
くもりや雨《あめ》はなやみが出《で》そう

太陽《たいよう》があったり晴《は》れていたりすれば、願《ねが》い事《ごと》がかなって幸《しあわ》せになれるよ。くもりや雨《あめ》だったらなやみ事《ごと》が出《で》てくるけど、すぐに消《き》えるので心配《しんぱい》ナシ。

海《うみ》・川《かわ》

おだやかなら順調《じゅんちょう》な日々《ひび》に
あれていると変化《へんか》の多《おお》い毎日《まいにち》に

おだやかな海《うみ》や川《かわ》は、何《なん》でも順調《じゅんちょう》に進《すす》む幸《しあわ》せな毎日《まいにち》に。あれた海《うみ》や川《かわ》は、変化《へんか》の多《おお》い毎日《まいにち》になる。とくに家族運《かぞくうん》と恋愛運《れんあいうん》に大《おお》きなえいきょうが。

森《もり》・林《はやし》

明《あか》るかったら健康運《けんこううん》UP《アップ》
暗《くら》ければクヨクヨしがちに

明《あか》るい感《かん》じの森《もり》や林《はやし》なら、健康運《けんこううん》アップ。リラックスして元気《げんき》に過《す》ごせるよ。暗《くら》いムードなら、心配事《しんぱいごと》をかかえやすいみたい。周《まわ》りに相談《そうだん》してね。

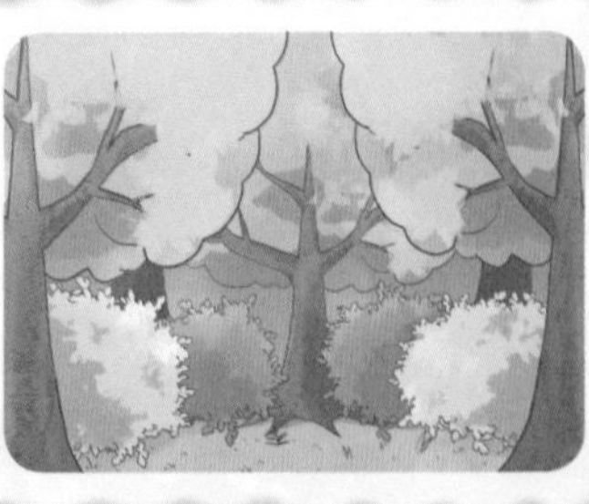

山《やま》

高《たか》い目標《もくひょう》をもってがんばるとき
頂上《ちょうじょう》に着《つ》く夢《ゆめ》は、達成《たっせい》を表《あらわ》す

夢《ゆめ》のなかの山《やま》は、自分《じぶん》の目標《もくひょう》を表《あらわ》すよ。山《やま》が高《たか》ければ高《たか》いほど、大《おお》きな目標《もくひょう》をもってがんばっていくね。頂上《ちょうじょう》まで登《のぼ》る夢《ゆめ》なら、それを達成《たっせい》できるはず！

道《みち》

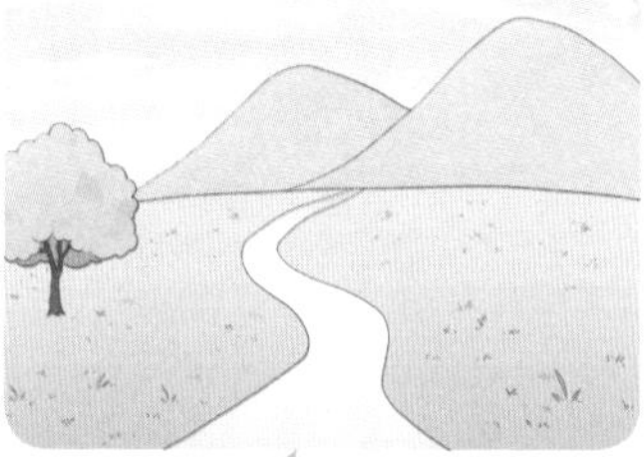

これから進《すす》む人生《じんせい》そのもの
どんな道《みち》だったかに注目《ちゅうもく》

あなたがこれから進《すす》む、人生《じんせい》そのもの。まっすぐな道《みち》なら迷《まよ》いがない人生《じんせい》を進《すす》み、曲《ま》がりくねった道《みち》なら、いろんな経験《けいけん》をしながら進《すす》んでいくよ。

学校《がっこう》

夢《ゆめ》のなかの気《き》もちが自分《じぶん》の本音《ほんね》
どんな感情《かんじょう》だったかチェックを

夢《ゆめ》のなかの学校《がっこう》で感《かん》じていた気《き》もちが、あなたのかくれた本音《ほんね》。学校《がっこう》の授業《じゅぎょう》や先生《せんせい》、友《とも》だちに本当《ほんとう》はどんな気《き》もちがあるのか、夢《ゆめ》でよくわかるはず。

ビル

コツコツ積《つ》み上《あ》げるものを示《しめ》し
高《たか》いほど大《おお》きな結果《けっか》を出《だ》せる

勉強《べんきょう》や何《なに》かの練習《れんしゅう》など、あなたがコツコツ積《つ》み上《あ》げていくものを示《しめ》しているよ。ビルが高《たか》いほどがんばれて、最後《さいご》は大《おお》きな結果《けっか》を出《だ》せそうだね。

KEY《キー》 5 WORD《ワード》 体《からだ》

体《からだ》のある部分《ぶぶん》がハッキリ表《あらわ》れる夢《ゆめ》や、体《からだ》の状態《じょうたい》の夢《ゆめ》は、
おもにあなたのパワーがどうなっているかを表《あらわ》すよ。
気《き》もちや考《かんが》え方《かた》、態度《たいど》を表《あらわ》すことも。

顔《かお》

周《まわ》りから見《み》た自分《じぶん》のイメージ
どんな表情《ひょうじょう》なのかに注目《ちゅうもく》して

夢《ゆめ》のなかの自分《じぶん》の顔《かお》や表情《ひょうじょう》は、周《まわ》りから見《み》たあなたのイメージ。美《うつく》しい顔《かお》なら、魅力《みりょく》のある人《ひと》と思《おも》われているね。イヤな顔《かお》だったら態度《たいど》に気《き》をつけて。

手《て》

左手《ひだりて》より右手《みぎて》がポジティブ！
手《て》で何《なに》をしたかもチェックして

右手《みぎて》ならよい友《とも》だちができる予感《よかん》。左《ひだり》手《て》なら弱気《よわき》になりやすいとき。手《て》を洗《あら》う夢《ゆめ》はなやみが解決《かいけつ》、手《て》をつなぐ夢《ゆめ》は、つないだ人《ひと》と仲《なか》よくなれるよ。

足《あし》

行動力《こうどうりょく》と底力《そこぢから》があるかを示《しめ》す
しっかりした元気《げんき》な足《あし》ほど◎

行動力《こうどうりょく》と底力《そこぢから》があるかどうかを表《あらわ》すよ。しっかりした足《あし》なら、行動力《こうどうりょく》があって何《なん》でも最後《さいご》までがんばれそう。たよりない足《あし》なら、パワー不足《ぶそく》みたい。

あせをかく

がんばり過《す》ぎによるつかれアリ ムリしないでリラックスを

何《なに》かをがんばり過《す》ぎて、心《こころ》も体《からだ》もつかれているみたい。ムリしないで、少《すこ》しゆっくりしたほうがいいね。しゅみや遊《あそ》びを楽《たの》しむ時間《じかん》をもとう。

太《ふと》る・やせる

少《すこ》しだけ太《ふと》るのは金運《きんうん》UP《アップ》 太《ふと》り過《す》ぎとやせる夢《ゆめ》は体力不足《たいりょくぶそく》

少《すこ》しふっくらするのは、金運《きんうん》UP《アップ》の予感《よかん》。太《ふと》り過《す》ぎる夢《ゆめ》とやせる夢《ゆめ》は、パワー不足《ぶそく》みたいだよ。体《からだ》にいい栄養《えいよう》のあるものをキチンと食《た》べてね。

体《からだ》が痛《いた》い

夢《ゆめ》のままに健康運《けんこううん》ダウンの暗示《あんじ》 夢《ゆめ》で痛《いた》かった場所《ばしょ》に気《き》をつけて

夢《ゆめ》のままで、健康運《けんこううん》がダウンしているよ。とくに夢《ゆめ》のなかで痛《いた》かった場所《ばしょ》に気《き》をつけて。おかしいなと思《おも》ったら、すぐ病院《びょういん》でみてもらうようにして。

小便《しょうべん》・大便《だいべん》

小便《しょうべん》の夢《ゆめ》は特別《とくべつ》な意味《いみ》はナシ 大便《たいべん》は金運《きんうん》UP《アップ》を表《あらわ》すよい夢《ゆめ》

小便《しょうべん》の夢《ゆめ》は、現実《げんじつ》でトイレに行《い》きたいときに見《み》るので、特別《とくべつ》な意味《いみ》はないよ。大便《だいべん》の夢《ゆめ》は幸運《こううん》で、金運《きんうん》UP《アップ》。思《おも》わぬおこづかいをもらえるかも。

KEY《キー》 WORD《ワード》 6

動物《どうぶつ》など

動物《どうぶつ》は、あなたやだれかの性格《せいかく》の一部《いちぶ》を表《あらわ》すことが多《おお》いよ。
植物《しょくぶつ》が出《で》てくる夢《ゆめ》は、そのすくすくとのびていく姿《すがた》から、
おもに成長《せいちょう》や発展《はってん》を意味《いみ》しているよ。

犬《いぬ》

親《した》しい友《とも》だちや年下《としした》の子《こ》を表《あらわ》す 犬《いぬ》との関係《かんけい》に注目《ちゅうもく》しよう

夢《ゆめ》のなかでは親《した》しい友《とも》だちや、年下《としした》の子《こ》を表《あらわ》しているよ。犬《いぬ》がなついている夢《ゆめ》なら、友《とも》だちや年下《としした》の子《こ》が、あなたを尊敬《そんけい》してくれるということだよ。

ネコ

ライバル心《しん》をもつ人《ひと》を表《あらわ》す夢《ゆめ》 ネコがなついていれば仲《なか》よしに

あなたに焼《や》きもちを焼《や》く人《ひと》が出《で》てくるかも。ネコがなついていれば、ライバルと仲《なか》よくできる。黒《くろ》ネコはラッキー！　うれしいことが起《お》こりそう。

鳥《とり》

自由《じゆう》というポジティブな意味《いみ》 大《おお》きな鳥《とり》は、とくに幸運《こううん》！

夢《ゆめ》のなかの鳥《とり》は自由《じゆう》を表《あらわ》し、いい意味《いみ》が多《おお》い。鳥《とり》が飛《と》ぶ夢《ゆめ》は、うれしい連絡《れんらく》が入《はい》ってきそう。大《おお》きな鳥《とり》を見《み》るとだいたんなアクションを起《お》こせるよ。

魚《さかな》

金運《きんうん》がUP《アップ》するよい夢《ゆめ》
スイスイ泳《およ》ぐ魚《さかな》は才能《さいのう》UP《アップ》

幸運《こううん》な夢《ゆめ》で、とくに金運《きんうん》がUP《アップ》するよ。魚《さかな》が大《おお》きいほど、大《おお》きく得《とく》しそう。スイスイ泳《およ》ぐ魚《さかな》は才能《さいのう》UP《アップ》を表《あらわ》し、魚《さかな》を食《た》べる夢《ゆめ》はがんばりが実《みの》るよ。

カエル・ヘビ

おめでたくて有名《ゆうめい》なよい夢《ゆめ》
色《いろ》が白《しろ》ければとくにラッキー！

昔《むかし》からおめでたい夢《ゆめ》だといわれている。金運《きんうん》が上《あ》がるので、プレゼントをもらうなど得《とく》しそう。とくに白《しろ》いカエル・ヘビの夢《ゆめ》は、幸運度《こううんど》グンとUP《アップ》！

りゅう

大成功《だいせいこう》や新《あたら》しい才能《さいのう》をつかめる
だいたんでスーパーラッキー！

ものすごくラッキーな夢《ゆめ》！　今《いま》までがんばってきたことが大成功《だいせいこう》したり、すばらしい才能《さいのう》を新《あたら》しく発見《はっけん》したりしそう。大《おお》きなことにチャレンジしよう。

木《き》・花《はな》

木《き》は自分自身《じぶんじしん》で花《はな》は愛情《あいじょう》を示《しめ》す
イキイキしているかに注目《ちゅうもく》して

夢《ゆめ》のなかの木《き》は自分自身《じぶんじしん》。青《あお》あおしている木《き》なら、あなたも元気《げんき》いっぱい。夢《ゆめ》のなかの花《はな》は、愛情《あいじょう》を表《あらわ》すよ。きれいな花《はな》の夢《ゆめ》は、愛《あい》されている証拠《しょうこ》。

ラッキーのサイン！ こんな夢《ゆめ》を見《み》たら運《うん》気《き》UP《アップ》

幸《こう》運《うん》になる夢《ゆめ》BEST《ベスト》3

目《め》が覚《さ》めたときに幸《しあわ》せな気《き》もちになれるのが、ラッキーな夢《ゆめ》！　そんななかでも、とくにラッキー度《ど》が高《たか》い夢《ゆめ》ベスト3をしょうかいするね。

1位《い》　きれいなにじが出《で》ている夢《ゆめ》

ステキな出来事《できごと》が起《お》こりそう！
一生《いっしょう》忘《わす》れないほどかも

7色《しょく》がハッキリ見《み》えているほど幸運《こううん》！　ジーンと感動《かんどう》する、ステキな出来事《できごと》が起《お》こりそう。それはあなたがおとなになっても忘《わす》れないくらい、深《ふか》い感動《かんどう》だよ。

朝《あさ》日《ひ》がのぼる夢《ゆめ》　2位《い》

目標《もくひょう》を見《み》つけて未来《みらい》がかがやく
将来《しょうらい》は夢《ゆめ》に向《む》かってがんばる人《ひと》に

とくに子《こ》どもが見《み》るとラッキー！　新《あたら》しい才能《さいのう》や目標《もくひょう》を見《み》つけて、未来《みらい》が明《あか》るく光《ひか》りかがやくはず。将来《しょうらい》はなりたい職業《しょくぎょう》を目《め》ざして、一生《いっしょう》けんめいがんばれるね。

3位《い》　キラキラかがやく星空《ほしぞら》の夢《ゆめ》

がんばって願《ねが》いをかなえるサイン
流《なが》れ星《ほし》があればさらに幸運《こううん》が

夢《ゆめ》で星空《ほしぞら》を見《み》るのは、願《ねが》いがかなうサイン！　とくにがんばっていることで、うれしい結果《けっか》を出《だ》せるはずだよ。流《なが》れ星《ぼし》があれば、意外《いがい》なうれしい出来事《できごと》が。

ステキな出会《であ》いや、意外《いがい》な人《ひと》と恋《こい》が芽生《めば》える暗示《あんじ》

恋《こい》の予感《よかん》を感《かん》じる夢《ゆめ》 BEST《ベスト》3

ときに夢《ゆめ》は、あなたの恋愛《れんあい》がどうなるのかも教《おし》えてくれるよ。こんな夢《ゆめ》を見《み》たら、ハッピーな恋《こい》がおとずれることまちがいナシ！

1位《い》 指輪《ゆびわ》か花《はな》をもらう夢《ゆめ》

ステキなパートナーが現《あらわ》れる！
未来《みらい》の結婚相手《けっこんあいて》かも？

ラブラブのステキなパートナーが現《あらわ》れる、とてもラッキーな夢《ゆめ》！　とくに男《おとこ》の子《こ》からもらう夢《ゆめ》が最高《さいこう》だね。近《ちか》いうちに、未《み》来《らい》の結婚相手《けっこんあいて》と知《し》り合《あ》えるかも⁉

リンゴ・イチゴを食《た》べる夢《ゆめ》 2位《い》

魅力《みりょく》が高《たか》まってモテモテになれる
好《す》きなカレをふり向《む》かせよう♥

あなたの魅力《みりょく》がぐんとアップするから、男《おとこ》の子《こ》たちからチヤホヤされそう。思《おも》い切《き》りオシャレしてね。片思《かたおも》いのカレがいるなら、両思《りょうおも》いになれるチャンス！

3位《い》 リス・ウサギが出てくる夢《ゆめ》

ときめくかわいい恋《こい》のおとずれ
夢《ゆめ》で仲《なか》よしならラブラブに

夢《ゆめ》のなかのリスとウサギは、ときめくかわいい恋《こい》のおとずれを表《あらわ》すよ。とくになついていたり、だっこしたりする夢《ゆめ》なら、ステキなカレに愛《あい》されるかも！

自分《じぶん》が気《き》づいていない心《こころ》のおくまで夢《ゆめ》でわかる!?

見《み》たら心《こころ》のSOS《エスオーエス》かもしれない夢《ゆめ》BEST《ベスト》3

自分《じぶん》でも気《き》がついていない本心《ほんしん》がわかるのが、夢《ゆめ》の不思議《ふしぎ》なところ。こんな夢《ゆめ》を見《み》たら、あなたの心《こころ》が助《たす》けを求《もと》めているのかも！

1位《い》 こわいおばけや怪物《かいぶつ》が出《で》てくる夢《ゆめ》

あなたのこわい気《き》もちが現《あらわ》れた夢《ゆめ》

イヤなことからはなれよう

心《こころ》のおくにあるこわい気《き》もちが、夢《ゆめ》に表《あらわ》れているね。このまま進《すす》むとよくないよ。イヤイヤ続《つづ》けていることがあるなら、ムリしないでやめたほうがいいみたい。

高《たか》いところから落《お》ちる夢《ゆめ》 2位《い》

自信《じしん》がもてなくて強《つよ》い不安《ふあん》アリ

しっかり準備《じゅんび》をすると◎

多《おお》くの人《ひと》がよく見《み》る夢《ゆめ》。自信《じしん》がなくて、「失敗《しっぱい》するのでは？」という不安《ふあん》が表《あらわ》れているよ。しっかり準備《じゅんび》や勉強《べんきょう》をするなど、心《こころ》がまえを作《つく》ることが大切《たいせつ》だね。

3位《い》 何《なに》かからにげる夢《ゆめ》

現実《げんじつ》でもにげたいと思《おも》っている

何《なに》からにげているかを参考《さんこう》に

これも多《おお》くの人《ひと》が見《み》る夢《ゆめ》だよ。現実《げんじつ》でも、何《なに》かからにげたいと思《おも》っているみたい。夢《ゆめ》で何《なに》からにげているのかも参考《さんこう》にして、自分《じぶん》の気《き》もちを見《み》つめてみよう。

ハピかわうらない
その7

近《ちか》い未来《みらい》がまるわかり！

トランプうらない

カードそれぞれに意味《いみ》があるよ。そんなトランプを
使《つか》っていつでも気軽《きがる》にうらなえるから、昔《むかし》から大人気《だいにんき》！
自分《じぶん》の近《ちか》い未来《みらい》や今日《きょう》の運勢《うんせい》を知《し》って
毎日《まいにち》楽《たの》しく過《す》ごそう♪

トランプうらないを始《はじ》める前《まえ》に……

まずは基《き》本《ほん》を知《し》っておこう！

トランプを使《つか》って、知《し》りたい未来《みらい》が簡単《かんたん》にうらなえるよ！
その前《まえ》に、まずはトランプうらないの基本《きほん》をよく知《し》っておこう。

カードの混《ま》ぜ方《かた》

まずはカードの並《なら》んでいる順番《じゅんばん》をバラバラに変《か》えるために、カードを混《ま》ぜることが必要《ひつよう》だよ。混《ま》ぜ方《かた》には下《した》の2種類《しゅるい》があるから、そのときに合《あ》ったほうを選《えら》んでね！　混《ま》ぜるときは、頭《あたま》のなかで質問《しつもん》をよ～く念《ねん》じて。そうすれば当《あ》たる確率《かくりつ》がぐんとUP《アップ》するよ！

カット

片手《かたて》でトランプを裏向《うらむ》きにもち、もう片方《かたほう》の手《て》で少《すこ》しカードをぬいて、それをいちばん上《うえ》にのせる……それを何度《なんど》もくり返《かえ》し、カードが混《ま》ざったら手《て》を止《と》めて。シャッフルより混《ま》ざりにくいけど、気軽《きがる》に使《つか》えるよ。

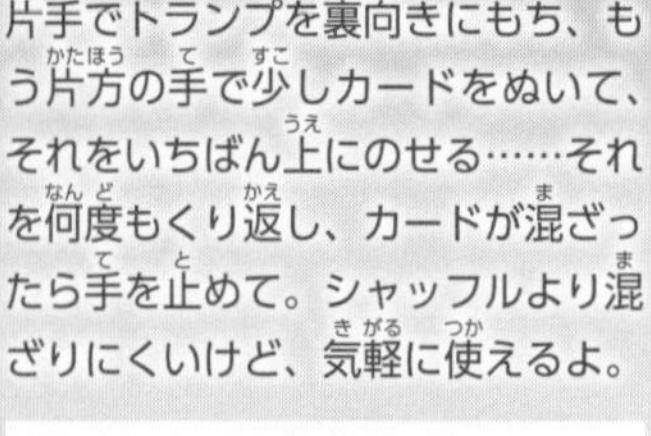

シャッフル

布《ぬの》をしいたテーブルの上《うえ》にトランプを裏向《うらむ》きに置《お》いて、グルグル混《ま》ぜるよ。混《ま》ざったら一《ひと》つの山《やま》にまとめてね。よく混《ま》ざるけど、場所《ばしょ》を取《と》るやり方《かた》。時間《じかん》があるときや、しっかりうらないたいときに使《つか》って！

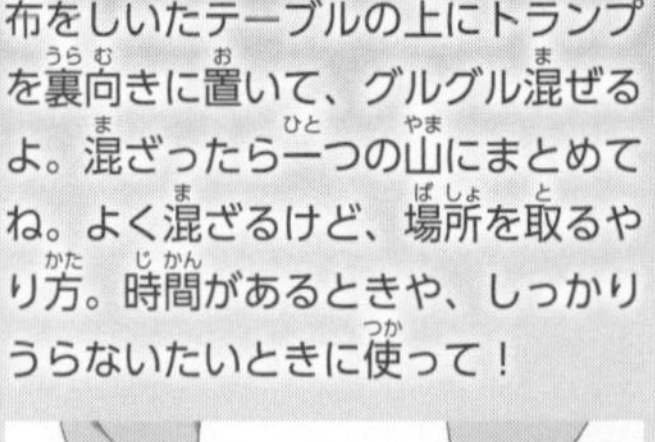

カードの意味《いみ》とパワー

スートと呼《よ》ばれる「ハート」「ダイヤ」「スペード」「クラブ」の４種類《しゅるい》が、それぞれ13枚《まい》あるよ。スートがもつ意味《いみ》は左《ひだり》を参考《さんこう》にしてね。

スートがもつ意味《いみ》

ハート
恋愛運《れんあいうん》

ダイヤ
金運《きんうん》

スペード
勉強運《べんきょううん》

クラブ
友情運《ゆうじょううん》

ジョーカー

強《つよ》いパワーがある特別《とくべつ》なカード

ジョーカーは、後《あと》からトランプに加《くわ》えられた特別《とくべつ》なカード！　いちばん強《つよ》いパワーをもっているよ。うらないの内容《ないよう》によって役割《やくわり》が変《か》わって、とっても自由《じゆう》。「ババ」と呼《よ》ばれることもあって、ババぬきが有名《ゆうめい》だね。

カードのパワー

数字《すうじ》が大《おお》きいほどパワーあり！

トランプは四《よっ》つのスートにジョーカーが加《くわ》わった53枚《まい》のセット。それぞれのカードがパワーをもっていて、いちばん強《つよ》いのがジョーカー！　その次《つぎ》はA《エース》、スートのなかでは最強《さいきょう》だよ。K《キング》、Q《クイーン》、J《ジャック》、10、９……４、３、２と、数字《すうじ》が小《ちい》さくなるほど弱《よわ》くなるの。

豆知識《まめちしき》

A《エー》はエースと読《よ》み、数字《すうじ》の1を表《あらわ》すよ。J《ジェー》はジャックで11、Q《キュー》はクイーンで12、K《ケー》はキングで13を表《あらわ》すわ。ジャックは昔《むかし》の英雄《えいゆう》や王様《おおさま》のめし使《つか》いなの。

その日《ひ》の運勢《うんせい》がまるわかり！

今日《きょう》のトータル運《うん》とラッキータイムは？

好《す》きなカレに思《おも》い切《き》って話《はな》しかけたいけど
いつ声《こえ》をかければ楽《たの》しく話《はな》せるんだろう？
1日《にち》のラッキータイムが知《し》りたいな……。

使《つか》うカード　ジョーカーをぬいた52枚《まい》。すぐうらなえるように、ジョーカーはいちばん上《うえ》や下《した》に置《お》くといいよ。

うらない方《かた》

混《ま》ぜたカードを一《ひと》つの山《やま》にまとめて、山《やま》のいちばん上《うえ》のカードから、左《ひだり》のイラストのように時計回《とけいまわ》りに9時《じ》のところからぐるっと丸《まる》く並《なら》べていくよ。8時《じ》のところまで置《お》いたら、続《つづ》く13枚《まい》目《め》のカードを輪《わ》の真《ま》ん中《なか》に置《お》いてね。

結果《けっか》

今日《きょう》のトータル運《うん》

真《ま》ん中《なか》のカードが「今日《きょう》のトータル運《うん》」だよ。A《エース》やK《キング》の強《つよ》いカードが出《で》るほどいい1日《にち》に！　195ページの「スートがもつ意味《いみ》」で、今日《きょう》はどの運《うん》がいいのか調《しら》べてね。

ラッキータイム

自分《じぶん》が知《し》りたい運勢《うんせい》のスートが出《で》ている時間帯《じかんたい》をチェック！　そのなかで、A《エース》、K《キング》、Q《クイーン》、J《ジャック》が出《で》ている時間《じかん》がラッキータイム！　逆《ぎゃく》に2や3の小《ちい》さい数《すう》字《じ》が出《で》た時間《じかん》はひかえめに過《す》ごすと◎。

カードの並《なら》べ方《かた》

今日《きょう》のラッキータイム

一番《いちばん》のラッキータイムは夕方《ゆうがた》6時《じ》！　カレからメールや電話《でんわ》が来《く》るかも？　12時《じ》も恋愛運好調《れんあいうんこうちょう》。お昼休《ひるやす》みに声《こえ》をかけちゃおう♡

どの運勢《うんせい》だってうらなえちゃう！

今日《きょう》の○○運《うん》は？

その日《ひ》の恋愛運《れんあいうん》、友情運《ゆうじょううん》、勉強運《べんきょううん》がどうか1枚《まい》のカードで簡単《かんたん》にわかるのよ。私《わたし》も学校《がっこう》へ行《い》く前《まえ》にうらなっているの。

使《つか》うカード うらないたい運勢《うんせい》のスートのカード13枚《まい》＋ジョーカーの合計《ごうけい》14枚《まい》。恋愛運《れんあいうん》なら♥《ハート》、勉強運《べんきょううん》なら♠《スペード》を選《えら》んで。

うらない方《かた》

1 用意《ようい》したカード14枚《まい》をテーブルの上《うえ》でシャッフルするか、その日《ひ》の日《ひ》にちの回数《かいすう》だけカットして。シャッフルした場合《ばあい》は、カードを裏向《うらむ》きにしたまま、一《ひと》つの山《やま》にまとめるよ。

2 山《やま》のいちばん上《うえ》のカードが、気《き》になる今日《きょう》の運勢《うんせい》！どのカードなのか表《おもて》に返《かえ》して見《み》てみよう。そのカードが、その日《ひ》の○○運《うん》を示《しめ》しているよ。結果《けっか》は199～201ページを見《み》てね。前日《ぜんじつ》の夜《よる》にうらなってもOK《オーケー》だよ！

結果《けっか》 今日《きょう》の恋愛運《れんあいうん》

♥《ハート》とジョーカーを使《つか》って、198ページの方法《ほうほう》でうらなった恋愛運《れんあいうん》の結果《けっか》だよ！　今日《きょう》はときめく出来事《できごと》があるかな？

ジョーカー・A《エース》が出《で》た場合《ばあい》

うっとりするような絶好調《ぜっこうちょう》の恋愛運《れんあいうん》

好《す》きなカレと2人《り》っきりになれたり、カレのやさしさにうっとりしたり……。好《す》きな人《ひと》がいない場合《ばあい》は、未来《みらい》の恋人《こいびと》に出会《であ》えるかも！　とつぜん告白《こくはく》されてドキドキ♡なんて場面《ばめん》も。

K《キング》・Q《クイーン》・J《ジャック》が出《で》た場合《ばあい》

うれしい出来事《できごと》が多《おお》い、よい恋愛運《れんあいうん》

とてもよい恋愛運《れんあいうん》。好《す》きなカレからうれしい連絡《れんらく》が来《き》たり、楽《たの》しくお話《はな》しできたりしそう。好《す》きな人《ひと》がいない場合《ばあい》は、意外《いがい》な男《おとこ》の子《こ》に親切《しんせつ》にされるかも。好《この》みの男《おとこ》の子《こ》を発見《はっけん》の予感《よかん》!?

10・9・8・7・6が出《で》た場合《ばあい》

おだやかで、まあまあな恋愛運《れんあいうん》

ふつうの恋愛運《れんあいうん》。好《す》きなカレと話《はな》せなくても、元気《げんき》な姿《すがた》にいやされたり、応《おう》援《えん》したくなったりしそう。好《す》きな人《ひと》がいない場合《ばあい》は、周《まわ》りの男《おとこ》の子《こ》とワイワイ楽《たの》しく過《す》ごせるよ！

5・4・3・2が出《で》た場合《ばあい》

うまくいかない少《すこ》し重《おも》い恋愛運《れんあいうん》

残念《ざんねん》ながらパッとしない恋愛運《れんあいうん》。好《す》きなカレときんちょうしてうまく話《はな》せなかったり、周《まわ》りの男《おとこ》の子《こ》とケンカしてしまうかも。恋愛《れんあい》のことは考《かんが》えないで、友《とも》だちと楽《たの》しく過《す》ごしてね。

結果《けっか》 今日《きょう》の友情運《ゆうじょううん》

♣《クラブ》とジョーカーを使《つか》って 198 ページの方法《ほうほう》でうらなった友情運《ゆうじょううん》の結果《けっか》だよ！　今日《きょう》はワイワイ過《す》ごせるかな？

ジョーカー・A《エース》が出《で》た場合《ばあい》

感動《かんどう》の出来事《できごと》があるハッピーデイ！

幸《しあわ》せいっぱいな友情運《ゆうじょううん》！　「仲《なか》よくしたいな」とあこがれていたクラスメイトとおしゃべりできたり、友《とも》だちの友情《ゆうじょう》の深《ふか》さにジーンと感動《かんどう》したりしそう。みんなで遊《あそ》びの計画《けいかく》を立《た》てても盛《も》り上《あ》がりそう！

K《キング》・Q《クイーン》・J《ジャック》が出《で》た場合《ばあい》

うれしい出来事《できごと》がある、よい友情運《ゆうじょううん》

ケンカしたクラスメイトと仲直《なかなお》りできたり、なつかしい友《とも》だちから手紙《てがみ》が届《とど》いたり、うれしい出来事《できごと》があるよ。楽《たの》しいおしゃべりもたくさんできて、友《ゆう》情《じょう》のありがたさを感《かん》じられる日《ひ》。

10・9・8・7・6が出《で》た場合《ばあい》

変化《へんか》の少《すく》ないおだやかな友情運《ゆうじょううん》

まぁまぁの友情運《ゆうじょううん》。友《とも》だちとのたわいないおしゃべりで、落《お》ち着《つ》いた時間《じかん》が過《す》ぎていくよ。話《はな》し過《す》ぎないで聞《き》き役《やく》になるといいね。ワクワク感《かん》はないので少《すこ》し退屈《たいくつ》な日《ひ》かも？

5・4・3・2が出《で》た場合《ばあい》

目立《めだ》たないように過《す》ごすといい日《ひ》

友情運《ゆうじょううん》はイマイチ。会《あ》いたい友《とも》だちと会《あ》えずにさみしい思《おも》いをしたり、ケンカになったりしそう。学校《がっこう》ではあまり目立《めだ》たないほうがいいみたい。早《はや》めに帰《かえ》って自分《じぶん》の時間《じかん》を大切《たいせつ》にしてね。

結果《けっか》 今日《きょう》の勉強運《べんきょううん》

♠《スペード》とジョーカーを使《つか》って198ページの方法《ほうほう》でうらなった勉強運《べんきょううん》の結果《けっか》だよ！　今日《きょう》は苦手《にがて》な科目《かもく》もがんばれそう？

ジョーカー・A《エース》が出《で》た場合《ばあい》

難《むずか》しい授業《じゅぎょう》もわかる最強《さいきょう》な1日《にち》

最高《さいこう》の勉強運《べんきょううん》！　テストで満点《まんてん》を取《と》ったり、授業中《じゅぎょうちゅう》難《むずか》しい質問《しつもん》に答《こた》えられたりと、幸《しあわ》せを感《かん》じる出来事《できごと》がありそう。頭《あたま》がさえているので、苦手《にがて》な科目《かもく》の勉強《べんきょう》に力《ちから》を入《い》れてみて！

K《キング》・Q《クイーン》・J《ジャック》が出《で》た場合《ばあい》

前向《まえむ》きで勉強《べんきょう》がスイスイ進《すす》む好調運《こうちょううん》

かなり幸運《こううん》な勉強運《べんきょううん》。好《す》きな授業《じゅぎょう》が多《おお》かったり、テストで予想以上《よそういじょう》の点《てん》が取《と》れたり、うれしいことがいっぱい！　授業中《じゅぎょうちゅう》にどんどん手《て》をあげて発言《はつげん》すれば、先生《せんせい》も「おっ！」と思《おも》ってくれるはず。

10・9・8・7・6が出《で》た場合《ばあい》

マイペースで進《すす》められるよい勉強運《べんきょううん》

先生《せんせい》の教《おし》え方《かた》がわかりやすくてよく理解《りかい》できたり、テストではまぁまぁの点《てん》が取《と》れそう。先生《せんせい》にさされても答《こた》えられるはず。マジメにコツコツ取《と》り組《く》んでね！

5・4・3・2が出《で》た場合《ばあい》

ちょっとガッカリする低《ひく》めの勉強運《べんきょううん》

困《こま》ったことに、さえない勉強運《べんきょううん》。テストの点《てん》が予想《よそう》より悪《わる》かったり、先生《せんせい》にさされて答《こた》えられなかったりするかも。わからないところはそのままにしないで質問《しつもん》しよう。忘《わす》れ物《もの》にも注意《ちゅうい》。

少《すこ》し先《さき》のことが知《し》りたい！

1か月中《げっちゅう》のラッキーデイは？

みんなで遊《あそ》びに行《い》きたいな……この日《ひ》がいい！
って先《さき》にわかれば予定《よてい》が立《た》てられるんだけど。

使《つか》うカード カードは全部《ぜんぶ》で31枚《まい》（もしくは30枚《まい》）。そのなかにジョーカーとスートの「A《エース》」4枚《まい》はかならず入《い》れてね。

うらない方《かた》

1 毎月《まいつき》の頭《あたま》や月末《げつまつ》にうらなってね。うらなう月《つき》が2、4、6、9、11月《がつ》なら30枚《まい》、1、3、5、7、8、10、12月《がつ》なら31枚《まい》のカードを用意《ようい》して。カレンダーのように、左上《ひだりうえ》から右《みぎ》に向《む》かって7枚《まい》ずつ、裏向《うらむ》きに並《なら》べていって。

2 左上《ひだりうえ》から1日《ついたち》の運《うん》、右《みぎ》に向《む》かって2日《か》、3日《か》……と続《つづ》けてカードを表《おもて》に向《む》けていくよ。ジョーカーが出《で》た日《ひ》は、何《なに》が起《お》こるかわからないワクワク・スペシャルデイ！　A《エース》が出《で》た日《ひ》が、そのスートの運《うん》が示《しめ》すラッキーデイだよ。

カードの並《なら》べ方《かた》

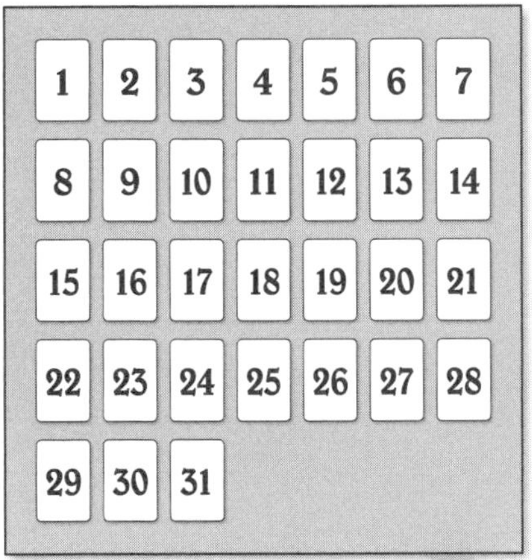

結果《けっか》

ジョーカーが出《で》た日《ひ》が、一番《いちばん》のスペシャルデイ！　♥《ハート》は恋《れん》愛運《あいうん》、◆《ダイヤ》は金運《きんうん》、♠《スペード》は勉強運《べんきょううん》、♣《クラブ》は友情運《ゆうじょううん》。それぞれのA《エース》が出《で》た日《ひ》が、その運勢《うんせい》のラッキーデイだよ。

どうしても気《き》になっちゃう！

私《わたし》の願《ねが》い事《ごと》はかなう？

運動会《うんどうかい》で全種目一番《ぜんしゅもくいちばん》！ってひそかな
夢《ゆめ》があるんだけど、かなうかな？
このまま進《すす》むとどうなるか、うらないたい！

使《つか》うカード うらないたい運勢《うんせい》のスートのカード「Q《クイーン》」と「K《キング》」、それ以外《いがい》の３枚《まい》のカードの全部《ぜんぶ》で５枚《まい》。

うらない方《かた》

５枚《まい》のカードを選《えら》んだら、裏向《うらむ》きにして念《ねん》じながら混《ま》ぜるよ。そして右《みぎ》から左《ひだり》へと、表《おもて》にひっくり返《かえ》しながら一列《いちれつ》に並《なら》べていこう。出《で》たカードのQ《クイーン》とK《キング》が、どれだけはなれているかで結果《けっか》が決《き》まるよ。

結果《けっか》

夫婦《ふうふ》のQ《クイーン》とK《キング》がくっついているほど、2人《り》は幸《しあわ》せいっぱい！　願《ねが》い事《ごと》がかなうよ。間《あいだ》にたくさんカードが入《はい》ってはなれるほど、さみしい結果《けっか》に……。でも努力《どりょく》したり、やり方《かた》を変《か》えたりすれば、未来《みらい》は変《か》えられるはず！

Q《クイーン》とK《キング》が並《なら》んでいる場合《ばあい》

♣3　♣2　♣K　♣Q　♣A

願《ねが》いがかなう確率《かくりつ》
90〜100%《パーセント》

Q《クイーン》とK《キング》の間《あいだ》に1枚《まい》カードが入《はい》ってる場合《ばあい》

♣A　♣K　♣3　♣Q　♣2

願《ねが》いがかなう確率《かくりつ》
60〜80%《パーセント》

Q《クイーン》とK《キング》の間《あいだ》に2枚《まい》カードが入《はい》ってる場合《ばあい》

♣3　♣K　♣2　♣A　♣Q

願《ねが》いがかなう確率《かくりつ》
30〜50%《パーセント》

Q《クイーン》とK《キング》の間《あいだ》に3枚《まい》カードが入《はい》ってる場合《ばあい》

♣K　♣3　♣A　♣2　♣Q

願《ねが》いがかなう確率《かくりつ》
10〜20%《パーセント》

いつがベストタイミングかわかる！

1週《しゅう》間《かん》で新《あたら》しいことを始《はじ》めるなら？

スタイルをよくするためにウォーキングを始《はじ》めたいのですが、どのタイミングで始《はじ》めればうまくいくのでしょうか？

使《つか》うカード 情熱的《じょうねつてき》で、スタートするパワーをもつ♣《クラブ》13枚《まい》＋ジョーカー。全部《ぜんぶ》で14枚《まい》。

うらない方《かた》

1 週末《しゅうまつ》にうらなうと◎。14枚《まい》のカードを混《ま》ぜて一《ひと》つにまとめて。いちばん上《うえ》のカードを左《ひだり》から横一列《よこいちれつ》に並《なら》べるよ。月曜日《げつようび》、続《つづ》けて火曜日《かようび》……日曜日《にちようび》まで、7枚《まい》ずらっと並《なら》べてね。

2 次《つぎ》に並《なら》べたカードと重《かさ》なるようにして、2列《れつ》めを並《なら》べるよ。1列《れつ》めと同《おな》じように、左《ひだり》から右《みぎ》へと7枚並《まいなら》べていってね。ジョーカーと♣《クラブ》の2が何曜日《なんようび》に出《で》ているか確認《かくにん》しよう。

カードの並《なら》べ方《かた》

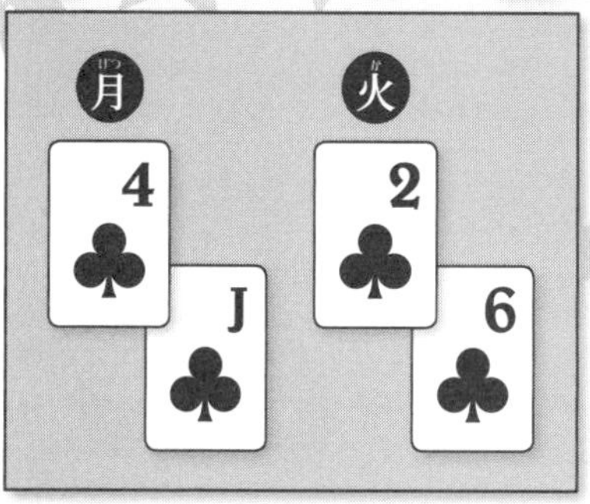

結果《けっか》

ジョーカーが出《で》た曜日《ようび》が、新《あたら》しいことにチャレンジしたいラッキーデイ！　左《ひだり》のイラストのように、いちばん弱《よわ》い♣《クラブ》の２が出《で》た曜日《ようび》が、動《うご》かないほうがいいアンラッキーデイになるよ。

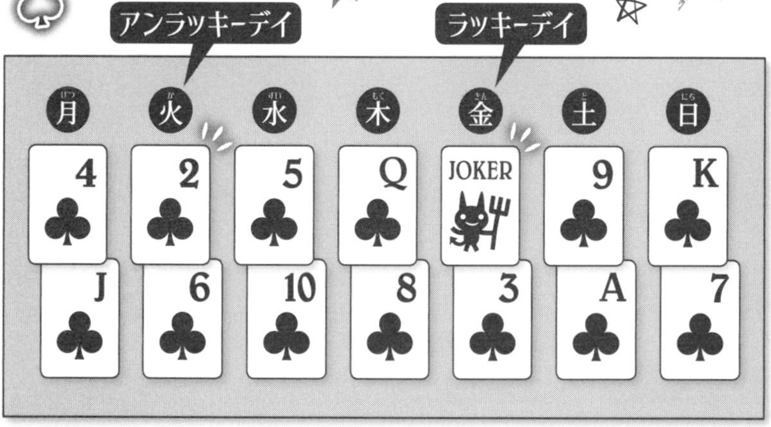

ジョーカーが金曜日《きんようび》に！　このラッキーデイに始《はじ》めたら、うまくいきそうですね。2が出《で》た火曜日《かようび》はさけて、まずは1日《にち》20分《ぶん》から始《はじ》めてみます。

恋《こい》にスポーツに勉強《べんきょう》に……

ライバルに勝《か》てる？

ライバルに勝《か》てるかどうかが知《し》りたい！
今度《こんど》のダンスの発表会《はっぴょうかい》であの子《こ》より
いい賞《しょう》をもらえるかな～？

使《つか》うカード ジョーカーをぬいた52枚《まい》。

うらない方《かた》

カードを混《ま》ぜて、一《ひと》つにまとめて。そして裏向《うらむ》きのまま、カードの山《やま》のいちばん上《うえ》のカードを右側《みぎがわ》に、次《つぎ》のカードを左側《ひだりがわ》に置《お》いて。そして両手《りょうて》で一気《いっき》に表《おもて》にめくってみよう。右《みぎ》があなたで、左《ひだり》がライバルを示《しめ》すよ。

結果《けっか》

2人《り》を比《くら》べる

どんなカードが出《で》たかな？　スートの種類《しゅるい》より数字《すうじ》が大事《だいじ》。あなたとライバルのどちらがパワーの強《つよ》いカードかをチェックして。例《たと》えばA《エース》とK《キング》なら、A《エース》のほうが強《つよ》いということだよ。

どっちが勝《か》てる？

カードのパワーが強《つよ》いほうが、ライバル争《あらそ》いに勝《か》てる確率《かくりつ》が高《たか》いよ。同《おな》じ数字《すうじ》なら、同《おな》じくらいの力《ちから》でいい勝負《しょうぶ》！ってことだね。がんばりしだいで結果《けっか》は変《か》わるから、あくまでも参考《さんこう》にね。

ハピかわうらない
その8

あなたの短所《たんしょ》と、その対策《たいさく》がわかる！

悪《あく》魔《ま》うらない

だれの心《こころ》にもイヤなところがあるもの……
あなたの心《こころ》に住《す》むのは、どんな悪《あく》魔《ま》かな？
月《つき》干《え》支《と》を基《もと》にしたこのうらないで、
悪《あく》魔《ま》の性格《せいかく》を知《し》ってうまく付《つ》き合《あ》おう！

あっ
しずなちゃんどこ行《い》ってたの？
図書室《としょしつ》へ行《い》っていました
どよ…
とてもおもしろそうな本《ほん》を見《み》つけて
悪魔《あくま》うらない!?
ゾ〜〜〜
なんかこわそーっ
しずなって…ちょっと変《か》わってるわよね…
ふふふ

さっそく読《よ》んでみます
カタン…
ひょこり
ひょこり
のろいの本《ほん》…じゃなくてうらないの本《ほん》なの？
そのようです
何《なに》がうらなえるんだろう？
簡単《かんたん》に言《い》うと自分《じぶん》の欠点《けってん》でしょうか
欠点《けってん》…

私《わたし》…思《おも》ったこと何《なん》でも言《い》っちゃうからさ
そんなつもりなくても相手《あいて》がイヤな気持《きも》ちになっちゃうみたいで…
そこが欠点《けってん》だなって思《おも》う
なかなか直《なお》らないけど…
明《あかり》ちゃんはそれがいいところでもあるし
そうやって自覚《じかく》があればだいじょうぶ
それこそ、悪魔《あくま》が私《わたし》たちの心《こころ》に住《す》みついて悪《わる》さをしているのかもしれません
ひええ〜っ

悪魔《あくま》うらない早見表《はやみひょう》

- ★リリス▶214ページ　12月《がつ》8日《か》〜1月《がつ》5日《か》
- ★ハーピー▶216ページ　1月《がつ》6日《か》〜2月《がつ》3日《か》
- ★ケットシー▶218ページ　2月《がつ》4日《か》〜3月《がつ》5日《か》
- ★ピクシー▶220ページ　3月《がつ》6日《か》〜4月《がつ》4日《か》
- ★ドライアド▶222ページ　4月《がつ》5日《か》〜5月《がつ》5日《か》
- ★メドゥーサ▶224ページ　5月《がつ》6日《か》〜6月《がつ》5日《か》
- ★九《きゅう》尾《び》の狐《きつね》▶226ページ　6月《がつ》6日《か》〜7月《がつ》7日《か》
- ★座敷《ざしき》わらし▶228ページ　7月《がつ》8日《か》〜8月《がつ》7日《か》
- ★インプ▶230ページ　8月《がつ》8日《か》〜9月《がつ》7日《か》
- ★ジン▶232ページ　9月《がつ》8日《か》〜10月《がつ》8日《か》
- ★スキュラ▶234ページ　10月《がつ》9日《か》〜11月《がつ》8日《か》
- ★雪女《ゆきおんな》▶236ページ　11月《がつ》9日《か》〜12月《がつ》7日《か》

12/8～1/5生《う》まれにすむ悪魔《あくま》

リリス

私《わたし》は苦《くる》しんだのよ
だれかが幸《しあわ》せなのは
許《ゆる》せないわ！

聖書《せいしょ》に出《で》てくるアダムの最初《さいしょ》のおくさんだった

エデンの園《その》で暮《く》らしていたアダムの最初《さいしょ》のおくさん。でもエデンの園《その》をはなれ、イブにおくさんの座《ざ》を取《と》られたんだ。

アダムへのうらみが男性《だんせい》へのうらみに

つらい思《おも》いをしたから、男性《だんせい》をうらんでいて、結婚《けっこん》するのをじゃましたり、男《おとこ》の赤《あか》ちゃんをさらったりするよ。

悪魔《あくま》の子《こ》どもをたくさん産《う》んだ母《はは》

アダムからはなれたことで、神《かみ》の罰《ばつ》として下半身《かはんしん》がヘビになったよ。悪《あく》魔《ま》との間《あいだ》に多《おお》くの子《こ》どもを産《う》んだんだ。

DATA《データ》

おせっかい度	●●○
ツンデレ度《ど》	●●●
ネガティブ度《ど》	●●●

こんな悪《わる》いことしちゃってない!?

悪《わる》いこと

友《とも》だちが好《す》きな子《こ》を取《と》りたくなっちゃう

アダムをイブに取《と》られたので、恋《こい》にコンプレックスがあるよ。心《こころ》のおくで「友《とも》だちも同《おな》じ目《め》にあわせたい」と思《おも》っているから、友《とも》だちと同《おな》じ男《おとこ》の子《こ》を好《す》きになっちゃうみたい。偶然《ぐうぜん》じゃなくて、取《と》りたくなっちゃうから困《こま》りもの！

なだめ方《かた》 1

リンゴで心《こころ》を落《お》ち着《つ》けて

エデンの園《その》に実《みの》っていた、リンゴを使《つか》って。友《とも》だちが好《す》きな男《おとこ》の子《こ》が気《き》になったら、生《なま》のリンゴやアップルパイを食《た》べよう。心《こころ》が落《お》ち着《つ》くよ。

なだめ方《かた》 2

カッコいいアイドルに注目《ちゅうもく》

すごくカッコいい！と思《おも》う男性《だんせい》アイドルを探《さが》してファンになろう。そうすれば、友《とも》だちが好《す》きな男《おとこ》の子《こ》のことがぜんぜん気《き》にならなくなるはず。

悪《わる》いこと

友《とも》だちの失敗《しっぱい》を責《せ》めて苦《くる》しめようとしちゃう！

いじわるな気分《きぶん》のときのあなたは、友《とも》だちを苦《くる》しめることで、ストレスを解消《かいしょう》しようとしがち。ネチネチと友《とも》だちの失敗《しっぱい》を責《せ》め続《つづ》けて、イヤな思《おも》いをさせようとしてない？　友《とも》だちの悲《かな》しそうな顔《かお》を見《み》て、得意《とくい》な気分《きぶん》になるのかも。

なだめ方《かた》 1

リリスが好《この》むマークをかく

友《とも》だちを苦《くる》しめたくなったら、紙切《かみき》れやノートに「矢《や》がささったハート」の絵《え》をかいて。リリスの心《こころ》をリラックスさせる魔法《まほう》のマークだよ。

なだめ方《かた》 2

悲《かな》しい物語《ものがたり》にふれて

「フランダースの犬《いぬ》」みたいに、つらい思《おも》いをした子《こ》どもが出《で》てくるアニメを見《み》たり、本《ほん》を読《よ》んだりしてみよう。やさしい心《こころ》が育《そだ》っていくよ。

1/6～2/3 生《う》まれにすむ悪魔《あくま》

ハーピー

もっとたくさんの
食《た》べ物《もの》がほしい！
まだ足《た》りないわ

地獄《じごく》に悪人《あくにん》を運《はこ》び苦《くる》しめる役割《やくわり》も

地獄《じごく》にすんでいて、悪《わる》い人《ひと》が死《し》んだら地獄《じごく》に運《はこ》ぶ役割《やくわり》ももっているよ。そしてその人《ひと》を苦《くる》しめるんだ。

ギリシア神話《しんわ》には三姉妹《さんしまい》として登場《とうじょう》

神話《しんわ》では姉妹《しまい》３人《にん》合《あ》わせてハーピーと呼《よ》ぶよ。長女《ちょうじょ》がアエロー、次女《じじょ》がオキュペテー、三女《さんじょ》がケライノーだね。

不思議《ふしぎ》な声《こえ》を上《あ》げて現《あらわ》れ人《ひと》の食《た》べ物《もの》をうばう

かん高《だか》い声《こえ》を上《あ》げて、強《つよ》い風《かぜ》とともに現《あらわ》れる悪魔《あくま》。おなかをすかせているので、人《ひと》の食《た》べ物《もの》をうばい去《さ》るよ。

DATA《データ》

おせっかい度《ど》	●○○
ツンデレ度《ど》	●●○
ネガティブ度《ど》	●●○

こんな悪《わる》いことしちゃってない!?

悪《わる》いこと 何《なん》でも自分《じぶん》だけ多《おお》めに取《と》ろうとしちゃう

ちょっと欲《よく》ばりなあなたは、何《なん》でも「もっとほしい」と思《おも》うタイプ。友《とも》だちとおかしを分《わ》けるときや、家族《かぞく》でケーキを切《き》るときに、「私《わたし》だけ多《おお》くして」と思《おも》うのでは？　だから空気《くうき》がギスギスして、ケンカになりやすいみたい。

なだめ方《かた》1

ハーピーに似《に》た鳥《とり》グッズを

ハーピーをなぐさめるために、鳥《とり》モチーフの小物《こもの》を使《つか》うと◎。とくに鳥《とり》のマスコットをかばんにつけると、欲《よく》ばりな気《き》もちが収《おさ》まるよ。

なだめ方《かた》2

おかし作《づく》りにチャレンジ！

おかし作《づく》りを楽《たの》しんでみよう！　自分《じぶん》で作《つく》ったおかしを、家族《かぞく》や友《とも》だちが喜《よろこ》んで食《た》べる姿《すがた》を見《み》れば、自分《じぶん》だけ得《とく》をしようとは思《おも》わなくなるはず。

悪《わる》いこと 拾《ひろ》ったものやお金《かね》を自分《じぶん》のものにしちゃう

道《みち》で拾《ひろ》ったものやお金《かね》は、交番《こうばん》に届《とど》けなければいけないのに、「ラッキー！　もらっちゃえ」と思《おも》って、ポケットにしまってない？　落《お》とした人《ひと》が困《こま》っていることまで気《き》が回《まわ》らないのかも。神様《かみさま》もそんなあなたの行《おこな》いを見《み》ているよ。

なだめ方《かた》1

欲《よく》を風《かぜ》に流《なが》してしまおう

いつも風《かぜ》といっしょのハーピー。風《かぜ》が強《つよ》い日《ひ》に外《そと》に出《で》て、「気高《けだか》いハーピー、私《わたし》の欲《よく》を流《なが》したまえ」と小声《こごえ》で唱《とな》えて。その言葉《ことば》はきっとハーピーに届《とど》くよ。

なだめ方《かた》2

募金《ぼきん》をするクセをつける

1円《えん》でもいいので、コンビニなどで募金箱《ぼきんばこ》を見《み》つけたら、入《い》れるクセをつけてみよう。「あたえることって楽《たの》しい！」とわかればしめたもの！

2/4～3/5生《う》まれにすむ悪魔《あくま》

ケットシー

ふだんはふつうのネコ
ひっそりと2本足《ほんあし》で歩《ある》く

ふだんはふつうのネコとして暮《く》らしているよ。でも人《ひと》がいなくなると、立《た》ち上《あ》がって2本足《ほんあし》で静《しず》かに歩《ある》くんだ。

2か国語以上《こくごいじょう》を話《はな》せる
ケットシーもいる

とても頭《あたま》がよくて、人《にん》間《けん》の言葉《ことば》を話《はな》すことができるよ。英語《えいご》など2か国語以上《こくごいじょう》の言葉《ことば》を話《はな》せることもあるみたい。

するどいサーベルで
人間《にんげん》をやっつけるよ

サーベルという、するどく長《なが》いけんをもっているよ。ネコをいじめる人間《にんげん》などを、やっつけるときに使《つか》うんだ。

DATA《データ》

おせっかい度《ど》	●●●
ツンデレ度《ど》	●○○
ネガティブ度《ど》	●○○

こんな悪《わる》いことしちゃってない!?

悪《わる》いこと

悪《わる》いことをする子《こ》へのいかりが爆発《ばくはつ》しちゃう!

正義感《せいぎかん》が強《つよ》いケットシーのように、ウソをついたりカンニングしたりしている子《こ》を発見《はっけん》すると、いかりが爆発《バクハツ》！　強《つよ》くおこったり、先生《せんせい》に言《い》いつけたりするかも。確《たし》かに正《ただ》しいことだけど、やり過《す》ぎると友《とも》だちを傷《きず》つけちゃうよ。

なだめ方《かた》 1

足《あし》ぶみをしてほほ笑《え》もう

友《とも》だちにムッとしたら、まずはトントンと足《あし》ぶみをして。そしてその友《とも》だちに、ニッコリほほ笑《え》もう。すると、許《ゆる》せる気《き》もちがわいてくるよ。

なだめ方《かた》 2

髪《かみ》に赤《あか》色《いろ》のワンポイントを

ケットシーが好《す》きな赤色《あかいろ》の、ヘアアクセを使《つか》おう！　ヘアゴムやヘアピンが◎。そうするといかりが出《で》なくなって、友《とも》だちへの理解《りかい》が深《ふか》まるよ。

悪《わる》いこと

みんなでいるのに自分《じぶん》の話《はなし》が止《と》まらない

おしゃべり好《ず》きで、自分《じぶん》のことを話《はな》しだしたら止《と》まらなくなるあなた。自分《じぶん》は楽《たの》しくても、みんなは「またか……」とうんざりしているかも。もっと自分《じぶん》の話《はなし》をしたいと思《おも》っている友《とも》だちが、ほかにもいるはずだよ。

なだめ方《かた》 1

ネコの写真《しゃしん》で心《こころ》をいやして

夜《よる》ねる前《まえ》や友《とも》だちと話《はな》す前《まえ》に、かわいいネコの写真《しゃしん》を見《み》つめよう。心《こころ》がやさしくいやされて、みんなの前《まえ》でしゃべり過《す》ぎることがなくなるはず。

なだめ方《かた》 2

日記《にっき》に出来事《できごと》や感情《かんじょう》を書《か》く

ひまな時間《じかん》に、日記《にっき》を書《か》くクセをつけてみよう。毎日《まいにち》じゃなくて、気《き》が向《む》いたときでいいよ。それだけで、人《ひと》の話《はなし》を聞《き》くよゆうが生《う》まれそう。

3/6〜4/4 生《う》まれにすむ悪魔《あくま》

ピクシー

頭《あたま》に四《よ》つ葉《ば》をのせると姿《すがた》を見《み》ることができる

体《からだ》はとうめいなので人間《にんげん》には見《み》えないけど、自分《じぶん》の頭《あたま》に四《よ》つ葉《ば》のクローバーをのせると、見《み》られるようになるよ。

体《からだ》をつねったり物音《ものおと》でおどろかせる

いたずら好《ず》きで、なまけている人間《にんげん》の体《からだ》をつねったり、大《おお》きな音《おと》をたてたりして、おどろかせることがあるよ。

困《こま》っている人《ひと》を助《たす》ける親切《しんせつ》な面《めん》も

生活《せいかつ》に困《こま》っている人《ひと》を助《たす》けたり、自分《じぶん》にやさしい人《ひと》には親切《しんせつ》にしたりと、気《き》まぐれでよいことをする場合《ばあい》も。

DATA《データ》

おせっかい度《ど》	●●●
ツンデレ度《ど》	●○○
ネガティブ度《ど》	●●○

こんな悪《わる》いことしちゃってない!?

悪《わる》いこと　悪口《わるくち》を言《い》うことやウワサ話《ばなし》が大好《だいす》き！

気《き》づかれずに悪《わる》さをするピクシーのように、本人《ほんにん》がいないところで悪口《わるくち》やウワサ話《ばなし》を流《なが》してない？　みんなのおどろく顔《かお》が、おもしろいのかもしれないね。でも言《い》ったことが本人《ほんにん》に伝《つた》わって、あなたの信用《しんよう》をなくしちゃうかも！

なだめ方《かた》 1

四《よ》つ葉《ば》のクローバーを使《つか》って

悪口《わるくち》を言《い》ってしまったら、四葉《よつば》のクローバーのおし花《ばな》か絵《え》を、自分《じぶん》の頭《あたま》の上《うえ》にのせて。そして心《こころ》のなかで、「ごめんなさい」と唱《とな》えよう。

なだめ方《かた》 2

友《とも》だちのことをほめよう

悪口《わるくち》はガマンして、ふだんから友《とも》だちのよいところを探《さが》してみよう。「かわいいスカートだね」とか、1日《にち》に1回《かい》はだれかをほめるといいね。

悪《わる》いこと　平気《へいき》でウソをついて友《とも》だちを困《こま》らせる

もともとおしゃべり好《ず》きなあなた。調子《ちょうし》に乗《の》ると、「宿題《しゅくだい》がなくなったよ！」みたいなウソをついて、友《とも》だちをだますことがあるかも。友《とも》だちが困《こま》る様子《ようす》を見《み》ると、ワクワクするみたい。みんなをおこらせないように注意《ちゅうい》して。

なだめ方《かた》 1

シュークリームをささげて

クリームが大好《だいす》きなピクシーのために、たまにシュークリームを食《た》べよう。食《た》べる前《まえ》に、ピクシーにウソをつかないようにお願《ねが》いするといいよ。

なだめ方《かた》 2

前《まえ》についたウソをあやまる

過去《かこ》にウソをついたなら、何《なに》か一《ひと》つでもいいから、今《いま》からでもちゃんとあやまろう。心《こころ》がスッキリして、もうウソはこりごりと思《おも》うはず。

4/5 ～5/5生《う》まれにすむ悪魔《あくま》

ドライアド

だれかを困《こま》らせて
めいわくがられても
自分《じぶん》のことが優先《ゆうせん》！

自分《じぶん》が宿《やど》っている木《き》と運命《うんめい》をともにする

木《き》のなかに住《す》んでいて、その木《き》がかれたり切《き》られたりすると、死《し》んでしまうよ。木《き》からはなれては生《い》きられないんだ。

木《き》を傷《きず》つける人間《にんげん》に罰《ばつ》をあたえる

自分《じぶん》の命《いのち》である植物《しょくぶつ》を、大事《だいじ》に思《おも》っているよ。だから木《き》や草《くさ》を傷《きず》つける人間《にんげん》を許《ゆる》せずに、こらしめるんだ。

木《き》のなかと外《そと》では時間《じかん》の流《なが》れがちがう

木《き》のなかに引《ひ》きずりこまれた人《ひと》が1日《にち》たって外《そと》に出《で》ると、何十年《なんじゅうねん》、何百年《なんびゃくねん》もの時間《じかん》が過《す》ぎているときがあるよ。

DATA《データ》

おせっかい度《ど》	●○○
ツンデレ度《ど》	●●○
ネガティブ度《ど》	●●●

こんな悪《わる》いことしちゃってない!?

悪《わる》いこと　アバウトな態度《たいど》で平気《へいき》でめいわくをかける

人《ひと》にめいわくをかけても気《き》にしないドライアドのように、アバウトな態度《たいど》で友《とも》だちにめいわくをかけることが。例《たと》えば約《やく》束《そく》を忘《わす》れたり、めんどうになってすっぽかしたり。自分《じぶん》さえよければいいという考《かんが》えが生《う》まれがち。

なだめ方《かた》1

緑色《みどりいろ》のペンが信頼《しんらい》を招《まね》く

緑色《みどりいろ》がラッキーカラー。ノートやカレンダーに約束《やくそく》を書《か》きこむときや、友《とも》だちに手紙《てがみ》を書《か》くときは、緑色《みどりいろ》のペンを使《つか》うと信頼《しんらい》が生《う》まれるよ。

なだめ方《かた》2

かわいい時計《とけい》を手《て》に入《い》れて

とってもかわいい！と思《おも》える自分好《じぶんごの》みの置時計《おきどけい》や腕時計《うでどけい》を買《か》ってみよう。うれしくて何度《なんど》も時計《とけい》を見《み》るうちに、時《じ》間《かん》に正確《せいかく》な自分《じぶん》になれるよ。

悪《わる》いこと　心《こころ》が冷《つめ》たければ動物《どうぶつ》をいじめてしまう

植物《しょくぶつ》は大事《だいじ》だけど、動物《どうぶつ》には興味《きょうみ》のないドライアド。だからネコをおどろかせたりなど、つい動物《どうぶつ》をいじめてしまうことがあるのでは？　ドライアドのたましいと、少《すこ》し冷《つめ》たいあなたの心《こころ》が重《かさ》なると、そんな行動《こうどう》を取《と》ってしまうんだ。

なだめ方《かた》1

部屋《へや》で観葉植物《かんようしょくぶつ》を育《そだ》てて

観葉植物《かんようしょくぶつ》を買《か》い、自分《じぶん》の部屋《へや》で育《そだ》てて。「ドライアド」と名《な》づけてもいいね。ドライアドが満足《まんぞく》するので、いじわるな気《き》もちが消《き》えていくよ。

なだめ方《かた》2

招《まね》きネコでやさしさアップ

机《つくえ》やたなの上《うえ》に小《ちい》さな招《まね》きネコをかざると、動物《どうぶつ》へのやさしさアップ。招《まね》きネコは金運《きんうん》を上《あ》げるパワーもあるから、一石二鳥《いっせきにちょう》だね。

5/6～6/5生《う》まれにすむ悪魔《あくま》

メドゥーサ

こんな姿《すがた》にされて
すごくくやしい!
一生《いっしょう》うらんでやる!

見《み》る者《もの》を石《いし》に変《か》える! 血《ち》にも不思議《ふしぎ》な力《ちから》が

見《み》る者《もの》を石《いし》に変《か》えてしまうため、だれも退治《たいじ》できないほど強《つよ》い悪魔《あくま》。血《ち》には死《し》んだ人《ひと》を生《い》き返《かえ》らせる力《ちから》があるよ。

美少女《びしょうじょ》だったのに のろいで今《いま》の姿《すがた》に

もともとは美少女《びしょうじょ》だったメドゥーサ。夫《おっと》をうばわれた女神《めがみ》のいかりにより、みにくい悪魔《あくま》にされてしまったんだ。

英雄《えいゆう》ペルセウスは 顔《かお》を見《み》ずにたおしたよ

メドゥーサは、最後《さいご》は英雄《えいゆう》ペルセウスに首《くび》を切《き》られたよ。顔《かお》を見《み》ないよう、たてに映《うつ》した姿《すがた》を見《み》てたおしたんだ。

DATA《データ》

おせっかい度	●○○
ツンデレ度《ど》	●●●
ネガティブ度《ど》	●●●

こんな悪《わる》いことしちゃってない！？

悪《わる》いこと ずっと前《まえ》のことなのに忘《わす》れずうらみ続《つづ》ける

うらみの気《き》もちが強《つよ》いメドゥーサのように、ずっと前《まえ》のいかりが消《き》えないあなた。思《おも》い出《だ》してはフツフツといかりがわき、「許《ゆる》せない！」とさけびたくなりそう。相手《あいて》はすっかり忘《わす》れていて、あなただけが苦《くる》しんでいる状態《じょうたい》におちいることも。

なだめ方《かた》1

髪《かみ》をとかしながらつぶやく

毎朝《まいあさ》しっかり鏡《かがみ》を見《み》つめながら、ブラシで髪《かみ》をとかそう。そのときに心《こころ》のなかで、「メドゥーサ、あなたは幸《しあわ》せになるよ」と温《あたた》かくつぶやいて。

なだめ方《かた》2

対戦《たいせん》ゲームでストレス発散《はっさん》

対戦《たいせん》ゲームをするときに、対戦相手《たいせんあいて》をうらんでいる人《ひと》だと思《おも》って。バンバンやっつけていくうちに、だんだん重《おも》かった心《こころ》が軽《かる》くなるよ。

悪《わる》いこと きらいな人《ひと》にこっそりいじわるをしちゃう

うらんでいる人《ひと》やきらいな人《ひと》に、こっそりいじわるをしちゃうことが。例《たと》えば大事《だいじ》なものを捨《す》てちゃったり、机《つくえ》に落書《らくが》きしちゃったり……。手帳《てちょう》やスマホをこっそり見《み》て、その人《ひと》が秘密《ひみつ》にしていることをバラす、なんてことも。

なだめ方《かた》1

石《いし》を投《な》げていかりを消《け》そう

海《うみ》や川《かわ》へ行《い》ったときに、水《みず》のなかに小《こ》石《いし》を投《な》げて。きらいな人《ひと》へのイライラを投《な》げこむイメージ。いかりの気《き》もちがなくなるよ。

なだめ方《かた》2

トマトジュースで落《お》ち着《つ》く

不思議《ふしぎ》なパワーがある、メドゥーサの血《ち》。そんな血《ち》によく似《に》たトマトジュースをゆっくり飲《の》んで。落《お》ち着《つ》いた気《き》もちになれそう。

6/6～7/7 生《う》まれにすむ悪魔《あくま》

九尾《きゅうび》の狐《きつね》

DATA《データ》

おせっかい度《ど》 ●●●

ツンデレ度《ど》 ●●○

ネガティブ度《ど》 ●●○

魔力《まりょく》がアップするほど しっぽの数《かず》が増《ふ》える

年《とし》を取《と》るごとに魔力《まりょく》がアップして、だんだんしっぽの数《かず》も増《ふ》えていくよ。9本《ほん》が最《もっと》もしっぽの多《おお》い状態《じょうたい》なんだ。

のろい殺《ころ》そうとして えらい男性《だんせい》に近《ちか》づく

美女《びじょ》に変身《へんしん》してえらい男性《だんせい》のもとで働《はたら》き、その男性《だんせい》から愛《あい》されたよ。男性《だんせい》をのろい殺《ころ》すことが目的《もくてき》だったんだ。

石《いし》にされた後《あと》も 人間《にんげん》を殺《ころ》し続《つづ》ける

最後《さいご》は正体《しょうたい》を見破《みやぶ》られて、石《いし》にされてしまったよ。その後《あと》も石《いし》に近《ちか》づく人《ひと》を、念《ねん》で殺《ころ》し続《つづ》けているんだ。

こんな悪《わる》いことしちゃってない!?

悪《わる》いこと　おこると、たたいたり物《もの》を投《な》げたりしちゃう

自信家《じしんか》で強気《つよき》な九尾《きゅうび》の狐《きつね》のように、本気《ほんき》でおこったら乱暴者《らんぼうもの》になりがち。急《きゅう》に友《とも》だちをたたいたり、物《もの》を投《な》げたりと、暴力《ぼうりょく》をふるってしまう心配《しんぱい》が。ケガをさせたら大変《たいへん》！　心《こころ》のコントロールができないことが原因《げんいん》だよ。

なだめ方《かた》1

いなりずしをささげる

九尾《きゅうび》の狐《きつね》は、いなりずしが大好物《だいこうぶつ》。いなりずしを食《た》べるときに手《て》を合《あ》わせ、心《こころ》のなかで「九尾《きゅうび》の狐《きつね》、どうか安《やす》らかに」と唱《とな》えて。

なだめ方《かた》2

運動《うんどう》でパワーを発散《はっさん》させて

毎日《まいにち》できるだけ運動《うんどう》して、自分《じぶん》のパワーを発散《はっさん》させよう。エスカレーターより階段《かいだん》を使《つか》ったり、友《とも》だちとかけっこをしたりするといいね。

悪《わる》いこと　じまん話《ばなし》ばかりしてすごさをアピールする

パワーの強《つよ》さに自信《じしん》マンマンの九尾《きゅうび》の狐《きつね》。そんな九尾《きゅうび》の狐《きつね》のように、ほこらしげにじまん話《ばなし》をたくさんしてしまってない？すごいと思《おも》われたいのに、逆《ぎゃく》にうんざりされてしまうよ。何《なに》も言《い》わなくても、あなたのすごさはみんなわかっているはず。

なだめ方《かた》1

自分《じぶん》で自分《じぶん》の長所《ちょうしょ》を認《みと》める

まずは自分《じぶん》で自分《じぶん》を認《みと》めることが大切《たいせつ》。ノートの片《かた》すみに自分《じぶん》のよいところを書《か》き出《だ》し、最後《さいご》に「私《わたし》はすごい！」と書《か》いて終《お》わらせてみて。

なだめ方《かた》2

あこがれの人《ひと》を見《み》つけよう

自分《じぶん》よりすごいと思《おも》える、あこがれの人《ひと》を探《さが》してみよう。ステキな先輩《せんぱい》でもいいし、芸能人《げいのうじん》でもいいね。じまんしたい気《き》もちがうすれるはず。

7/8～8/7 生《う》まれにすむ悪魔《あくま》

座敷《ざしき》わらし

私《わたし》は気分屋《きぶんや》だから
イヤなところからは
すぐにげるわよ！

家《いえ》の運気《うんき》をよくする不思議《ふしぎ》なパワーがある

座敷《ざしき》わらしがいる家《いえ》は、お金《かね》や子孫《しそん》にめぐまれて発展《はってん》するよ。座敷《ざしき》わらしを見《み》ると、幸《しあわ》せになれるという話《はなし》も。

いたずらで人《ひと》をおどろかせるのが好《す》き

姿《すがた》は見《み》えず、足《あし》あとをつけたり、まくらをひっくり返《かえ》したりするいたずら好《す》き。人《ひと》がおどろくのがおもしろいんだね。

いなくなるとこわい気分屋《きぶんや》の座敷《ざしき》わらし

気分屋《きぶんや》の座敷《ざしき》わらしがいなくなると、一気《いっき》に家《いえ》の運気《うんき》が悪《わる》くなるよ。だから悪魔《あくま》としておそれられるんだね。

DATA《データ》

おせっかい度《ど》	●○○
ツンデレ度《ど》	●●●
ネガティブ度《ど》	●●○

こんな悪《わる》いことしちゃってない!?

悪《わる》いこと イヤだと思《おも》うことからすぐににげちゃう

イヤになった家《いえ》からにげる、気分屋《きぶんや》の座敷《ざしき》わらし。だからあなたもイヤだなと思《おも》うことから、すぐににげたくなりそう。めんどうな用事《ようじ》を友《とも》だちに任《まか》せて楽《らく》をしようとすることも。ちょっと消極的《しょうきょくてき》だからかもしれないね。

なだめ方《かた》 1

すずが鳴《な》るとパワーアップ

きれいな音《おと》がするすずを、かばんにつけて出《で》かけよう。シャラシャラと音《おと》が鳴《な》るたび座敷《ざしき》わらしが明《あか》るくなって、あなたもパワーアップ!

なだめ方《かた》 2

有名人《ゆうめいじん》の伝記《でんき》を読《よ》もう

何《なに》かをがんばって大成功《だいせいこう》した有名人《ゆうめいじん》の、伝記《でんき》を読《よ》んでみよう。図書室《としょしつ》に並《なら》んでいるはずだよ。そうすれば、がんばる勇気《ゆうき》がわいてくるね。

悪《わる》いこと 自分《じぶん》のことを責《せ》め続《つづ》けずっと落《お》ちこんじゃう

自分《じぶん》で自分《じぶん》を責《せ》めて、1人《り》で苦《くる》しんでしまうあなた。やさしい子《こ》と思《おも》うかもしれないけど、けっしていいことではないよ。自信《じしん》がないことが原因《げんいん》みたい。明《あか》るい顔《かお》を見《み》せたほうが、みんなもうれしいはず。あまり自分《じぶん》を責《せ》めないでね。

なだめ方《かた》 1

座敷《ざしき》わらしと遊《あそ》ぼう

座敷《ざしき》わらしが好《す》きなボールを用意《ようい》して。そしていっしょに遊《あそ》んでいると想像《そうぞう》して、部屋《へや》で軽《かる》く転《ころ》がしてみよう。不思議《ふしぎ》と元気《げんき》になってくるよ。

なだめ方《かた》 2

部屋《へや》をきれいに整理《せいり》して

座敷《ざしき》わらしが元気《げんき》になれるのは、きれいに整理《せいり》された部屋《へや》。出《だ》したものは片《かた》づけて、いつもスッキリさせて。落《お》ちこまなくなるポイントだよ。

8/8～9/7 生《う》まれにすむ悪魔《あくま》

インプ

悪《わる》さが大好《だいす》き!
命令《めいれい》さえされれば
何《なん》でもやるよ

家来《けらい》として働《はたら》く悪魔《あくま》
魔女《まじょ》のごほうびは血《ち》

魔女《まじょ》の命令《めいれい》によって動《うご》く、家来《けらい》の悪魔《あくま》。言《い》われたとおりに悪《わる》いことを行《おこな》えば、ごほうびに血《ち》をもらえるよ。

人間《にんげん》や家畜《かちく》への
悪《わる》さが得意《とくい》

命令《めいれい》でいろんないたずらや悪《わる》さをするけど、人《ひと》を病気《びょうき》にしたり、牛《うし》や羊《ひつじ》など家畜《かちく》を殺《ころ》したりすることが得意《とくい》。

ふだんはほかの
動物《どうぶつ》に変身《へんしん》している

ふだんは黒《くろ》ネコやネズミ、ヒキガエル、虫《むし》の姿《すがた》に変身《へんしん》しているんだ。魔女《まじょ》から命《めい》令《れい》されると、本当《ほんとう》の姿《すがた》にもどるよ。

DATA《データ》

おせっかい度《ど》	●●○
ツンデレ度《ど》	●○○
ネガティブ度《ど》	●○○

こんな悪《わる》いことしちゃってない!?

悪《わる》いこと ズバッとキツい言葉《ことば》で友《とも》だちを傷《きず》つけがち

人《ひと》を傷《きず》つけることが得意《とくい》なインプ。あなたも言葉《ことば》がキツくなり、友《とも》だちが気《き》にしていることをズバッと言《い》って、コンプレックスを刺激《しげき》しちゃうことが。頭《あたま》がいい証《しょう》拠《こ》だけど、こわがられたり、うらまれたりする心配《しんぱい》があるよ。

なだめ方《かた》 1

黒《くろ》ネコをインプに見《み》立《た》てて

黒《くろ》ネコを見《み》かけたら、それをインプだと思《おも》って、指《ゆび》さしながら「インプよ、私《わたし》からはなれろ!」とつぶやこう。キツい言葉《ことば》が減《へ》るはずだよ。

なだめ方《かた》 2

いろんな本《ほん》を読《よ》もう

ふだんから、いろんなジャンルの本《ほん》を多《おお》く読《よ》むようにしよう。さまざまな言《こと》葉《ば》を覚《おぼ》えることで、人《ひと》を傷《きず》つけない言《い》い方《かた》ができるようになるよ。

悪《わる》いこと 人《ひと》から命令《めいれい》されないと動《うご》かずにサボっちゃう

命令《めいれい》で動《うご》くインプのように、だれかから言《い》われるまで動《うご》かないで、サボっちゃうことがあるね。例《たと》えば親《おや》に言《い》われないと勉強《べんきょう》しないとか、学校《がっこう》のそうじ中《ちゅう》に注《ちゅう》意《い》されるまで遊《あそ》んじゃうとか。めんどうくさがりの性格《せいかく》が出《で》ているよ。

なだめ方《かた》 1

ダンスで体《からだ》を軽《かる》くして

フットワークを軽《かる》くするために、好《す》きなダンスの練習《れんしゅう》をしよう。テレビではやっているものでもいいね。すぐ動《うご》けるようになるよ。

なだめ方《かた》 2

ケチャップでごほうびを

ごほうびの血《ち》のかわりに、ケチャップをインプにあげよう。オムライスやポテトフライにかけて、「さあ、どうぞ」と言《い》って食《た》べて。

9/8 〜10/8 生《う》まれにすむ悪魔《あくま》

ジン

私《わたし》をバカにするなら
才能《さいのう》のちがいを
思《おも》い知《し》らせてあげる

悪《わる》さをする相手《あいて》は限《かぎ》られている

ジンが困《こま》らせるのは、神様《かみさま》を大事《だいじ》にしない人《ひと》。ジンを思《おも》いどおりに動《うご》かそうとする人《ひと》にも、悪《わる》さをしたくなるよ。

魔法《まほう》のランプのなかにもジンがいる

有名《ゆうめい》な『アラジンと魔《ま》法《ほう》のランプ』にも、ジンが出《で》てくるよ。ランプをこすると現《あらわ》れる魔神《まじん》が、ジンなんだ。

性格《せいかく》はあらあらしく炎《ほのお》をあやつる

炎《ほのお》を自由《じゆう》にあやつる、人《にん》間《げん》にはない力《ちから》があるよ。だからプライドが高《たか》く、性格《せいかく》は乱暴《らんぼう》で短気《たんき》なんだ。

DATA《データ》

おせっかい度	●●●
ツンデレ度《ど》	●○○
ネガティブ度《ど》	●○○

こんな悪《わる》いことしちゃってない!?

悪《わる》いこと プライドが高《たか》いため先生《せんせい》や先輩《せんぱい》に反発《はんぱつ》する

プライドが高《たか》いジンのパワーを受《う》けると、目上《めうえ》の人《ひと》に反発《はんぱつ》したくなるみたい。先生《せんせい》の言《い》うことを聞《き》かないで、授業中《じゅぎょうちゅう》にほかのことをしたり、ノートに落書《らくが》きしたり……。自分《じぶん》を認《みと》めてほしいという気《き》もちの表《あらわ》れだね。

なだめ方《かた》1

ジンをほめて反発心《はんぱつしん》を消《け》す

キャンドルに火《ひ》をつけて、ジンを思《おも》いうかべてみて。そして「あなたはすばらしい」と、ほめたたえよう。目上《めうえ》の人《ひと》への反発心《はんぱつしん》が消《き》えていくよ。

なだめ方《かた》2

得意《とくい》な科目《かもく》で自信《じしん》をつけて

得意《とくい》な科目《かもく》の勉強《べんきょう》を、とことんがんばってみよう。テストでいい点《てん》を取《と》って満足《まんぞく》したら、先生《せんせい》や先輩《せんぱい》に、温《あたた》かい気《き》もちをもてるようになるよ。

悪《わる》いこと 遠回《とおまわ》しにネチネチとイヤミを言《い》っちゃう

少《すこ》しひねくれたところがあるあなた。ハッキリ言《い》うより、ネチネチとイヤミを言《い》うほうが得意《とくい》。とくにきらいな人《ひと》や苦《にが》手《て》な人《ひと》には、イヤミっぽく悪《わる》い点《てん》を言《い》ってしまうことが。笑顔《えがお》でも、どこかいじわるな顔《かお》になっているかも。

なだめ方《かた》1

かおりのいい石《せっ》けんが◎

けむりになれるジンは、かおりにびんかん。よいかおりのする石《せっ》けんで、手《て》を洗《あら》うようにして。ジンのご機嫌《きげん》が直《なお》って、あなたもやさしくなれるね。

なだめ方《かた》2

ねむる前《まえ》にホットミルクを

ときどきねむる前《まえ》に、ホットミルクをゆっくり飲《の》んで。心《こころ》がやわらいでぐっすりとねむれるため、ひねくれた気《き》もちが素直《すなお》になっていくはず。

10/9～11/8 生《う》まれにすむ悪魔《あくま》

スキュラ

DATA《データ》

おせっかい度《ど》	●●●
ツンデレ度《ど》	●●○
ネガティブ度《ど》	●●●

おそろしい姿《すがた》にされた若《わか》くて美《うつく》しい乙女《おとめ》

神《かみ》が美少女《びしょうじょ》に恋《こい》をしたけど、少女《しょうじょ》は神《かみ》の告白《こくはく》を無視《むし》したよ。それが原因《げんいん》で6体《たい》の犬《いぬ》が生《は》えた姿《すがた》に変《か》えられてしまったんだ。

悲《かな》しんだ少女《しょうじょ》は船員《せんいん》を殺《ころ》す悪魔《あくま》に

自分《じぶん》の姿《すがた》に悲《かな》しみ、乱暴《らんぼう》になった彼女《かのじょ》。海《うみ》を走《はし》る船《ふね》におそいかかり、乗組員《のりくみいん》を殺《ころ》す悪魔《あくま》になってしまったよ。

こわい姿《すがた》のままで岩《いわ》になった彼女《かのじょ》

スキュラは最後《さいご》に、岩《いわ》になったよ。おそろしい姿《すがた》そのままの岩《いわ》で、船員《せんいん》からは今《いま》もおそれられているらしいよ。

こんな悪《わる》ぃことしちゃってない!?

悪《わる》いこと　自分《じぶん》は正《ただ》しいと思《おも》って友《とも》だちを悪者《わるもの》にする

周《まわ》りをうらんでいるスキュラ。だからあなたも、つい何《なん》でも友《とも》だちのせいにするクセがありそう。それは「自分《じぶん》のほうが正《ただ》しい!」と強《つよ》く思《おも》っているからだね。友《とも》だちを悪者《わるもの》にすることで、自分《じぶん》の正《ただ》しさを証明《しょうめい》しているんだよ。

なだめ方《かた》 1

6頭《とう》の犬《いぬ》にソーセージを

こしの6頭《とう》の犬《いぬ》のために、犬《いぬ》が好《す》きな6本《ぽん》のソーセージを用意《ようい》して。犬《いぬ》をねぎらいながら1本《ぽん》ずつゆっくり食《た》べれば、おおらかになれるよ。

なだめ方《かた》 2

白色《しろいろ》で心《こころ》をやわらかくして

ラッキーカラーは白《しろ》。ブラウスやセーターなど、とくに上半身《じょうはんしん》に白《しろ》い服《ふく》を着《き》ると◎。心《こころ》がやわらかくなって、友《とも》だちの気《き》もちがわかるように。

悪《わる》いこと　アドバイスが過《す》ぎておしつけやお説教《せっきょう》に

ガンコでアドバイスを聞《き》かないけど、自《じ》分《ぶん》がアドバイスするのは大好《だいす》き！　でもそれは、「もっとこうしなよ」というおしつけやお説教《せっきょう》に近《ちか》いみたい。「余計《よけい》なお世話《せわ》」と思《おも》っている人《ひと》もいそう。自分《じぶん》と友《とも》だちはちがうと理解《りかい》して。

なだめ方《かた》 1

好《す》きなことへの意見《いけん》を聞《き》く

自分《じぶん》のしゅみや好《す》きな有名人《ゆうめいじん》について、いろんな人《ひと》に意見《いけん》を聞《き》いてみよう。自《じ》分《ぶん》とはちがう考《かんが》えをもつ人《ひと》が多《おお》いんだなとわかってくるよ。

なだめ方《かた》 2

紙《かみ》に包《つつ》んだ塩《しお》をポケットに

スキュラとえんが深《ふか》い、海《うみ》の塩《しお》。大事《だいじ》な友《とも》だちと会《あ》う日《ひ》はとくに、白《しろ》い紙《かみ》に包《つつ》んだ塩《しお》をポケットに入《い》れて。おせっかいのクセが出《で》なくなるはず。

11/9～12/7 生《う》まれにすむ悪魔《あくま》

雪《ゆき》女《おんな》

きらいな人《ひと》には
冷《つめ》たい息《いき》をふけば
簡単《かんたん》に殺《ころ》せるわ

冷《つめ》たい息《いき》をふきかけて男性《だんせい》をこごえさせる

雪《ゆき》が降《ふ》る夜《よる》に現《あらわ》れて、男性《だんせい》に冷《つめ》たい息《いき》をふきかけてこごえさせたり、エネルギーを吸《す》いつくして殺《ころ》したりするよ。

赤《あか》ちゃんを渡《わた》して動《うご》けなくすることも

人間《にんげん》に赤《あか》ちゃんをだいてとたのむ場合《ばあい》があるよ。その子《こ》をだくと重《おも》くなって、動《うご》けない間《あいだ》に雪《ゆき》にうもれてしまうんだ。

意外《いがい》と愛情《あいじょう》がありやさしいところも

人《ひと》のふりをして結婚《けっこん》した雪《ゆき》女《おんな》もいるんだ。その後《あと》、夫《おっと》は雪女《ゆきおんな》との約束《やくそく》を破《やぶ》ってしまう。殺《ころ》さなければいけなかったのに、見《み》のがして姿《すがた》を消《け》したよ。やさしさもあるみたい。

DATA《データ》

おせっかい度《ど》	●○○
ツンデレ度《ど》	●●●
ネガティブ度《ど》	●●○

こんな悪《わる》いことしちゃってない!?

悪《わる》いこと ワガママな人《ひと》にはトコトン冷《つめ》たくなる

好《す》ききらいがハッキリしているあなた。自分《じぶん》の言《い》うことを聞《き》いてくれないワガママな人《ひと》には冷《つめ》たいみたい。みんなの前《まえ》で仲間外《なかまはず》れにするなど、イヤがらせをして「こわい」と思《おも》われそう。いじめっこのリーダーになりやすいタイプかも。

なだめ方《かた》1

温《あたた》かい飲《の》み物《もの》が心《こころ》をとかす

こおりついた心《こころ》をほぐすために、なるべく温《あたた》かいものを飲《の》もう。ホットココアやホットミルクがいいね。雪女《ゆきおんな》もあなたからはなれていくよ。

なだめ方《かた》2

絵本《えほん》でやさしさを学《まな》んで

心《こころ》が温《あたた》まる絵本《えほん》や童話《どうわ》をたくさん読《よ》んで。とくに動物《どうぶつ》の話《はなし》のものがGOOD《グッド》。弱《よわ》い存在《そんざい》を守《まも》りたいと思《おも》える、ステキな人《ひと》になれるはずだよ。

悪《わる》いこと 苦手《にがて》な人《ひと》の前《まえ》では心《こころ》をとざしてだんまり

慣《な》れない人《ひと》の前《まえ》では心《こころ》を開《ひら》けずに、無《む》口《くち》になりそう。とくに一度《いちど》合《あ》わないと思《おも》った人《ひと》の前《まえ》ではだまりこんで、気《き》まずいムードになってしまうよ。もう少《すこ》し話《はな》してみれば、相手《あいて》のいいところが見《み》えてくるのに、もったいないね。

なだめ方《かた》1

ピンクのハンカチをもとう

ピンク色《いろ》があなたの心《こころ》を温《あたた》めるラッキーカラー。とくに苦手《にがて》な人《ひと》と会《あ》う日《ひ》は、ピンク色《いろ》のハンカチをもっていこう。おしゃべりが楽《たの》しくなるよ。

なだめ方《かた》2

ムリにでも笑顔《えがお》を作《つく》る

苦手《にがて》だな……と思《おも》う友《とも》だちの前《まえ》でも、少《すこ》しムリをして笑顔《えがお》を作《つく》ってみよう。そうするだけで、不思議《ふしぎ》と相手《あいて》のいいところが見《み》えてくるはずだよ。

おなやみ？！ Q《キュー》&《アンド》A《エー》 人付《ひとづ》き合《あ》い編《へん》

みんなちがう考《かんが》えをもっているから、人付《ひとづ》き合《あ》いに不安《ふあん》はつきもの！
みんなのおなやみにアドバイスしたよ。参考《さんこう》にしてみてね。

Q《キュー》 おしゃべりしていたら、とつぜん友《とも》だちがおこって1人《り》で帰《かえ》っちゃった…

（小学《しょうがく》3年生《ねんせい》 タイプ：インプ）

2人《り》で楽《たの》しくおしゃべりしていたら、とつぜん友《とも》だちがおこりだして、1人《り》で帰《かえ》っちゃった。どうしてなのか、理由《りゆう》がわからないんだけど…。すぐ仲直《なかなお》りできるか、とても心配《しんぱい》。

A《エー》 あなたがインプで友《とも》だちはジンでは？ ムッとさせたかも

友《とも》だちはプライドが高《たか》くて、少《すこ》しひねくれた性格《せいかく》の「ジン」タイプ。あなたは言葉《ことば》がするどい「インプ」だね。気《き》づかずにズバッとキツいことを言《い》って、彼女《かのじょ》をムッとさせたのかも。「おこらせたならごめんね」と言《い》って、わざとじゃないことを伝《つた》えよう。

Q《キュー》 仲《なか》よしだった友《とも》だちが最近《さいきん》よそよそしくなった 何《なに》を考《かんが》えているのかな？

（小学《しょうがく》5年生《ねんせい》 タイプ：ドライアド）

仲《なか》よしだった子《こ》が最近《さいきん》よそよそしくなって、あまり話《はな》してくれなくなっちゃった。べつにケンカもしてないんだけど……。いったい、どうしたんだろう？ 友《とも》だちの考《かんが》えがわからないよ。

A《エー》 気弱《きよわ》な座敷《ざしき》わらしの友《とも》だちにイヤな思《おも》いをさせちゃったのかも

友《とも》だちは「座敷《ざしき》わらし」タイプ。イヤなことがあると、そっとにげるタイプだよ。あなたは「ドライアド」タイプで、約束《やくそく》を守《まも》らないアバウトな面《めん》があるね。友《とも》だちはあなたにちょっとイヤな思《おも》いをさせられたのかも？ 自分《じぶん》からやさしく声《こえ》をかけてみよう。

Q《キュー》 目立《めだ》つタイプの女《おんな》の子《こ》に わざとぶつかってくるとか いじわるをされる

(小学《しょうがく》2年生《ねんせい》 タイプ：雪女《ゆきおんな》)

クラスで目立《めだ》つタイプの子《こ》が、ときどきわざとぶつかってくるような、いじわるをしてくるの。やめてもらいたいな……。

A《エー》 メドゥーサの彼女《かのじょ》の 心《こころ》にある深《ふか》い悲《かな》しみを いやしてあげよう

その子《こ》は「メドゥーサ」タイプ。何《なに》かつらい思《おも》いをして、心《こころ》に悲《かな》しみがあるのかも。あなたは「雪女《ゆきおんな》」タイプ。イヤなことをされてもムッとするだけで、だまってガマンしているのでは？　そのままでは相手《あいて》の態度《たいど》は変《か》わらないよ。やさしくイヤなことを伝《つた》えてあげよう。

Q《キュー》 おこりっぽい担任《たんにん》の先生《せんせい》 こわいけど仲《なか》よくしたい！ どうすればいいのかな？

(小学《しょうがく》3年生《ねんせい》 タイプ：ジン)

毎日《まいにち》のようにクラスメイトにおこっている担任《たんにん》の先生《せんせい》。仲《なか》よくしたいけど、こわくて自分《じぶん》から話《はな》しかけることができません。どうすれば厳《きび》しい先生《せんせい》と、もっといい関係《かんけい》を作《つく》れるのかな？

A《エー》 ケットシーで 正義感《せいぎかん》の強《つよ》い先生《せんせい》には マジメに対応《たいおう》を

先生《せんせい》は「ケットシー」タイプで、曲《ま》がったことがきらいでお説教《せっきょう》好《ず》き。サボるような子《こ》には厳《きび》しくて、係《かかり》の役割《やくわり》やそうじをマジメにがんばるような子《こ》には、やさしいはず。あなたは「ジン」タイプで、つい先生《せんせい》に反発《はんぱつ》したくなりがち。マジメになることが大切《たいせつ》だよ。

Q《キュー》 いそがし過ぎるお母《かあ》さん。 イライラさせないで やさしくしてもらうには？

(小学《しょうがく》1年生《ねんせい》 タイプ：スキュラ〈お母《かあ》さん〉)

お母《かあ》さんがいそがし過ぎて、いつもイライラしているみたい。もっとやさしくしてほしいけど、どうすればいい？

A《エー》 ガンコなスキュラの お母《かあ》さんだから 反発《はんぱつ》しないであげて

お母《かあ》さんは「スキュラ」タイプで、自《じ》分《ぶん》が正《ただ》しいと思《おも》うガンコな性格《せいかく》。だから、反発《はんぱつ》はさけたほうが◎。お母《かあ》さんは正《ただ》しい、がんばっていると認《みと》めよう。「大好《だいす》き！」「いつもありがとう！」と、気《き》もちをまっすぐに伝《つた》えるといいね。

Q《キュー》 クラスの男《おとこ》の子《こ》に片思《かたおも》い中《ちゅう》 たまに話《はな》すだけだけど、両思《りょうおも》いになる方法《ほうほう》はある？

（小学《しょうがく》6年生《ねんせい》　タイプ：ピクシー）

クラスの男《おとこ》の子《こ》に片《かた》思《おも》い中《ちゅう》。カレとはたまに話《はな》すだけで、なかなか親《した》しくなれないよ。どうすれば好《す》きになってもらえるかな？

A《エー》 カレがおどろくようなプレゼントをおくってハーピーを満足《まんぞく》させて

カレはお金《かね》や物《もの》が大好《だいす》きという、よくばりな「ハーピー」。カレの誕生日《たんじょうび》などにプレゼントをあげると「いい子《こ》だな」と思《おも》ってもらえそう。そんなあなたは、いたずら好《ず》きな「ピクシー」。カレがおどろくような、遊《あそ》び心《ごころ》のあるプレゼントを考《かんが》えるといいね。

ほかのうらないを組《く》み合《あ》わせてアンサ〜！

Q《キュー》 こっそり告白《こくはく》したのになぜかみんなが知《し》っていたどうすればいいのかな？

（小学《しょうがく》5年生《ねんせい》　タイプ：九尾《きゅうび》の狐《きつね》〈カレ〉）

この前《まえ》、こっそりとカレに告白《こくはく》したの。でもいつの間《ま》にか、そのことをみんなが知《し》ってた！　どうして広《ひろ》まったのかな？　はずかしいし、これからはカレにどうふるまえばいいんだろう？

A《エー》 九尾《きゅうび》の狐《きつね》のカレが話《はな》しちゃったのかも開《ひら》き直《なお》るのがベスト

カレは目立《めだ》つのが好《す》きな「九尾《きゅうび》の狐《きつね》」。「オレはすごい！」と得意《とくい》になって、自分《じぶん》からしゃべったのかも。どうすればいいかとタロットカードにたずねると、「太陽《たいよう》」が出《で》たよ。「だって、好《す》きなんだもん！」と開《ひら》き直《なお》るのがいちばん！　カレもうれしくなるはず。

Q《キュー》 友《とも》だちが好《す》きな男《おとこ》の子《こ》に私《わたし》も恋《こい》しちゃった！告白《こくはく》してもいいのかな？

（小学《しょうがく》6年生《ねんせい》　タイプ：リリス）

友《とも》だちが片思《かたおも》いしてる男《おとこ》の子《こ》を、私《わたし》も好《す》きになっちゃった！　恋《こい》したからには、負《ま》けたくないな。告白《こくはく》してだいじょうぶかな？

A《エー》 恋《こい》のじゃまをしたがるリリスカレ以外《いがい》の男《おとこ》の子《こ》を見《み》よう

あなたは「リリス」タイプ。心《こころ》のおくでは「友《とも》だちが幸《しあわ》せになったらイヤ！」と思《おも》って、じゃましたいのかも。「告白《こくはく》したら、どうなる？」とタロットカードを１枚《まい》引《ひ》くと、「塔《とう》」が出《で》たよ。友《とも》だちもカレも失《うしな》う心配《しんぱい》があるね。カレよりステキなアイドルに注目《ちゅうもく》するのが◎。

ハピかわうらない
その９

あなたの宿命《しゅくめい》がわかる！

名《な》前《まえ》うらない

一生《いっしょう》書《か》いたり呼《よ》ばれたりする名前《なまえ》は、とっても大切《たいせつ》！
ふしぎな力《ちから》をもっていて、生《う》まれもった宿命《しゅくめい》がわかるよ。
どんな人生《じんせい》が待《ま》っているのかな？

円木月《つぶらぎるな》…
雪平《ゆきひら》しずな…
2人《り》の名前《なまえ》は
きれいで
カッコいい…
それに
比《くら》べて…
私《わたし》の名前《なまえ》って
地味《じみ》な気《き》がする
きれいかどうかは
わからないけど
気《き》に入《い》っては
いるかな
私《わたし》も自分《じぶん》の
名前《なまえ》は大切《たいせつ》な
ものだと思《おも》って
いるので
ていねいに
書《か》くように
しています
名前《なまえ》って
生《う》まれたとき
私《わたし》たちに
あたえられて
一生《いっしょう》使《つか》い続《つづ》ける
ものでしょう？
だから特別《とくべつ》な
力《ちから》があって…

名前《なまえ》で宿命《しゅくめい》をうらなうこともできるのよ
じゃん
つむぎはねぇ…
え!!
まっ待《ま》って! 心《こころ》の準備《じゅんび》が…
はい!
これが
私《わたし》の宿命《しゅくめい》…
ぎくっ…
まだその本《ほん》みたいにはできないけど
そういう力《ちから》があるんだね
そうなれるように私《わたし》、努力《どりょく》する!
つむぎならだいじょうぶ!

生《う》まれもった宿命《しゅくめい》がわかる！

頭文字《かしらもじ》うらない

いつも家族《かぞく》や友《とも》だちに呼《よ》ばれる名前《なまえ》の頭文字《かしらもじ》には、生《う》まれもった人生《じんせい》の宿命《しゅくめい》がこめられているよ。目標《もくひょう》を決《き》めるときの参考《さんこう》にしてね。

あなたの名前《なまえ》の

ほしみや「つ」むぎ　この文字《もじ》に注目《ちゅうもく》！

い　なやむ人《ひと》の相談役《そうだんやく》

意志《いし》が強《つよ》くて、どんなときでも落《お》ち着《つ》いているあなた。困《こま》っている人《ひと》やしずんでいる人《ひと》の相談《そうだん》に乗《の》ってあげることが宿命《しゅくめい》だよ。あなたのアドバイスは、みんなを幸《しあわ》せにするはず！

運命《うんめい》を開《ひら》くカギ
- バングル
- ネイビー

あ　元気《げんき》を分《わ》けるリーダー役《やく》！

だいたんで大《おお》きな決断《けつだん》を下《くだ》せる性格《せいかく》を生《い》かして、リーダーとしてみんなを引《ひ》っぱっていく宿命《しゅくめい》があるよ。落《お》ちこんでいる人《ひと》に明《あか》るいパワーをあげることも大事《だいじ》な役割《やくわり》だね。

運命《うんめい》を開《ひら》くカギ
- 太陽《たいよう》の絵《え》
- スニーカー

え　思《おも》うままに自由《じゆう》に生《い》きる

自由《じゆう》が好《す》きなあなたは、わくにはまらないで自分《じぶん》の道《みち》を切《き》り開《ひら》いていくことが宿命《しゅくめい》だよ。自分《じぶん》が本当《ほんとう》は何《なに》をしたいのかをよく考《かんが》えて行動《こうどう》してね。旅行《りょこう》をするのも◎。

運命《うんめい》を開《ひら》くカギ
- 湖《みずうみ》のほとり
- 自転車《じてんしゃ》

う　目立《めだ》たずに人《ひと》を支《ささ》える

地味《じみ》なことでも手《て》をぬかずに取《と》り組《く》めるあなた。人《ひと》のために準備《じゅんび》することや土台《どだい》を作《つく》ることが宿命《しゅくめい》だよ。目《め》立《だ》たなくても、しっかりだれかのためになっている大事《だいじ》な役割《やくわり》だね。

運命《うんめい》を開《ひら》くカギ
- 漢字《かんじ》の勉強《べんきょう》
- ベージュ

お

時間《じかん》をかけた物《もの》作《づく》りが◎

ちょっとガンコでわが道《みち》を進《すす》むタイプのあなた。コツコツ時間《じかん》をかけて何《なに》かを作《つく》ることが宿命《しゅくめい》だよ。おいしい食《た》べ物《もの》を作《つく》る研究《けんきゅう》や、機械《きかい》の組《く》み立《た》てがおすすめ♪

運命《うんめい》を開《ひら》くカギ
- 工場《こうじょう》の見学《けんがく》
- パン作り

か

作品《さくひん》を通《とお》して感動《かんどう》させる

直感力《ちょっかんりょく》が強《つよ》くて、周《まわ》りをおどろかせるすごいアイデアがひらめくタイプ。それを生《い》かしてステキな作品《さくひん》を発表《はっぴょう》するなど、たくさんの人《ひと》を感動《かんどう》させることが、あなたの宿命《しゅくめい》だよ。

運命《うんめい》を開《ひら》くカギ
- お笑《わら》い番組《ばんぐみ》
- 蛍光《けいこう》パン

き

専門知識《せんもんちしき》を大勢《おおぜい》に伝《つた》える

勉強《べんきょう》が大好《だいす》きで、だれも知《し》らない専門《せんもん》の知識《ちしき》をたくさんもっているあなた。それを本《ほん》やSNS《エスエヌエス》などに書《か》いてみんなに発表《はっぴょう》したり、教室《きょうしつ》で教《おし》えたりすることが宿命《しゅくめい》だよ。

運命《うんめい》を開《ひら》くカギ
- 動物図鑑《どうぶつずかん》
- 黄緑色《きみどりいろ》

く

研究者《けんきゅうしゃ》として人《ひと》の役《やく》に立《た》つ

頭《あたま》を使《つか》うことが得意《とくい》で、1人《り》で集中《しゅうちゅう》して研究《けんきゅう》することが好《す》きなあなた。研究者《けんきゅうしゃ》になるという宿命《しゅくめい》があるよ。新《あたら》しい発明《はつめい》をして、ノーベル賞《しょう》をもらうことも夢《ゆめ》じゃないかも！

運命《うんめい》を開《ひら》くカギ
- 自由研究《じゆうけんきゅう》
- バインダー

け

グループで仲間《なかま》をリード

ワイワイ過《す》ごすことが好《す》きで、めんどう見《み》がよいタイプ。グループを作《つく》って勉強会《べんきょうかい》を開《ひら》いたり、ボランティアをしたりと、仲間《なかま》をリードして活動《かつどう》する宿命《しゅくめい》をもっているよ。

運命《うんめい》を開《ひら》くカギ
- 近所《きんじょ》の公園《こうえん》
- キャップぼう

こ

家族《かぞく》の幸《しあわ》せがあなたの幸《しあわ》せ

マジメで変化《へんか》を好《この》まず、コツコツ何《なに》かに取《と》り組《く》むことが得意《とくい》なあなた。家族《かぞく》の幸《しあわ》せのためにがんばることが宿命《しゅくめい》だよ。料理《りょうり》やおかしを作《つく》って、家族《かぞく》を喜《よろこ》ばせてあげるとGOOD《グッド》。

運命《うんめい》を開《ひら》くカギ
- 花柄《はながら》の服《ふく》
- クッキー

し みんなの心《こころ》を温《あたた》められる人《ひと》

クールに見《み》えるけど、心《こころ》のなかは温《あたた》かくてやさしいあなた。人《ひと》の気《き》もちが読《よ》めるから、上手《じょうず》に人《ひと》をいやしてあげられるよ。それはみんなを温《あたた》かい気《き》もちにすることが宿命《しゅくめい》だから！

運命《うんめい》を開《ひら》くカギ
- セーター
- 白《しろ》い花《はな》

さ 自由気《じゆうき》ままに経験《けいけん》を重《かさ》ねて

あなたはわくにはまるのが苦手《にがて》で、自由《じゆう》に動《うご》きたいタイプ。だから気《き》ままに動《うご》いていろんな経験《けいけん》を重《かさ》ねることが宿命《しゅくめい》だよ。ムリするとストレスになるのでがんばり過《す》ぎないで。

運命《うんめい》を開《ひら》くカギ
- 体育館《たいいくかん》
- マンガ雑誌《ざっし》

せ 悪《わる》いことは許《ゆる》さない！

正義感《せいぎかん》が強《つよ》くて、まちがったことは許《ゆる》せないタイプ。世《よ》のなかの悪《わる》いことを、自分《じぶん》の力《ちから》で少《すこ》しでもよくすることが宿命《しゅくめい》だよ。毎日《まいにち》のニュースをしっかり見《み》ておこう。

運命《うんめい》を開《ひら》くカギ
- 朝《あさ》のテレビ
- 警察官《けいさつかん》

す 美《うつく》しいもので感動《かんどう》させよう

美《うつく》しいことが好《す》きなあなたは、きれいなもので人《ひと》を感動《かんどう》させることが宿命《しゅくめい》だよ。おとなになったらファッションやメイクの仕事《しごと》をしたり、絵《え》をかいたりするといいかも。

運命《うんめい》を開《ひら》くカギ
- デジカメ
- カラーペン

た 難《むずか》しいことに挑戦《ちょうせん》しよう

どうどうとしていてタフなあなた。難《むずか》しいことに挑戦《ちょうせん》するのが宿命《しゅくめい》だよ。例《たと》えば外国《がいこく》の高《たか》い山《やま》に登《のぼ》ったり、スポーツで記録《きろく》をねらったり。人《ひと》に感動《かんどう》もあたえることができるよ。

運命《うんめい》を開《ひら》くカギ
- スポーツ観戦《かんせん》
- シュシュ

そ 社会《しゃかい》を動《うご》かし明《あか》るい世界《せかい》に

大《おお》きなことを成功《せいこう》させられるパワーがあるあなたの宿命《しゅくめい》は、仕事《しごと》を通《とお》して社会《しゃかい》を動《うご》かすこと。好《す》きなジャンルで会社《かいしゃ》やお店《みせ》を作《つく》ってみて。世《よ》のなかを明《あか》るくできるはずだよ。

運命《うんめい》を開《ひら》くカギ
- 雑貨屋《ざっかや》
- 金色《きんいろ》の小物《こもの》

ち 身近《みぢか》な人《ひと》を幸《しあわ》せにするよ

とても愛情深《あいじょうぶか》くて、家族《かぞく》や友《とも》だちにつくすあなたの宿命《しゅくめい》は、周《まわ》りの人《ひと》を幸《しあわ》せにすること。とくに結婚《けっこん》した後《あと》はパートナーや子《こ》どもを大切《たいせつ》にするから、温《あたた》かい家庭《かてい》を作《つく》れるはず！

運命《うんめい》を開《ひら》くカギ
- ハートの絵《え》
- お弁当箱《べんとうばこ》

つ しゅみを通《とお》して人《ひと》を喜《よろこ》ばせる

自分《じぶん》の世界《せかい》にひたることが好《す》きなあなた。しゅみのうでをみがいて、パフォーマンスでみんなを喜《よろこ》ばせることが宿命《しゅくめい》みたい。話《はな》しベタでもしゅみを通《とお》してなら気《き》もちは伝《つた》わるはずだよ。

運命《うんめい》を開《ひら》くカギ
- 楽器《がっき》の演奏《えんそう》
- 赤《あか》いトップス

て 日本《にほん》の伝統《でんとう》を守《まも》る職人《しょくにん》！

こだわりが強《つよ》い職人《しょくにん》タイプなので、昔《むかし》からの伝統《でんとう》を伝《つた》え続《つづ》けていくことが、あなたの宿命《しゅくめい》みたい。古《ふる》くからある観光地《かんこうち》を回《まわ》るなどして、日本《にほん》の文化《ぶんか》について勉強《べんきょう》してみよう。

運命《うんめい》を開《ひら》くカギ
- 日本《にほん》のお城《しろ》
- 明《あか》るい茶色《ちゃいろ》

と がんばる人《ひと》のサポート役《やく》

目立《めだ》つことが苦手《にがて》で落《お》ち着《つ》いているあなたの宿命《しゅくめい》は、がんばっている人《ひと》をサポートすること。社長《しゃちょう》を助《たす》ける秘書《ひしょ》になったり、結婚《けっこん》した後《あと》はパートナーを支《ささ》えたりすると◎。

運命《うんめい》を開《ひら》くカギ
- 料理教室《りょうりきょうしつ》
- マグカップ

な 細《こま》かい作業《さぎょう》で才能《さいのう》を発揮《はっき》！

責任感《せきにんかん》が強《つよ》くて、係《かかり》の仕事《しごと》や宿題《しゅくだい》をマジメにこなすあなた。細《こま》かい作業《さぎょう》で才能《さいのう》を生《い》かせそう。ステキなものを生《う》み出《だ》すことが宿命《しゅくめい》だね。ハンドメイドにチャレンジしてみて。

運命《うんめい》を開《ひら》くカギ
- ハンドミシン
- 桜《さくら》の花《はな》

に 新《あたら》しい流行《りゅうこう》を生《う》み出《だ》そう

みんなとちがうファッションや行動《こうどう》で注目《ちゅうもく》されるタイプで、流行《りゅうこう》を生《う》み出《だ》すことが宿命《しゅくめい》みたい。おもしろい小物《こもの》をみんなに見《み》せたり、変《か》わったファッションを考《かんが》えたりしてみよう。

運命《うんめい》を開《ひら》くカギ
- アイドル
- 星形《ほしがた》の小物《こもの》

ぬ　好《す》きな人《ひと》を思《おも》い続《つづ》ける

もの静《しず》かに見《み》えても、心《こころ》のなかに燃《も》える情熱《じょうねつ》をかくしもっているあなた。好《す》きな人《ひと》を大切《たいせつ》に思《おも》い続《つづ》けることが宿命《しゅくめい》だよ。おとなになったら運《うん》命《めい》の恋人《こいびと》と出会《であ》えるかもしれないね。

運命《うんめい》を開《ひら》くカギ
- 中指《なかゆび》の指輪《ゆびわ》
- 板《いた》チョコ

ね　人《ひと》に安心感《あんしんかん》をあたえる天才《てんさい》

やさしくて、周《まわ》りに流《なが》されやすいタイプ。そんなあなたの宿命《しゅくめい》は、人《ひと》を安心《あんしん》させること。特別《とくべつ》なことをしなくても、ほほ笑《え》むだけで、周《まわ》りはホッとするよ。いつも笑顔《えがお》でいてね。

運命《うんめい》を開《ひら》くカギ
- コスモス
- ミニタオル

の　マイペースに進《すす》んでいこう

のびのびしているあなたの宿命《しゅくめい》は、マイペースで生《い》きること。だれかからアドバイスされても、自分《じぶん》が本当《ほんとう》にやりたいことをやっていこう。それが人《ひと》にも元気《げんき》をあたえるよ。

運命《うんめい》を開《ひら》くカギ
- ボブヘア
- クッション

は　幸福《こうふく》パワーを広《ひろ》げていこう

心《こころ》が広《ひろ》くていつも元気《げんき》なので、あなたがいるだけでその場《ば》がパッと明《あか》るくなるよ！　いろんなところでたくさんの人《ひと》に幸《しあわ》せのパワーを分《わ》けてあげることが、あなたの宿命《しゅくめい》だよ。

運命《うんめい》を開《ひら》くカギ
- 体育《たいいく》の時間《じかん》
- うすい黄色《きいろ》

ひ　人前《ひとまえ》に出《で》て目立《めだ》つと◎

「もっと認《みと》めてもらいたい！」と強《つよ》く願《ねが》っているあなた。たくさんの人《ひと》の前《まえ》でパフォーマンスして、楽《たの》しませてあげることが宿命《しゅくめい》だね。みんなに注目《ちゅうもく》されて、自分自身《じぶんじしん》も大満足《だいまんぞく》♪

運命《うんめい》を開《ひら》くカギ
- ダンス教室《きょうしつ》
- ピンク色《いろ》

ふ　つかれた人《ひと》の心《こころ》をいやす

ほんわかしたムードをもち、ただそこにいるだけで、みんなの心《こころ》をいやせるよ。ギスギスした空気《くうき》をなごませたり、つかれている人《ひと》をホッとさせたりするのが、あなたの宿命《しゅくめい》なんだ。

運命《うんめい》を開《ひら》くカギ
- 保健《ほけん》の先生《せんせい》
- ブローチ

ほ なやみを聞《き》き助《たす》ける達人《たつじん》

人《ひと》の気《き》もちがよくわかり、助《たす》けられるやさしさのあるあなた。人《ひと》のなやみを聞《き》いて安心《あんしん》させてあげることが、あなたの宿命《しゅくめい》だよ。動物《どうぶつ》をかわいがるという役割《やくわり》ももっているみたい。

運命《うんめい》を開《ひら》くカギ
- 飼育係《しいくがかり》
- 心理学《しんりがく》の本《ほん》

へ 情報《じょうほう》や意見《いけん》を発信《はっしん》してみて

新《あたら》しい情報《じょうほう》をたくさん知《し》っていて、みんなと同《おな》じなのはイヤなタイプ。自分《じぶん》の意見《いけん》や情報《じょうほう》をインターネットなどでどんどん伝《つた》えて、人《ひと》をワクワクさせることがあなたの宿命《しゅくめい》だよ。

運命《うんめい》を開《ひら》くカギ
- 図書室《としょしつ》
- ストライプ

み 弱《よわ》いものをやさしく守《まも》る

弱《よわ》い人《ひと》や苦《くる》しんでいる人《ひと》を見《み》ると、放《ほう》っておけないやさしいあなた。小《ちい》さな子《こ》どもや動物《どうぶつ》など、弱《よわ》いものを守《まも》っていくことが宿命《しゅくめい》だよ。でもつくしすぎてつかれないようにしてね。

運命《うんめい》を開《ひら》くカギ
- 保育園《ほいくえん》
- 鳥形《とりがた》の小物《こもの》

ま 世《よ》のなかを正《ただ》しく変《か》える

一度《いちど》こうだと決《き》めたらまっすぐ前進《ぜんしん》するパワーをもっていて、世《よ》のなかの悪《わる》いところをよくしていくのがあなたの宿命《しゅくめい》。社会《しゃかい》がどうなっているかニュースでチェックして。

運命《うんめい》を開《ひら》くカギ
- 政治家《せいじか》の話《はなし》
- ヘアリボン

め 人《ひと》とはちがう特技《とくぎ》を生《い》かす

みんなとちがう自分《じぶん》をアピールしたり、目立《めだ》つことが好《す》きなタイプ。変《か》わった特技《とくぎ》を身《み》につけて、それを生《い》かすことが宿命《しゅくめい》だよ。だれもやっていないことを探《さが》してみよう。

運命《うんめい》を開《ひら》くカギ
- 手品《てじな》
- 蛍光《けいこう》ピンク

む 絵《え》や文章《ぶんしょう》で自分《じぶん》を伝《つた》えて

あまりしゃべらないタイプだけど、そのぶんパワーをひめているよ。絵《え》や文章《ぶんしょう》を通《とお》して自分《じぶん》をアピールするのが、あなたの宿命《しゅくめい》。作品《さくひん》に自分《じぶん》の感情《かんじょう》をこめてみよう。

運命《うんめい》を開《ひら》くカギ
- コミック本《ほん》
- えんぴつ

も 人《ひと》の心《こころ》と体《からだ》を元気《げんき》にするよ

おっとりしていて温《あたた》かい心《こころ》をもっているから、人《ひと》をホッとさせる力《ちから》があるよ。人《ひと》の心《こころ》や体《からだ》を元気《げんき》にすることが、あなたの宿命《しゅくめい》。とくに健康《けんこう》について勉強《べんきょう》すると、一生役立《いっしょうやくだ》つはず。

運命《うんめい》を開《ひら》くカギ
- 看護師《かんごし》
- フルーツ

や いろんな国《くに》を飛《と》び回《まわ》る！

ジッとするのが苦手《にがて》で、いろんなことにチャレンジするがんばり屋《や》さん。海外《かいがい》を飛《と》び回《まわ》って、いろんな国《くに》の様子《ようす》を学《まな》ぶことが宿命《しゅくめい》だよ。今《いま》から外国《がいこく》について調《しら》べておくと◎。

運命《うんめい》を開《ひら》くカギ
- 英会話教室《えいかいわきょうしつ》
- 広《ひろ》い草原《そうげん》

ゆ ステキな話《はなし》を生《う》み出《だ》せる！

ロマンチストで豊《ゆた》かな想像力《そうぞうりょく》をもっていて、ステキな物語《ものがたり》を作《つく》ることができるあなた。その才能《さいのう》を生《い》かして、新《あたら》しいストーリーや、感動《かんどう》する話《はなし》を生《う》み出《だ》すことが宿命《しゅくめい》だよ。

運命《うんめい》を開《ひら》くカギ
- 新《あたら》しい絵本《えほん》
- パステル色《いろ》

よ 人《ひと》をつないで輪《わ》を広《ひろ》げよう

めんどう見《み》がよくて親切《しんせつ》なあなたは、いつも周《まわ》りに愛《あい》されているね。合《あ》わせることも上手《じょうず》なので、人《ひと》と人《ひと》をつなぐことが宿命《しゅくめい》だよ。友《とも》だちをしょうかいして輪《わ》を広《ひろ》げていこう。

運命《うんめい》を開《ひら》くカギ
- 入学式《にゅうがくしき》
- 年賀状《ねんがじょう》

ら 正《ただ》しさより楽《たの》しさが大事《だいじ》

新《あたら》しいことへの挑戦《ちょうせん》が好《す》きな、明《あか》るく元気《げんき》なあなた。ズバリ「楽《たの》しく生《い》きること」があなたの宿命《しゅくめい》だね。正《ただ》しいほうより楽《たの》しいと感《かん》じるほうを選《えら》んで、ワクワクして過《す》ごそう。

運命《うんめい》を開《ひら》くカギ
- パーティー
- むらさき色《いろ》

り センスをみがき続《つづ》ける

きれいなことが大好《だいす》きで、ファッションセンスも◎なあなた。自分《じぶん》の魅力《みりょく》をアピールして、みんなにあこがれられることが宿命《しゅくめい》みたい。今《いま》からオシャレの研究《けんきゅう》をしよう。

運命《うんめい》を開《ひら》くカギ
- ロングヘア
- マニキュア

れ お手本《てほん》となるあこがれの人《ひと》

はなやかなムードをもつ、おじょうさまタイプ。オシャレでれいぎ正《ただ》しいので、みんなのあこがれだよ。人《ひと》のお手本《てほん》になることがあなたの宿命《しゅくめい》。でもがんばり過《す》ぎには注意《ちゅうい》してね！

運命《うんめい》を開《ひら》くカギ
- レストラン
- 三《み》つ編《あ》み

る ユーモアで人《ひと》を笑顔《えがお》に

ユーモアがあって明《あか》るい、その場《ば》のムードを盛《も》り上《あ》げる天才《てんさい》。人《ひと》を笑《わら》わせることが、あなたの宿命《しゅくめい》だよ。とくに落《お》ちこんでいる人《ひと》を笑顔《えがお》にするようにがんばってみて。

運命《うんめい》を開《ひら》くカギ
- はやりの歌《うた》
- 招《まね》きネコ

わ 争《あらそ》いムードをやわらげる

なごやかなムードがあり、人《ひと》に合《あ》わせることが上手《じょうず》。グループをおだやかにすることが、あなたの宿命《しゅくめい》だよ。争《あらそ》いでギスギスしている空気《くうき》を、ホッとやわらげてあげてね。

運命《うんめい》を開《ひら》くカギ
- ぬいぐるみ
- キャンディ

ろ 夢《ゆめ》を目《め》ざして難題《なんだい》に挑戦《ちょうせん》！

だいたんでサバサバした大物《おおもの》タイプのあなた。宿命《しゅくめい》は、大《おお》きな夢《ゆめ》を追《お》うことだよ。夢《ゆめ》が大《おお》きいほど、難《むずか》しいことに挑戦《ちょうせん》できて、自分《じぶん》の器《うつわ》が広《ひろ》がるんだ。もちろん夢《ゆめ》もかなうはず！

運命《うんめい》を開《ひら》くカギ
- クリスマス
- サイン色紙《しきし》

ぎ 専門分野《せんもんぶんや》でトップになる

知識《ちしき》を増《ふ》やすことが大好《だいす》きなあなた。好《す》きなジャンルの勉強《べんきょう》をして、その世界《せかい》でトップになることが、あなたの宿命《しゅくめい》だよ。そのジャンルに新《あたら》しい風《かぜ》をふきこむことができるんだ。

運命《うんめい》を開《ひら》くカギ
- 自分《じぶん》の写真《しゃしん》
- 国語《こくご》の授業《じゅぎょう》

が パワフルさが世界《せかい》を広《ひろ》げる

とてもパワフルで、人《ひと》がしないことを急《きゅう》に始《はじ》めて、周《まわ》りをアッとおどろかせるあなた。世《よ》のなかにない仕事《しごと》を考《かんが》え出《だ》すとか、新《あたら》しい世界《せかい》をみんなに見《み》せることが宿命《しゅくめい》だよ。

運命《うんめい》を開《ひら》くカギ
- とび箱《ばこ》
- 青《あお》いくつ下《した》

げ　世話好《せわず》きでたよりになる

たよりがいがあって世話好《せわず》きだから、あなたの周《まわ》りにはいつも人《ひと》がいっぱい。大切《たいせつ》な人《ひと》たちのめんどうを見《み》ることが、あなたの宿命《しゅくめい》だよ。何《なに》かを教《おし》えることにも向《む》いているね。

運命《うんめい》を開《ひら》くカギ
- 校長先生《こうちょうせんせい》
- ミニトマト

ぐ　好《す》きな分野《ぶんや》の研究者《けんきゅうしゃ》になる

何《なに》かをさぐることが得意《とくい》なあなたは、好《す》きなジャンルの研究者《けんきゅうしゃ》になることが宿命《しゅくめい》だよ。新発見《しんはっけん》をして、注目《ちゅうもく》を集《あつ》めることになるかも。そのために、今《いま》からいろんな勉強《べんきょう》をしておこう。

運命《うんめい》を開《ひら》くカギ
- 理科《りか》の実験《じっけん》
- 日記帳《にっきちょう》

ざ　人《ひと》がおどろく作品《さくひん》を作《つく》るよ

だいたんで、個性的《こせいてき》なものを作《つく》り出《だ》す才能《さいのう》に恵《めぐ》まれているあなた。それを生《い》かして、すばらしい作品《さくひん》を生《う》み出《だ》すことが宿命《しゅくめい》なんだ。すごいものを作《つく》ってみんなをおどろかせてね♪

運命《うんめい》を開《ひら》くカギ
- 書道教室《しょどうきょうしつ》
- アニメ映画《えいが》

ご　幸《しあわ》せな家庭《かてい》を増《ふ》やしていく

家《いえ》での生活《せいかつ》を大事《だいじ》にしているあなたは、料理《りょうり》やガーデニングなど、幸《しあわ》せな家庭《かてい》を作《つく》る方法《ほうほう》を周《まわ》りに教《おし》えていくことが宿命《しゅくめい》みたい。将来《しょうらい》、そんな仕事《しごと》を選《えら》んでいくと◎。

運命《うんめい》を開《ひら》くカギ
- 手芸《しゅげい》の本《ほん》
- 焼《や》きプリン

ず　美《び》の世界《せかい》を変化《へんか》させる

美《うつく》しいことが大好《だいす》きで、美的《びてき》センスにもめぐまれているみたい。そんなあなたの宿命《しゅくめい》は、オシャレの世界《せかい》を変《か》えていくこと。新《あたら》しいメイク法《ほう》やファッションを広《ひろ》げていこう！

運命《うんめい》を開《ひら》くカギ
- コスメ売《う》り場《ば》
- 雑誌《ざっし》モデル

じ　気《き》が弱《よわ》い人《ひと》に元気《げんき》をあげて

アイデアが豊富《ほうふ》で、おしゃべりで人《ひと》を楽《たの》しませてあげられるあなた。たよりにされることも多《おお》いはずだよ。気《き》が弱《よわ》い人《ひと》に元気《げんき》なエネルギーを分《わ》けてあげることが、あなたの宿命《しゅくめい》！

運命《うんめい》を開《ひら》くカギ
- 満月《まんげつ》の写真《しゃしん》
- モンブラン

ぞ 仕事《しごと》を通《とお》して社会《しゃかい》を変《か》える

おとなしく見《み》えても、すごいパワーをかくしもっているあなた。将来《しょうらい》は会社《かいしゃ》を作《つく》るなどして、社会《しゃかい》を便利《べんり》に変《か》えていくことが宿命《しゅくめい》だよ。今《いま》から計画《けいかく》を立《た》てておくといいかも。

運命《うんめい》を開《ひら》くカギ
- 朝日《あさひ》の写真《しゃしん》
- G《ジー》ジャン

ぜ 悪事《あくじ》に負《ま》けず幸《しあわ》せを作《つく》るよ

いじめっ子《こ》に注意《ちゅうい》できるような、どうどうとしたタイプだよ。悪《わる》いことに対《たい》して声《こえ》をあげたり、世界《せかい》の貧《まず》しい人《ひと》を助《たす》けたりするのが宿命《しゅくめい》。たくさんの人《ひと》を、幸《しあわ》せにできるはず。

運命《うんめい》を開《ひら》くカギ
- 徒競走《ときょうそう》
- 野花《のばな》

ぢ 愛《あい》する人《ひと》を幸《しあわ》せにする

自分《じぶん》の幸《しあわ》せより、周《まわ》りの人《ひと》の幸《しあわ》せを願《ねが》うやさしいあなた。とくに恋人《こいびと》やパートナーなど、愛《あい》する人《ひと》を幸《しあわ》せにすることが、あなたの宿命《しゅくめい》だね。おかし作《づく》りや手芸《しゅげい》のうでをみがいて。

運命《うんめい》を開《ひら》くカギ
- 美容院《びよういん》
- スイートピー

だ どんなときも上《うえ》を目《め》ざそう

がんばり屋《や》で負《ま》けずギライのあなたは、上《うえ》を目《め》ざすことが宿命《しゅくめい》だよ。このくらいでいいやと満足《まんぞく》しないで、目標《もくひょう》を高《たか》くもって進《すす》もう。それが毎《まい》日《にち》を楽《たの》しくすることにつながるよ。

運命《うんめい》を開《ひら》くカギ
- 植物《しょくぶつ》の種《たね》
- お守《まも》り

で 伝統《でんとう》の世界《せかい》に関《かか》わろう

コツコツ何《なに》かを作《つく》ることが楽《たの》しい、職人《しょくにん》タイプだね。わがしや人形《にんぎょう》など伝統的《でんとうてき》なものに関《かか》わることが、あなたの宿命《しゅくめい》みたい。そのなかから好《す》きなものを、じっくり研究《けんきゅう》してみよう。

運命《うんめい》を開《ひら》くカギ
- 歴史《れきし》の本《ほん》
- 茶色《ちゃいろ》のくつ

づ 計算《けいさん》が必要《ひつよう》な仕事《しごと》で成功《せいこう》!?

頭《あたま》の回転《かいてん》が速《はや》くて分析《ぶんせき》が得意《とくい》なあなたは、数字《すうじ》に関《かか》わることが宿命《しゅくめい》。将来《しょうらい》は計算《けいさん》が必要《ひつよう》な仕事《しごと》をすると、成功《せいこう》するかも。今《いま》から数字《すうじ》に強《つよ》くなれるよう算数《さんすう》をがんばってみて。

運命《うんめい》を開《ひら》くカギ
- 算数《さんすう》の授業《じゅぎょう》
- あんパン

ば（ぱ） 目立《めだ》つ行動《こうどう》で人《ひと》を喜《よろこ》ばせる

パワーと勢《いきお》いがあるので、みんなに注目《ちゅうもく》されるタイプ。たくさんの人《ひと》を笑《わら》わせたり喜《よろこ》ばせたりすることが、あなたの宿命《しゅくめい》だよ。えんりょしないで、どこでも目立《めだ》ってしまおう。

運命《うんめい》を開《ひら》くカギ
- 学級委員《がっきゅういいん》
- Tシャツ

ぶ（ぷ） つかれた人《ひと》をそっといやす

やさしくて人《ひと》の気《き》もちが読《よ》めるあなた。なやんでいたり、つかれていたりする人《ひと》の心《こころ》をいやすことが宿命《しゅくめい》みたい。心理学《しんりがく》を学《まな》んだり、いやすための資格《しかく》を取《と》ったりするといいね。

運命《うんめい》を開《ひら》くカギ
- 卒業式《そつぎょうしき》
- アロマ

ぼ（ぽ） 重《おも》いムードをやわらげる

ふんわりとしたムードで、人《ひと》をリラックスさせることが得意《とくい》なあなた。ケンカでギスギスした空気《くうき》をやわらかくしたり、悲《かな》しんでいる人《ひと》を笑顔《えがお》にしたりすることが宿命《しゅくめい》だよ。

運命《うんめい》を開《ひら》くカギ
- ハーモニカ
- うらない本《ほん》

ど 家族《かぞく》を支《ささ》えるサポート役《やく》に

人《ひと》の世話《せわ》を焼《や》くことが好《す》きで親切《しんせつ》なあなた。身近《みぢか》な人《ひと》、とくに家族《かぞく》を支《ささ》えていくことが、あなたの宿命《しゅくめい》だよ。将来《しょうらい》は、家事《かじ》や育児《いくじ》をがんばるパワフルなお母《かあ》さんになれそうだね。

運命《うんめい》を開《ひら》くカギ
- スーパーマーケット
- パンケーキ

び（ぴ） 個性《こせい》が光《ひか》って人《ひと》の目《め》を引《ひ》く

目立《めだ》ったり認《みと》められることを求《もと》めるあなたは、周《まわ》りからおもしろい人《ひと》と思《おも》われることが宿命《しゅくめい》だよ。個性的《こせいてき》なファッションや会話《かいわ》で、みんなを楽《たの》しませてね。

運命《うんめい》を開《ひら》くカギ
- ゆるキャラ
- ヨーグルト

べ（ぺ） 人《ひと》とはちがうセンスをもつ

「自分《じぶん》は人《ひと》とはちがう」というこだわりがあって、変《か》わった考《かんが》え方《かた》やセンスをもっているね。それを生《い》かして、人《ひと》をおどろかせることがあなたの宿命《しゅくめい》。絵《え》や音楽《おんがく》で表現《ひょうげん》するのも◎。

運命《うんめい》を開《ひら》くカギ
- ピアノ教室《きょうしつ》
- ベレーぼう

運命《うんめい》のアップダウンがわかる！

姓名人生《せいめいじんせい》うらない

名字《みょうじ》（姓《せい》）の最後《さいご》と名前《なまえ》の最初《さいしょ》は、姓名《せいめい》をつなぐ大事《だいじ》な部分《ぶぶん》。そのエネルギーの組《く》み合《あ》わせで、どれだけ変化《へんか》の多《おお》い人生《じんせい》になるかがわかるよ。波《なみ》が激《はげ》しいか、おだやかかを調《しら》べてみよう。

うらない方《かた》

あなたの名前《なまえ》の

ほしみ「や」「つ」むぎ

ここに注目《ちゅうもく》！

それぞれの音《おと》のもつパワーのバランスでうらなうよ！

火《ひ》 × 土《つち》

名前《なまえ》のはじめ　名字《みょうじ》の最後《さいご》

※「が」や「ぱ」などは「゛」「゜」がついていない文字《もじ》と考《かんが》えて。
※火《ひ》×土《つち》、土《つち》×火《ひ》のように順番《じゅんばん》が逆《ぎゃく》になっても結果《けっか》は同《おな》じだよ。

文字《もじ》のもつパワーはこれ！

あ行《ぎょう》	土《つち》	は行《ぎょう》	水《みず》
か行《ぎょう》	木《き》	ま行《ぎょう》	水《みず》
さ行《ぎょう》	金《きん》	や行《ぎょう》	土《つち》
た行《ぎょう》	火《ひ》	ら行《ぎょう》	火《ひ》
な行《ぎょう》	火《ひ》	わ行《ぎょう》	土《つち》

ずっとおだやかで
仲間《なかま》とワイワイ★

木《き》×木《き》

素直《すなお》な性格《せいかく》と社交性《しゃこうせい》を生《い》かしてたくさんの人《ひと》に囲《かこ》まれる人生《じんせい》

人生《じんせい》のドラマチック度《ど》

35%《パーセント》

人生《じんせい》の流《なが》れは、全体的《ぜんたいてき》にあまり大《おお》きな動《うご》きはないよ。でもあなたが素直《すなお》でおしゃべり上手《じょうず》だから、いろんな人《ひと》たちとにぎやかに交流《こうりゅう》する、たいくつしない楽《たの》しい人生《じんせい》になりそうだね。子《こ》どものころから年《とし》を取《と》るまで、周《まわ》りにはいつもたくさんの人《ひと》がいるよ。しゅみや習《なら》い事《ごと》も多《おお》くて、いろんな知《ち》識《しき》や能力《のうりょく》を身《み》につけられるはず。ワクワクするなかでもトラブルは少《すく》なくて、おだやかに過《す》ごせそう。

ひたすら上《あ》がって
いく一方《いっぽう》！

木《き》×火《ひ》

大《おお》きな夢《ゆめ》や目標《もくひょう》を確実《かくじつ》につかむエスカレーターのような人生《じんせい》

人生《じんせい》のドラマチック度《ど》

45%《パーセント》

向上心《こうじょうしん》を燃《も》やして大《おお》きな夢《ゆめ》を追《お》い、止《と》まることなく走《はし》り続《つづ》ける人生《じんせい》になりそう。ただがむしゃらに走《はし》るだけじゃなくて、計画《けいかく》を立《た》ててしっかり勉強《べんきょう》したり、いろんな人《ひと》の話《はなし》を聞《き》いたり、練習《れんしゅう》したりして、確実《かくじつ》に夢《ゆめ》をつかんでいけるはずだよ。勉強《べんきょう》熱心《ねっしん》なので、いろんな知識《ちしき》があなたの人生《じんせい》を支《ささ》えることに。ドラマチック度《ど》は低《ひく》めだけど何《なに》かにぶつかることなく順調《じゅんちょう》に進《すす》めるよ♪

周《まわ》りの反対《はんたい》に
負《ま》けないで進《すす》む！

木《き》×土《つち》

能力《のうりょく》をみがいて、1人《り》の力《ちから》で
やりたいことを実現《じつげん》させる人生《じんせい》

人生《じんせい》のドラマチック度《ど》

70%《パーセント》

自分《じぶん》の考《かんが》えや未来《みらい》の夢《ゆめ》がハッキリしているから、それをおし通《とお》していく、がんばる人生《じんせい》になりそうだよ。周《まわ》りにはあなたの生《い》き方《かた》に反対《はんたい》する人《ひと》が多《おお》いかも。だから、つい反発《はんぱつ》して、言《い》い合《あ》いになるなんてことも……。そんなことがあっても自分《じぶん》を信《しん》じて能力《のうりょく》をみがいて、1人《り》の力《ちから》でがんばることができる強《つよ》さがあるよ。仲間《なかま》をたくさん作《つく》ることに力《ちから》を注《そそ》いで、協力《きょうりょく》してくれる人《ひと》を増《ふ》やそう。

大《だい》どんでん返《がえ》しが
何度《なんど》も起《お》こる!?

木《き》×金《きん》

おだやかな毎日《まいにち》が続《つづ》いた後《あと》に
とつぜん大変化《だいへんか》が起《お》こる人生《じんせい》

人生《じんせい》のドラマチック度《ど》

90%《パーセント》

あなたの人生《じんせい》のドラマチック度《ど》は、かなり高《たか》いみたい。おだやかで変化《へんか》のない毎日《まいにち》だったかと思《おも》うと、ある日《ひ》とつぜん人生《じんせい》がガラッと変《か》わる……なんてことが！　これからの一生《いっしょう》のなかに、そんな場面《ばめん》が何度《なんど》もありそう。変化《へんか》が来《く》るたびに動揺《どうよう》すると思《おも》うけれど、その経験《けいけん》を通《とお》して、多《おお》くのことを学《まな》んで、心《こころ》が成長《せいちょう》していくよ。年《とし》を重《かさ》ねたら、こい人生《じんせい》だったと思《おも》えそうだね。

たくさんの人《ひと》の
愛情《あいじょう》にめぐまれる♥

木《き》×水《みず》

周《まわ》りの人《ひと》に温《あたた》かく親切《しんせつ》にするぶん
あなたも愛《あい》に助《たす》けられる人生《じんせい》

あなたの人生《じんせい》は、周《まわ》りからの愛情《あいじょう》にめぐまれるよ。あなた自身《じしん》がやさしくて愛情深《あいじょうぶか》いから、だれからも愛《あい》されるんだね。積極的《せっきょくてき》に困《こま》っている人《ひと》の手助《てだす》けをするぶん、自分《じぶん》にもしっかり返《かえ》ってくるよ。自然《しぜん》と人気者《にんきもの》になって、いつも周《まわ》りには協力《きょうりょく》してくれる人《ひと》がいるはず。だから大《おお》きなトラブルとはえんがなくて、ドラマチック度《ど》も低《ひく》め。おだやかで落《お》ち着《つ》いた人生《じんせい》になりそうだね。

人生《じんせい》のドラマチック度《ど》

40%《パーセント》

同《おな》じ夢《ゆめ》をずっと
追《お》い続《つづ》けていく！

火《ひ》×火《ひ》

子《こ》どものころからの目標《もくひょう》を追《お》う
迷《まよ》いなく、まっすぐ走《はし》る人生《じんせい》

自分《じぶん》の好《す》きなことが早《はや》く見《み》つかって、それに激《はげ》しく情熱《じょうねつ》を燃《も》やし続《つづ》ける人生《じんせい》になりそう。子《こ》どものころから、ずっと同《おな》じ大《おお》きな夢《ゆめ》を追《お》い続《つづ》けて、おとなになったらそれを実現《じつげん》させられるかも。そんな迷《まよ》いのない、まっすぐな道《みち》をひたすら走《はし》り続《つづ》けていくよ。トラブルはないけど、ドラマチック度《ど》は少《すこ》し高《たか》め。目標《もくひょう》を追《お》い過《す》ぎて、家族《かぞく》や友《とも》だちの存在《そんざい》を忘《わす》れがちな点《てん》は気《き》をつけてね。

人生《じんせい》のドラマチック度《ど》

55%《パーセント》

時間《じかん》をかけて
階段《かいだん》をのぼる！

火《ひ》×土《つち》

一《ひと》つの大《おお》きな目標《もくひょう》に向《む》かって
コツコツ歩《ある》き続《つづ》けていく人生《じんせい》

自分《じぶん》の人生《じんせい》のハッキリとした目標《もくひょう》をもっているから、それに向《む》かってコツコツ努力《どりょく》を続《つづ》けて、少《すこ》しずつ進《すす》んでいく生《い》き方《かた》になりそう。一歩一歩階段《いっぽいっぽかいだん》をのぼるように時間《じかん》はかかるけれど、下《した》に落《お》ちることはなく、おとなになるほど成功《せいこう》していくタイプ。それが自分《じぶん》だけでなく、周《まわ》りの人《ひと》たちのためにもなるよ。だからドラマチック度《ど》は低《ひく》め。がんばったごほうびに、お金《かね》もちになれる予感《よかん》も！

人生《じんせい》の
ドラマチック度《ど》

30%《パーセント》

変化《へんか》が多《おお》くて
落《お》ち着《つ》かない!?

火《ひ》×金《きん》

やりたいことが次《つぎ》つぎ出《で》てきて
目《め》ざす方向《ほうこう》が変《か》わっていく人生《じんせい》

好奇心《こうきしん》が強《つよ》いあなたは、次《つぎ》つぎとやりたいことを見《み》つけそう。そのときそのときで、目《め》ざす方向《ほうこう》がコロコロ変《か》わるから、どこか一《ひと》つの場所《ばしょ》に落《お》ち着《つ》くことができなそう。でも、そんな落《お》ち着《つ》かない変化《へんか》の激《はげ》しい生《い》き方《かた》が、あなたにとっては楽《たの》しいんじゃないかな。引《ひ》っこしの回数《かいすう》も、自然《しぜん》と多《おお》くなる可能性《かのうせい》があるよ。お金《かね》を上手《じょうず》に使《つか》うことが、幸《しあわ》せに生《い》きるカギになるみたい。

人生《じんせい》の
ドラマチック度《ど》

80%《パーセント》

ジェットコースター
みたいな一生《いっしょう》！

火《ひ》 × 水《みず》

ドラマチック度《ど》はナンバーワン

幼少期《ようしょうき》と結婚後《けっこんご》は人生《じんせい》が正反対《せいはんたい》に⁉

ドラマチック度《ど》ナンバーワン！　まるでジェットコースターに乗《の》っているみたいな、アップダウンの激《はげ》しい人生《じんせい》だよ。周《まわ》りにいろんなタイプの人《ひと》が現《あらわ》れて、笑《わら》ったり泣《な》いたりといそがしくなりそう。とくに親《おや》といっしょにいる子《こ》どものころと、おとなになって結婚《けっこん》した後《あと》の人生《じんせい》が、ほぼ正反対《せいはんたい》になる可《か》能性《のうせい》があるよ。ハラハラする場面《ばめん》も多《おお》いけど、いろんな経験《けいけん》ができてたいくつすることはなさそうだね。

人生《じんせい》の
ドラマチック度《ど》

95%《パーセント》

同《おな》じ道《みち》をたんたんと
歩《ある》き続《つづ》ける★

土《つち》 × 土《つち》

最《もっと》も低《ひく》いドラマチック度《ど》

好《す》きな生《い》き方《かた》をつらぬく人生《じんせい》

ドラマチック度《ど》は最《もっと》も低《ひく》いよ。変化《へんか》が少《すく》ない、とっても安定《あんてい》した人生《じんせい》になりそうだね。それはどうやら、あなたの求《もと》める生《い》き方《かた》が、しっかりと決《き》まっているから。おとなになってもブレることなく、同《おな》じ道《みち》をたんたんと歩《ある》き続《つづ》けることができるはずだよ。それは仕事《しごと》かもしれないし、家族《かぞく》を大事《だいじ》に守《まも》ることかもしれないね。ずっと変《か》わらないあなたに、周《まわ》りも安心感《あんしんかん》をもつはず。

人生《じんせい》の
ドラマチック度《ど》

20%《パーセント》

周《まわ》りのサポートで
楽《たの》しく過《す》ごせる♪

土《つち》×金《きん》

力《ちから》のある人《ひと》たちに助《たす》けてもらって あまえて過《す》ごせる安心《あんしん》の人生《じんせい》

周《まわ》りにパワーのある人《ひと》たちが集《あつ》まり、何《なに》かとサポートしてもらえる人生《じんせい》だよ。尊敬《そんけい》する人《ひと》や、頭《あたま》がよくて仕事《しごと》ができる人《ひと》に助《たす》けてもらえたり、よい環境《かんきょう》にめぐまれたりしそう。金運《きんうん》もめぐまれているよ。安定感《あんていかん》のある生《い》き方《かた》になるから、ドラマチック度《ど》は低《ひく》め。先生《せんせい》や会社《かいしゃ》の社長《しゃちょう》など、目上《めうえ》の人《ひと》とも仲《なか》よくなれそう。おとなになったら、自分《じぶん》も年下《としした》の人《ひと》をサポートすることを忘《わす》れずにね。

人生《じんせい》の
ドラマチック度《ど》

25%《パーセント》

環境《かんきょう》の変化《へんか》が
生《い》き方《かた》を左右《さゆう》する！

土《つち》×水《みず》

自分《じぶん》でどれだけ動《うご》いたかが 幸《しあわ》せを決《き》めるポイントに！

周《まわ》りの環境《かんきょう》が大《おお》きく変《か》わりやすいので、あまり自《じ》分《ぶん》から動《うご》かなくても、自然《しぜん》と変化《へんか》の多《おお》い人生《じんせい》になるよ。ひかえめにしているあなたに、あれこれおしつけてくる人《ひと》が多《おお》くて、困《こま》る場面《ばめん》があるかも。それは、あなたの受《う》け身《み》な姿勢《しせい》が原因《げんいん》みたい。周《まわ》りにたよらず、どれだけ自分《じぶん》の力《ちから》で生《い》きていけるのかが、人生《じんせい》をよい流《なが》れにするポイント。あなたには、かくされたパワーがあるんだよ。

人生《じんせい》の
ドラマチック度《ど》

75%《パーセント》

ワクワクする
楽《たの》しさを追《お》う♪

金《きん》×金《きん》

毎日《まいにち》がキラキラとかがやくような楽《たの》しい刺激《しげき》がいっぱいの人生《じんせい》

たいくつがきらいで、ワクワク感《かん》あふれる楽《たの》しい生《い》き方《かた》を求《もと》めるあなた。一生《いっしょう》を通《とお》してたくさんのしゅみや習《なら》い事《ごと》にチャレンジしたり、いろんなところに遊《あそ》びに行《い》ったりしそう。変化《へんか》が多《おお》くて楽《たの》しい出来《でき》事《ごと》がいっぱいの、たいくつ知《し》らずの人生《じんせい》になりそうだね。美《うつく》しい世界《せかい》が好《す》きで、ファッション関係《かんけい》や美容関係《びようかんけい》の仕事《しごと》で成功《せいこう》する予感《よかん》もあるよ。金運《きんうん》も好調《こうちょう》。楽《たの》しく生《い》きるためのお金《かね》にも困《こま》らなそう。

人生《じんせい》のドラマチック度《ど》

65%《パーセント》

あまえ上手《じょうず》なので
守《まも》ってもらえる♥

金《きん》×水《みず》

どこでもよい人間関係《にんげんかんけい》を作《つく》ってたよれる人《ひと》に守《まも》られる人生《じんせい》

あまえ上手《じょうず》なあなたの周《まわ》りには、守《まも》ってくれるたよりがいのある人《ひと》が、いつもたくさんいるね。どこへ行《い》っても愛情《あいじょう》あふれるよい人間関係《にんげんかんけい》を作《つく》れるから、トラブルは少《すく》ないよ。だから人生《じんせい》のドラマチック度《ど》は低《ひく》め。だれかが守《まも》ってくれて当《あ》たり前《まえ》と思《おも》わずに、家族《かぞく》や友《とも》だちへの感謝《かんしゃ》の気《き》もちを忘《わす》れないことが人生《じんせい》のポイント。しゅみを生《い》かしてお金《かね》をかせぐことができる才能《さいのう》もあるよ。

人生《じんせい》のドラマチック度《ど》

40%《パーセント》

自分《じぶん》より愛《あい》する
人《ひと》たちを優先《ゆうせん》する！

水《みず》×水《みず》

何《なに》よりも愛《あい》が大切《たいせつ》という気《き》もちで
自分《じぶん》の愛《あい》する人《ひと》たちにつくす人生《じんせい》

とっても深《ふか》い愛情《あいじょう》にめぐまれる人生《じんせい》になりそう。何《なに》より愛《あい》が大切《たいせつ》だと考《かんが》えて、愛《あい》する人《ひと》たちのことを一生大事《いっしょうだいじ》に生《い》きていくはず。とくに家族《かぞく》のことを、しっかり考《かんが》えているよ。結婚《けっこん》した後《あと》は、家族《かぞく》にエネルギーを注《そそ》ぐ毎日《まいにち》になりそう。周《まわ》りからも愛《あい》されるけれど、愛《あい》する人《ひと》のためにつらい思《おも》いをする場面《ばめん》もあるみたい。そんなときも、愛《あい》でしっかり乗《の》りこえていくよ。

人生《じんせい》の
ドラマチック度《ど》

60%《パーセント》

CHECK!《チェック》

結婚《けっこん》して名字《みょうじ》が変《か》わると、あなたの人生《じんせい》も変《か》わっていくよ。
結婚《けっこん》した後《あと》に、どんな人生《じんせい》がやってくるのか楽《たの》しみだね！
好《す》きなカレの名字《みょうじ》に変《か》えて、こっそりうらなってみてもおもしろいかも♪

おなやみ？！ Q《キュー》&《アンド》A《エー》 将来《しょうらい》の夢《ゆめ》編《へん》

みんなの未来《みらい》は先《さき》が見《み》えないけれど、キラキラかがやいているよ♪
今回《こんかい》は将来《しょうらい》の夢《ゆめ》についてのおなやみにアドバイス！

Q《キュー》 アイドル歌手《かしゅ》になりたい！でも親《おや》が反対《はんたい》しているからあきらめたほうがいい？

(小学《しょうがく》4年生《ねんせい》：頭文字《かしらもじ》「ひ」、火《ひ》×水《みず》)

小《ちい》さなころから歌《うた》うことが大好《だいす》き！将来《しょうらい》は、アイドル歌手《かしゅ》になりたいと思《おも》っているの。でも親《おや》が、ムリだからふつうの会社《かいしゃ》にって……。夢《ゆめ》をあきらめたほうがいい？

A《エー》 夢《ゆめ》を追《お》い求《もと》めるタイプのあなた、結果《けっか》を出《だ》すまで全力《ぜんりょく》で走《はし》って！

あなたの頭文字《かしらもじ》は「ひ」で、姓名人生《せいめいじんせい》うらないでは「火《ひ》×水《みず》」。目立《めだ》つことが大好《だいす》きで、反対《はんたい》をおし切《き》ってでも夢《ゆめ》を追《お》い求《もと》めていくタイプ。だから夢《ゆめ》をあきらめると、「あのとき、もっとがんばればよかった」と一生後悔《いっしょうこうかい》するかも。夢《ゆめ》をかなえるために全力《ぜんりょく》で走《はし》って！

Q《キュー》 目《め》ざすものがわからないどんな才能《さいのう》があってどの仕事《しごと》を選《えら》べばいいの？

(小学《しょうがく》5年生《ねんせい》：頭文字《かしらもじ》「も」、木《き》×水《みず》)

これといったしゅみや得意《とくい》なことがないから、何《なに》を目《め》ざせばいいのかわからなくて……。私《わたし》には、何《なに》が向《む》いているんだろう？　将来《しょうらい》どんな仕事《しごと》を選《えら》べば、楽《たの》しく働《はたら》いて幸《しあわ》せになれるのかな？

A《エー》 困《こま》っている人《ひと》を助《たす》ける才能《さいのう》アリ、心《こころ》と体《からだ》の健康《けんこう》について学《まな》んで

あなたの頭文字《かしらもじ》は「も」で、姓名人生《せいめいじんせい》うらないでは「木《き》×水《みず》」。人《ひと》をいやす温《あたた》かい心《こころ》をもち、困《こま》っている人《ひと》をサポートする才能《さいのう》があるよ。とくに心《こころ》と体《からだ》の健康《けんこう》について学《まな》ぶと、じゅうじつするはず。勉強《べんきょう》しながら健康《けんこう》に関係《かんけい》する仕事《しごと》のなかで、合《あ》うと思《おも》うものを選《えら》んでみてはどうかな？

ハピかわ
うらない
その10

妖精《ようせい》からのお告《つ》げ！

花《はな》妖《よう》精《せい》うらない

だれの心《こころ》にもステキな妖精《ようせい》が住《す》んでいるの。
あなたの心《こころ》にはどんな妖精《ようせい》がいるのかな？
九星気学《きゅうせいきがく》を基《もと》にしたこのうらないで、
何《なに》が得意《とくい》かもわかるのよ。

月《るな》ちゃんに会《あ》ってから　いろんなうらないを　教《おし》えてもらったよね
そうね　出会《であ》ったキッカケも　うらないみたいな　ものだし
どんどん　好《す》きになっちゃって　今《いま》では私《わたし》も　うらないが　しゅみかも
そうなの？　なんか　うれしい…
最近《さいきん》は自分《じぶん》でも　うらないの本《ほん》を　見《み》たりして
いつかは自分《じぶん》の　オリジナルうらないが　できたらいいなーって　思《おも》ったりしてて…

つむぎのオリジナルうらないかぁ…
どんなうらないだろう？
うーんそうだなぁ…
いろんな人《ひと》をお花《はな》の妖精《ようせい》別《べつ》にタイプ分《わ》けする…とか？
お花《はな》の妖精《ようせい》？
かわいい妖精《ようせい》が自分《じぶん》にお告《つ》げをくれるみたいで考《かんが》えただけでワクワクしない？

あなたはどの妖精《ようせい》？

まずはフェアリーナンバーをチェック！

縦《たて》の列《れつ》であなたの生《う》まれ年《どし》を、横《よこ》の列《れつ》で生《う》まれた日《ひ》を探《さが》してね。
2つが交差《こうさ》した場所《ばしょ》の数字《すうじ》が、あなたのフェアリーナンバー！

年《ねん》／月日《がっぴ》	1/1～1/5	1/6～2/3	2/4～3/5	3/6～4/4	4/5～5/5	5/6～6/5	6/6～7/7	7/8～8/7	8/8～9/7	9/8～10/8	10/9～11/8	11/9～12/7	12/8～12/31
1997	7	6	5	4	3	2	1	9	8	7	6	5	4
1998	4	3	2	1	9	8	7	6	5	4	3	2	1
1999	1	9	8	7	6	5	4	3	2	1	9	8	7
2000	7	6	5	4	3	2	1	9	8	7	6	5	4
2001	4	3	2	1	9	8	7	6	5	4	3	2	1
2002	1	9	8	7	6	5	4	3	2	1	9	8	7
2003	7	6	5	4	3	2	1	9	8	7	6	5	4
2004	4	3	2	1	9	8	7	6	5	4	3	2	1
2005	1	9	8	7	6	5	4	3	2	1	9	8	7
2006	7	6	5	4	3	2	1	9	8	7	6	5	4
2007	4	3	2	1	9	8	7	6	5	4	3	2	1
2008	1	9	8	7	6	5	4	3	2	1	9	8	7
2009	7	6	5	4	3	2	1	9	8	7	6	5	4
2010	4	3	2	1	9	8	7	6	5	4	3	2	1
2011	1	9	8	7	6	5	4	3	2	1	9	8	7
2012	7	6	5	4	3	2	1	9	8	7	6	5	4
2013	4	3	2	1	9	8	7	6	5	4	3	2	1
2014	1	9	8	7	6	5	4	3	2	1	9	8	7
2015	7	6	5	4	3	2	1	9	8	7	6	5	4
2016	4	3	2	1	9	8	7	6	5	4	3	2	1
2017	1	9	8	7	6	5	4	3	2	1	9	8	7
2018	7	6	5	4	3	2	1	9	8	7	6	5	4
2019	4	3	2	1	9	8	7	6	5	4	3	2	1
2020	1	9	8	7	6	5	4	3	2	1	9	8	7

★表《ひょう》にない人《ひと》は、自分《じぶん》の生《う》まれ年《どし》の3、6、9年後《ねんご》か、3、6、9年前《ねんまえ》の表《ひょう》を見《み》てね。

No.1《ナンバー》
スミレ
▶▶ P.269

No.4《ナンバー》
カスミ草《そう》
▶▶ P.272

No.7《ナンバー》
ダリア
▶▶ P.275

No.2《ナンバー》
シクラメン
▶▶ P.270

No.5《ナンバー》
バラ
▶▶ P.273

No.8《ナンバー》
ウメ
▶▶ P.276

No.3《ナンバー》
ガーベラ
▶▶ P.271

No.6《ナンバー》
ユリ
▶▶ P.274

No.9《ナンバー》
カトレア
▶▶ P.277

Fairy《フェアリー》 No.《ナンバー》1

スミレ

あなたの長所《ちょうしょ》は？

傷《きず》ついて落《お》ちこんでも立《た》ち上《あ》がる強《つよ》さがある

スミレの花言葉《はなことば》は「けんきょ」。とてもやさしくて愛情深《あいじょうぶか》く、センチメンタル。少《すこ》しのことで傷《きず》ついて落《お》ちこむことも。でも、ふまれても立《た》ち上《あ》がるように、けんめいにがんばるけなげさがあるよ。

ソウルメイトは？

ユリ

キリッとしている強《つよ》い相手《あいて》に、姉《あね》のようなたのもしさを感《かん》じるよ。相手《あいて》もあまえてくるあなたをかわいいなと思《おも》うはず。

長所《ちょうしょ》はこう生《い》かす！

ペットや植物《しょくぶつ》を育《そだ》て上《あ》げる天才《てんさい》

つくすタイプのあなたは、ペットや植物《しょくぶつ》を育《そだ》てることが上手《じょうず》。学校《がっこう》の飼育係《しいくがかり》に立候補《りっこうほ》したり、自分《じぶん》の部屋《へや》やお庭《にわ》でハーブを育《そだ》てたりすると◎。あなたが世話《せわ》をすると、不思議《ふしぎ》とすくすく成長《せいちょう》するよ。

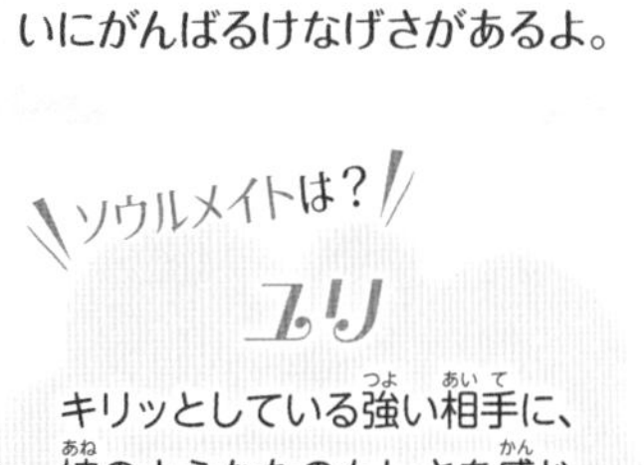

Fairy《フェアリー》 No.《ナンバー》2

シクラメン

あなたの長所《ちょうしょ》は？

ひかえめで地道《じみち》な
人《ひと》を喜《よろこ》ばせる努力家《どりょくか》

シクラメンの花言葉《はなことば》は「えんりょ」。冬《ふゆ》でも花《はな》をさかせるように、地道《じみち》にコツコツがんばる努《ど》力家《りょくか》。自分《じぶん》よりほかの人《ひと》を立《た》てる、ひかえめなタイプだよ。人《ひと》を喜《よろこ》ばせることが幸《しあわ》せにつながるよ。

ソウルメイトは？

ウメ

現実《げんじつ》をしっかり見《み》られる２人《り》なので、力《ちから》を合《あ》わせて何《なに》かを成功《せいこう》させられるよ。相手《あいて》のリードに任《まか》せたほうが順調《じゅんちょう》なはず。

長所《ちょうしょ》はこう生《い》かす！

味覚《みかく》がすぐれていて料理上手《りょうりじょうず》

味覚《みかく》がすぐれていて、食《た》べることが大好《だいす》きなシクラメンのあなた。料理《りょうり》の才能《さいのう》をかくしもっているよ。おとなになったらいろんなおいしい料理《りょうり》やおかしを作《つく》って、家族《かぞく》を喜《よろこ》ばせられるはず。今《いま》から研究《けんきゅう》してみよう。

Fairy《フェアリー》 No.《ナンバー》3

ガーベラ

あなたの長所《ちょうしょ》は?

明《あか》るく行動力《こうどうりょく》があって チャレンジ精神《せいしん》おうせい

ガーベラの花言葉《はなことば》は「希望《きぼう》」。未来《みらい》をワクワク考《かんが》えているね。あざやかな花《はな》のように明《あか》るく行《こう》動的《どうてき》で、じっとしていることが苦手《にがて》。次《つぎ》つぎと何《なに》かにチャレンジする移《うつ》り気《ぎ》なところも。

ソウルメイトは?

カスミ草

あなたの話《はなし》を楽《たの》しそうに聞《き》いてくれる、ふんわりとしたカスミ草《そう》。2人《り》でいると、いつまでもおしゃべりがつきないね!

長所《ちょうしょ》はこう生《い》かす!

するどい音楽《おんがく》の才能《さいのう》をかくしもつ

あなたにあたえられているのは、ズバリ「音楽《おんがく》の才能《さいのう》」! 音感《おんかん》がすぐれていて、好《す》きな曲《きょく》をすぐに覚《おぼ》えたり、楽器《がっき》の演奏《えんそう》にイキイキと取《と》り組《く》んだりできるよ。きれいな歌声《うたごえ》でみんなを感動《かんどう》させて♪

Fairy《フェアリー》 No.《ナンバー》4

カスミ草《そう》

あなたの長所《ちょうしょ》は？

だれにでも親切《しんせつ》にして人《ひと》を引《ひ》き立《た》てられる

カスミ草《そう》の花言葉《はなことば》は「親切《しんせつ》」。ほかの花《はな》を美《うつく》しく引《ひ》き立《た》てるこの花《はな》のように、だれとでもおだやかに付《つ》き合《あ》えるよ。人《ひと》の長所《ちょうしょ》ものばせるね。でも考《かんが》え過《す》ぎて、迷《まよ》ってしまうことも。

ソウルメイトは？

スミレ

とってもやさしく愛《あい》のある相手《あいて》の言葉《ことば》は、あなたのハートをうるおすよ。つらいときは、相《そう》談《だん》してみるとラクになるよ。

長所《ちょうしょ》はこう生《い》かす！

多《おお》くの意見《いけん》をまとめる仲裁役《ちゅうさいやく》

おだやかで空気《くうき》が読《よ》めるタイプだから、バラバラになっているみんなの意見《いけん》を「じゃあ、こうしよう」と、まとめることにかけては天才《てんさい》！　積極的《せっきょくてき》にいろんな人《ひと》の意見《いけん》を聞《き》いてあげて！

Fairy《フェアリー》 No.《ナンバー》5

バラ

あなたの長所《ちょうしょ》は？

女王《じょおう》のようなかがやき
はなやかな存在感《そんざいかん》

バラの花言葉《はなことば》は「愛《あい》」と「美《び》」。ゴージャスで多《おお》くの人《ひと》をひきつけるあなた。ただそこにいるだけで、存在感《そんざいかん》があるね。お姉《ねえ》さんタイプのしっかり者《もの》で、みんなをまとめるパワーがあるよ。

ソウルメイトは？

カトレア

ふだんは強気《つよき》なあなたも、ゆうがな相手《あいて》の前《まえ》では力《ちから》をぬいて、本音《ほんね》を出《だ》せるよ。あまえられるゆいいつの存在《そんざい》といえそう。

長所《ちょうしょ》はこう生《い》かす！

先生《せんせい》など目上《めうえ》の人《ひと》と仲《なか》よくなれる

自信家《じしんか》でどうどうとしているバラのあなたは、先生《せんせい》の前《まえ》でも気《き》おくれしないで、素直《すなお》に本音《ほんね》を話《はな》せるよ。だから目上《めうえ》の人《ひと》の悪《わる》い点《てん》をズバリ指摘《してき》して、直《なお》してもらえることも。友《とも》だちにも感謝《かんしゃ》されそうだね。

Fairy《フェアリー》 No.《ナンバー》6

ユリ

あなたの長所《ちょうしょ》は？

だれより正義感《せいぎかん》が強《つよ》くて気品《きひん》とプライドがある

ユリの花言葉《はなことば》は「純粋《じゅんすい》」。真《ま》っ白《しろ》い花《はな》のように曲《ま》がったことがきらいで、正《ただ》しく生《い》きようとするあなた。気品《きひん》があって、プライドも高《たか》いタイプだね。でも、さみしがり屋《や》な面《めん》もあるよ。

ソウルメイトは？

シクラメン

おっとりしている相手《あいて》には、安心《あんしん》して自分《じぶん》の弱《よわ》い部分《ぶぶん》を見《み》せられるよ。長《なが》く付《つ》き合《あ》えて、信頼《しんらい》し合《あ》える相手《あいて》だね。

長所《ちょうしょ》はこう生《い》かす！

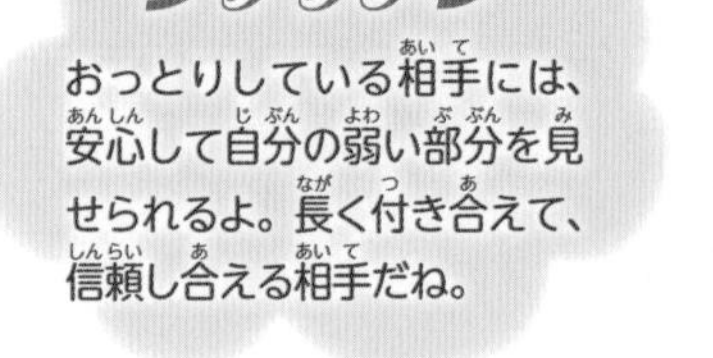

たのもしいクラスのお目付《めつ》け役《やく》

正義感《せいぎかん》が強《つよ》くて、周《まわ》りから悪《わる》いことを減《へ》らす才能《さいのう》があるよ。知《し》らないおとなについていこうとする人《ひと》や、係《かかり》の仕事《しごと》・授業《じゅぎょう》をサボっている人《ひと》がいたら、やさしい言葉《ことば》で伝《つた》えてあげてね。

Fairy《フェアリー》 No.7《ナンバー》

ダリア

あなたの長所《ちょうしょ》は？

がんばり過《す》ぎないで毎日《まいにち》を笑顔《えがお》で楽《たの》しむ

ダリアの花言葉《はなことば》は「栄華《えいが》」。この大《おお》きな花《はな》のようにゆうがで遊《あそ》び好《ず》きで、人生《じんせい》を楽《たの》しみたいと思《おも》うタイプだよ。がんばり過《す》ぎたり、ガマンしたりするのは苦《にが》手《て》。いつも笑顔《えがお》でいたいんだね。

ソウルメイトは？

バラ

どっしりしたタイプの相手《あいて》は、グラグラと動《うご》きやすいあなたの心《こころ》を安定《あんてい》させるよ。相手《あいて》のアドバイスも参考《さんこう》になる！

長所《ちょうしょ》はこう生《い》かす！

イベントを盛《も》り上《あ》げる才能《さいのう》アリ

楽《たの》しいこと大好《だいす》きなあなたは、イベントを盛《も》り上《あ》げることについては天才《てんさい》。それだけはなやかなムードをもっているよ。運動会《うんどうかい》や遠足《えんそく》で元気《げんき》なかけ声《ごえ》を出《だ》して、みんなの気《き》もちを明《あか》るくしよう！

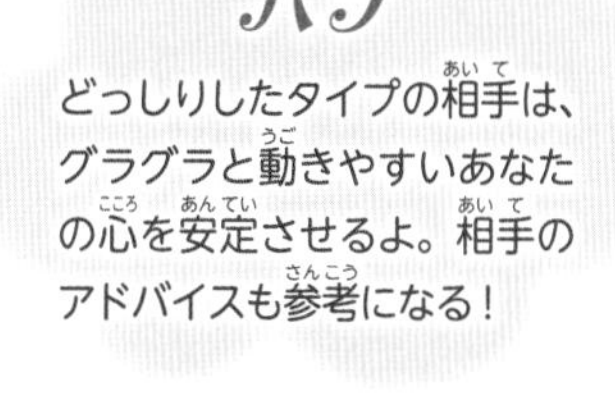

Fairy《フェアリー》 No.《ナンバー》8

ウメ

あなたの長所《ちょうしょ》は？

せんさいに見《み》えて
じつはエネルギッシュ

ウメの花言葉《はなことば》は「不屈《ふくつ》の精神《せいしん》」。真冬《まふゆ》に花《はな》がさくウメのように、か弱《よわ》く見《み》えても大《おお》きなパワーをひめているよ。大《おお》きな夢《ゆめ》をもって、苦労《くろう》に立《た》ち向《む》かうほどエネルギッシュになれちゃう！

ソウルメイトは？

ダリア

がんばり過《す》ぎるあなたの心《こころ》を、ホッとなごませてくれる相手《あいて》だよ。いっしょに遊《あそ》びに行《い》くと、パワーアップできそう！

長所《ちょうしょ》はこう生《い》かす！

つかれにくい性質《せいしつ》でスポーツ万能《ばんのう》

バイタリティあふれるあなたは、どんなスポーツでもいい成績《せいせき》を出《だ》せるみたい。そのうえつかれにくいから、長《なが》い時間《じかん》の練習《れんしゅう》もがんばることができるはず。クラス対抗《たいこう》のスポーツでは、みんなたよりにしているよ！

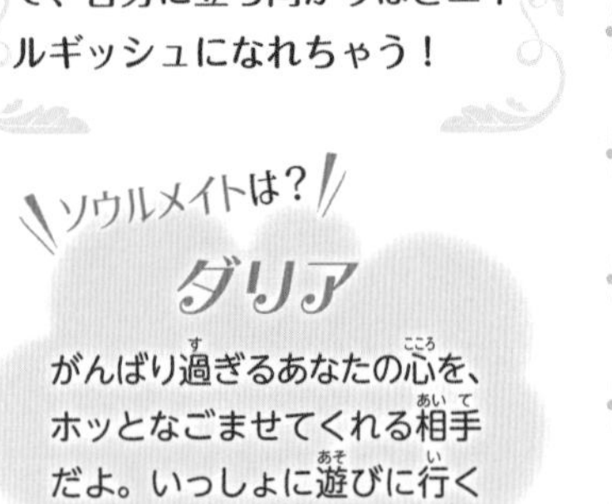

Fairy《フェアリー》 No.《ナンバー》9

カトレア

あなたの長所《ちょうしょ》は？

ゴージャスに見《み》えて心《こころ》はちょっとせんさい

カトレアの花言葉《はなことば》は「みわく的《てき》」。ため息《いき》が出《で》るほど美《うつく》しい花《はな》のように、ゴージャスでキラキラしたかがやきを放《はな》っているよ。見《み》た目《め》ははなやかだけど、心《こころ》は少《すこ》し折《お》れやすいみたい。

ソウルメイトは？

ガーベラ

いろんなことを知《し》っている相《あい》手《て》を、素直《すなお》に尊敬《そんけい》できるよ。明《あか》るい言葉《ことば》で、あなたの心《こころ》の弱《よわ》さもフォローしてくれるはず。

長所《ちょうしょ》はこう生《い》かす！

美的《びてき》なセンスと創作《そうさく》の才能《さいのう》あり！

美《うつく》しさにびんかんなあなたはセンスが高《たか》く、美術《びじゅつ》の才能《さいのう》にあふれているよ。イラストや何《なに》かのデザインにチャレンジすれば、自《じ》分《ぶん》でもおどろくほどのセンスを発揮《はっき》しそう。ふだんからいろんな作品《さくひん》を見《み》るといいね！

あなたのクラスでのポジションは？

あなたの花妖精《はなようせい》は、クラスではどんなポジションにいるかな？
芸術家《げいじゅつか》と学者《がくしゃ》タイプ、明《あか》るさとクールさで分《わ》けてみたよ。
友《とも》だちの妖精《ようせい》も調《しら》べて、位置《いち》を比《くら》べてね。

明《あか》るい・クール

気《き》もちを強《つよ》く出《だ》すかで決《き》まる

最《もっと》もクールで感情《かんじょう》を出《だ》さないのは、シクラメン。次《つぎ》のスミレはクールというより、もの静《しず》かなタイプだよ。そしていちばん明《あか》るいのがダリア！　天然《てんねん》な発言《はつげん》で盛《も》り上《あ》げそう。カトレアもはなやかさいっぱい！

芸術家《げいじゅつか》・学者《がくしゃ》タイプ

理性《りせい》と感性《かんせい》の強《つよ》さで分《わ》かれる

学者《がくしゃ》タイプのトップは、頭《あたま》の回転《かいてん》が速《はや》くて好奇心《こうきしん》あふれるガーベラ。その次《つぎ》は、現実《げんじつ》をしっかりと見《み》るシクラメンだね。一番《いちばん》の芸術家《げいじゅつか》は、美的《びてき》センスのあるカトレアだよ。せんさいなスミレもいい勝負《しょうぶ》だね。

あなたは恋《こい》をするとこうなっちゃう！

花妖精《はなようせい》はそれぞれ恋《こい》をしたら、相手《あいて》にどんな態度《たいど》を取《と》るのかな？
愛《あい》されたい・愛《あい》したい、さっぱり・つくすタイプに分《わ》けたよ。
あなたやカレがどのタイプか、調《しら》べてみよう！

さっぱりしている・つくすタイプ

カレ一筋《ひとすじ》になるかがカギ

いちばんつくすのは、恋《こい》にすっかりはまる愛情深《あいじょうぶか》いスミレ。バラとカトレアはバランスが取《と》れて、相手《あいて》に合《あ》わせられるね。ダリアとガーベラは、恋愛《れんあい》でもさっぱりしているよ。カレにベッタリはイヤなんだね。

愛《あい》されたい・愛《あい》したい

受《う》け身《み》かおすかがポイント

愛《あい》されたいタイプのトップは、プライドが高《たか》くて告白《こくはく》が苦手《にがて》なユリ。優柔不断《ゆうじゅうふだん》なカスミ草《そう》も受《う》け身《み》だね。自分《じぶん》から愛《あい》したいタイプの1位《い》は、積極的《せっきょくてき》におすダリア。ウメもカレに猛《もう》アピールしてがんばっていくよ。

かくれた性格《せいかく》がわかっちゃう!

花《はな》妖《よう》精《せい》ランキング

あなたはほかの妖精《ようせい》より、どこがすぐれている?　ランキングで、花妖精《はなようせい》の長所《ちょうしょ》がもっとわかるよ!　これで大《おお》きく自信《じしん》UP《アップ》!

がんばりやさんはだれ?

1位《い》　ウメ

高《たか》い目標《もくひょう》をかかげて、勉強《べんきょう》もスポーツもトップを目《め》ざすウメ。そうやって気《き》もちを盛《も》り上《あ》げているね。強力《きょうりょく》なライバルがいるほど「よし!」と気合《きあい》が入《はい》るよ。

2位《い》　シクラメン

目立《めだ》たなくてもガマン強《づよ》くがんばり続《つづ》けるタイプ。投《な》げ出《だ》さないから確実《かくじつ》に成功《せいこう》するね。

3位《い》　ユリ

人《ひと》が見《み》ていないところでガッツリ勉強《べんきょう》したり、家《いえ》のお手伝《てつだ》いをこなしていたりしそう。

ムードメーカーはだれ?

1位《い》　ダリア

あなたがいるだけで、花《はな》が開《ひら》いたようにクラスが明《あか》るくなるよ。

2位《い》　ガーベラ

話題《わだい》が豊富《ほうふ》で、みんなの話《はなし》を盛《も》り上《あ》げるために欠《か》かせない存在《そんざい》。

3位《い》　カトレア

ワクワクしながら時間《じかん》を忘《わす》れて、好《す》きなことに熱中《ねっちゅう》するよ。

リーダーシップがあるのは?

1位《い》　バラ

あなたの意見《いけん》ならまちがいない!と、みんなついてきてくれるはず。

2位《い》　ユリ

自信《じしん》があってぶれない性格《せいかく》が、周《まわ》りに信頼《しんらい》と安心《あんしん》をあたえるよ。

3位《い》　ウメ

周《まわ》りからたよられて、自然《しぜん》の流《なが》れでリーダーになっているタイプ。

話上手《はなしじょうず》なのはだれ？

1位《い》 ガーベラ

アイデアが豊富《ほうふ》で、どんな話《はなし》も盛《も》り上《あ》げられるよ。声《こえ》もきれい！

2位《い》 ダリア

遊《あそ》びやしゅみなど楽《たの》しい話《はなし》の天才《てんさい》。みんなを笑顔《えがお》にするよ。

3位《い》 カスミ草《そう》

とにかく合《あ》わせ上手《じょうず》。相手《あいて》から話《はなし》を引《ひ》き出《だ》すこともうまいね。

ロマンチストはだれ？

1位《い》 カトレア

美《うつく》しい風景《ふうけい》や音楽《おんがく》にジーンとする感激屋《かんげきや》。あまいムードにも弱《よわ》いね。

2位《い》 スミレ

恋愛《れんあい》ドラマやマンガの世界《せかい》にはまり、現実《げんじつ》が見《み》えなくなることも。

3位《い》 カスミ草《そう》

詩《し》みたいなあまい言葉《ことば》にクラッとくるよ。だまされやすい点《てん》は注意《ちゅうい》。

思《おも》いやりがあるのはだれ？

1位《い》 カスミ草《そう》

自分《じぶん》のことを忘《わす》れてでも、周《まわ》りのために動《うご》くカスミ草《そう》。お人《ひと》よしすぎて損《そん》することもありそう。それでも人《ひと》の役《やく》に立《た》てることに、喜《よろこ》びを感《かん》じるんだね。

2位《い》 スミレ

愛《あい》する人《ひと》につくすタイプ。大《たい》切《せつ》な人《ひと》が喜《よろこ》ぶなら、何《なん》でもしたいと思《おも》っているよ。

3位《い》 シクラメン

家族《かぞく》などの身近《みぢか》な人《ひと》を思《おも》いやるよ。めいわくをかけないように、グチや弱音《よわね》も言《い》わないね。

もうすぐ新《しん》学《がっ》期《き》だね
そういえば…!!じゃあ月《るな》ちゃんと友《とも》だちになってから1年《ねん》になるね!
あっという間《ま》だったなぁ…
ひょこり
ひょこり
あーあ…
クラスがえかぁ…
ずん…
つむぎ…

ぽんっ
まーた
クラスがえで
暗《くら》くなってんのかよ
ゆづ…
つむぎ――!!
どんなクラスになろうと
また私《わたし》が遊《あそ》びに来《く》るから
安心《あんしん》しろ!
いやそれ
オレが言《い》おうと
ずいっ
くす
2人《り》とも
心配《しんぱい》してくれて
ありがと

昨日《きのう》ね自分《じぶん》のことをうらなってみたの
結果《けっか》はあまりよくなかったんだけど
クラスがえの日《ひ》がチャレンジするのにピッタリの日《ひ》なんだって
だから…もしみんなとバラバラになってもがんばれる気《き》がする！
つむぎ…
UNIVERSE
たぶんだけど…

たぶんかよ！
安心《あんしん》しかけて損《そん》したじゃん！
つむぎさん…なんだかふんいきが変《か》わりましたね
うん…
クラスはなれたらさみしいなぁって思《おも》ってた私《わたし》が、なんかはずかしいもん
つむぎってば…

あ…
あんなこと言《い》ったのに…
まさか…
1組
結弦
真南　明
月
つむぎ
雪平
みんな同《おな》じクラスだぁ～っ
また同《おな》じクラスだね！
うん！
まーたお前《まえ》らといっしょかよ
結《ゆ》弦《づる》くん…

クラス
佐伯 結弦
円木 月
星宮 つむぎ
あの子《こ》なんか困《こま》ってるみたい…見《み》てくるね！
あいつ…変《か》わったな
つむぎがやさしいのは元《もと》からよ
自分《じぶん》に自信《じしん》がついたおかげで
そのよさをもっと生《い》かせるようになっただけよ
〜〜っ
知《し》ってたし！

おまじないを始《はじ》める前《まえ》に…

おまじないは、あなたを見守《みまも》る天使《てんし》からパワーをもらうための儀式《ぎしき》。
しっかり準備《じゅんび》をしてから、注意《ちゅうい》を守《まも》ってやってみよう。

やっておくこと

部屋《へや》をそうじしよう

部屋《へや》でおまじないをするときは、その部屋《へや》をきれいにしてから始《はじ》めてね。

体《からだ》を清《きよ》めよう

石《せっ》けんで両手《りょうて》を洗《あら》ったり、おふろに入《はい》って体《からだ》を洗《あら》ったりしてきれいな状態《じょうたい》で。

1人《り》の時間《じかん》を作《つく》って!

ほかに人《ひと》がいないところで、静《しず》かに深呼吸《しんこきゅう》して気分《きぶん》を落《お》ち着《つ》けよう。

効果《こうか》を高《たか》めるためのアドバイス

天使《てんし》にお願《ねが》い

おまじないをかけた後《あと》、手《て》を合《あ》わせて「願《ねが》いがかないますように」とお願《ねが》いしよう。

心《こころ》から信《しん》じること

「ホントにかなう？」と思《おも》っていると かなわないので、「絶対《ぜったい》かなう！」と信《しん》じよう。

注意点《ちゅういてん》

かけっぱなしNG《エヌジー》!

おまじないをかけっぱなしで忘《わす》れるのはNG《エヌジー》。かなったら天使《てんし》に感謝《かんしゃ》しよう。

欲《よく》ばっちゃダメ!

同時《どうじ》にいくつもかけるのはNG《エヌジー》。一《ひと》つずつおまじないをかけるようにしてね。

ハピかわうらない★おまけ

自分《じぶん》の知《し》らない自分《じぶん》を知《し》る！

心理《しんり》テスト・おまじない

心理《しんり》テストでは、自分《じぶん》でも気《き》づいていない心《こころ》のおくの気《き》もちがわかるよ。そこで気《き》になったところはおまじないの力《ちから》を借《か》りて直《なお》しちゃおう！

心理《しんり》テスト 1

この箱《はこ》のなかにいるこわいものは何《なに》？

下《した》の四《よっ》つから答《こた》えを選《えら》んでね！

A《エー》 大迫力《だいはくりょく》のかいじゅう

B《ビー》 おそろしい悪魔《あくま》

C《シー》 トラやライオン

D《ディー》 たくさんのゴキブリ

結果《けっか》は292ページへ

心理《しんり》テスト 2

重《おも》い花《か》びんが落《お》ちた！さて、どうなった？

下《した》の四《よっ》つから答《こた》えを選《えら》んでね！

A《エー》 こなごなに割《わ》れた！

B《ビー》 三《みっ》つほどに割《わ》れた

C《シー》 少《すこ》し欠《か》けただけ

D《ディー》 割《わ》れずにそのまま

結果《けっか》は 292ページへ

290ページの心理《しんり》テスト1では…

自分《じぶん》でも気《き》づいていない
心《こころ》のおくの不安《ふあん》がわかる！

A《エー》を選《えら》んだ人《ひと》は

親《おや》や先生《せんせい》の目《め》が気《き》になっちゃう

目上《めうえ》の人《ひと》のことを不安《ふあん》に思《おも》っているよ。「おこられないようにしなきゃ」というプレッシャーがあるみたいだね。

B《ビー》を選《えら》んだ人《ひと》は

悪《わる》いことをしたのがバレちゃうかも

前《まえ》にこっそりとした悪《わる》いことはないかな？　それがバレることをこわがっているのかも。先《さき》にあやまっておこう。

C《シー》を選《えら》んだ人《ひと》は

恋《こい》のライバルに勝《か》てるかな……

恋《こい》のライバル出現《しゅつげん》！　自分《じぶん》よりもライバルのほうがだんぜん強《つよ》いと思《おも》っていて、自信《じしん》をもてず不安《ふあん》みたい。

D《ディー》を選《えら》んだ人《ひと》は

あれもこれも……私《わたし》にできるかな？

宿題《しゅくだい》とか部屋《へや》の片《かた》づけとか、やらなくちゃいけないことで頭《あたま》がいっぱい！「どうしよう…」とモンモンとしてるね。

291ページの心理《しんり》テスト2では…

友《とも》だちとケンカした後《あと》に、
あなたが取《と》る行動《こうどう》がわかる！

A《エー》を選《えら》んだ人《ひと》は

素直《すなお》にあやまってすぐ仲直《なかなお》りタイプ

心《こころ》がやわらかいあなた。ケンカしてもすぐ反省《はんせい》して、素直《すなお》にあやまれるよ。だからすんなり仲直《なかなお》りできちゃうみたい。

B《ビー》を選《えら》んだ人《ひと》は

すぐには行動《こうどう》せず様子《ようす》を見《み》るタイプ

仲直《なかなお》りしたいなとは思《おも》うけど、動《うご》かずに少《すこ》し様子《ようす》を見《み》そう。しばらくして、何《なに》もなかったように声《こえ》をかけるみたい。

C《シー》を選《えら》んだ人《ひと》は

友《とも》だちがあやまるのを待《ま》つタイプ

少《すこ》しプライドが高《たか》いあなたは、自分《じぶん》からはあやまれないみたい。友《とも》だちからあやまってくるのを、ジッと静《しず》かに待《ま》つよ。

D《ディー》を選《えら》んだ人《ひと》は

いつまでたってもおこったままタイプ

とてもガンコでなかなかいかりがおさまらないあなた。「もう絶交《ぜっこう》！」と意地《いじ》をはって、自分《じぶん》からは話《はな》しかけないタイプ。

おまじない 1

ほっこりニットぼうで 不安《ふあん》な心《こころ》がなくなる!

頭《あたま》がすっぽり入《はい》るニットぼうを用意《ようい》しよう。不安《ふあん》な気《き》もちがわいてきたら、そのぼうしを胸《むね》の前《まえ》でギュッとだきしめて。そして、自分《じぶん》のハートが光《ひか》りかがやく様子《ようす》をイメージしよう。それをしてから、気《き》もちが安《やす》らぐまでぼうしをかぶっていてね。何《なん》度《ど》もくり返《かえ》すうちに不安《ふあん》がわきにくくなるよ!

おまじない 2

ケンカをしても仲直《なかなお》り 東北《とうほく》のソルトパワー!

えんを呼《よ》びもどすパワーがある方角《ほうがく》・東北《とうほく》を使《つか》うよ! 自分《じぶん》の部屋《へや》の中心《ちゅうしん》から見《み》て東北《とうほく》のほうに、小皿《こざら》に盛《も》った塩《しお》を置《お》いて。ねる前《まえ》に塩《しお》の前《まえ》で手《て》を合《あ》わせて、ケンカした相手《あいて》のことを思《おも》いうかべながら、心《こころ》のなかで「仲直《なかなお》りできますように」とお願《ねが》いしてね。すると願《ねが》いがかなって仲《なか》よくなれるはず!

心理《しんり》テスト 3

パワーをくれる！ 友《とも》だち診断《しんだん》

それぞれの質問《しつもん》に、YES《イエス》かNO《ノー》で答《こた》えて進《すす》んでいってね。

START《スタート》!

友《とも》だちには自分《じぶん》から連絡《れんらく》することが多い

YES《イエス》→
NO《ノー》→

自分《じぶん》の誕生日《たんじょうび》パーティーをやりたい！

みんなの前《まえ》で歌《うた》うのはイヤじゃない

みんなでさわぐより、2人《り》でじっくり話《はな》すほうが好《す》き

ナイチンゲールとか、昔《むかし》のいじんを尊敬《そんけい》している

クラスで何《なに》かを決《き》めるときは自分《じぶん》の意見《いけん》を言《い》うタイプだ

A《エー》　B《ビー》　C《シー》　D《ディー》

結果《けっか》は296ページへ

心理《しんり》テスト 4 自分《じぶん》の心《こころ》がわかる苦手《にがて》タイプ診断《しんだん》

それぞれの質問《しつもん》に、YES《イエス》かNO《ノー》で答《こた》えて進《すす》んでいってね。

START《スタート》!

YES《イエス》 →
NO《ノー》 ⇢

元気《げんき》いっぱいの曲《きょく》より静《しず》かで落《お》ち着《つ》く曲《きょく》が好《す》き
- YES → スポーツより、お絵《え》かきや本《ほん》を読《よ》むほうが楽《たの》しい
- NO → カレーとシチューならシチューのほうが好《す》き

スポーツより、お絵《え》かきや本《ほん》を読《よ》むほうが楽《たの》しい
- YES → グチを聞《き》いたり話《はな》したりするのが好《す》き
- NO → 夏休《なつやす》みの宿題《しゅくだい》は早《はや》めに片《かた》づけるタイプ

カレーとシチューならシチューのほうが好《す》き
- YES → 夏休《なつやす》みの宿題《しゅくだい》は早《はや》めに片《かた》づけるタイプ
- NO → お休《やす》みの日《ひ》はゆっくりダラダラしたいな

グチを聞《き》いたり話《はな》したりするのが好《す》き
- YES → A《エー》
- NO → B《ビー》

夏休《なつやす》みの宿題《しゅくだい》は早《はや》めに片《かた》づけるタイプ
- YES → B《ビー》
- NO → C《シー》

お休《やす》みの日《ひ》はゆっくりダラダラしたいな
- YES → C《シー》
- NO → D《ディー》

A《エー》　B《ビー》　C《シー》　D《ディー》

結果《けっか》は296ページへ

294ページの心理《しんり》テスト3では…

あなたにパワーをくれる本当《ほんとう》に必要《ひつよう》な友《とも》だちがわかる！

A《エー》の人《ひと》は シャイでひかえめないやし系女子《けいじょし》

明《あか》るく見《み》えてさみしがり屋《や》なあなたをいやしてくれる友《とも》だち。グチやなやみを話《はな》すと、スッキリした気分《きぶん》になれるよ。

B《ビー》の人《ひと》は マジメで冷静《れいせい》なクールキャラ

あまり考《かんが》えずに動《うご》くあなたにアドバイスをくれるよ。失敗《しっぱい》しないように守《まも》ってくれる大切《たいせつ》な友《とも》だち。

C《シー》の人《ひと》は とてもさわやかな付《つ》き合《あ》い上手《じょうず》さん

よく話《はなし》を聞《き》いて上手《じょうず》に盛《も》り上《あ》げてくれる社交家《しゃこうか》タイプが◎。彼女《かのじょ》のおおらかさが、あなたの自信《じしん》を高《たか》めてくれるよ。

D《ディー》の人《ひと》は 元気《げんき》いっぱい！リーダータイプ

自信《じしん》がなくて受《う》け身《み》なあなたには、積極的《せっきょくてき》なリーダータイプが必要《ひつよう》。どんどん引《ひ》っぱってくれて付《つ》き合《あ》いやすいね。

295ページの心理《しんり》テスト4では…

自分《じぶん》でも気《き》がついていない苦手《にがて》なタイプの人《ひと》がわかる！

A《エー》の人《ひと》は 目立《めだ》ちたがり屋《や》でにぎやかなタイプ

いつも静《しず》かで、さわぐよりまったり過《す》ごしたいあなた。大声《おおごえ》のにぎやかなタイプといっしょにいると、つかれちゃいそう。

B《ビー》の人《ひと》は ネガティブな泣《な》き虫《むし》タイプ

1人《り》でがんばるタイプのあなたは、すぐに泣《な》いちゃうような人《ひと》が苦手《にがて》。「あまえるのはやめなよ！」と言《い》いたくなるかも。

C《シー》の人《ひと》は 説教《せっきょう》しがち！マジメタイプ

自由《じゆう》に過《す》ごしたいあなたは、細《こま》かいことを言《い》うマジメな人《ひと》が苦手《にがて》。いっしょにいるとあなたの長所《ちょうしょ》を生《い》かせないみたい。

D《ディー》の人《ひと》は 本音《ほんね》をかくす無口《むくち》タイプ

好奇心《こうきしん》が強《つよ》いあなたは、本音《ほんね》を言《い》ってくれない無口《むくち》なタイプが苦手《にがて》。いっしょにいてもわかり合《あ》えず、残念《ざんねん》な気分《きぶん》に。

おまじない 3 あの子《こ》と友《とも》だちに！ 鳥《とり》がつなぐ友情《ゆうじょう》レター

仲《なか》よくなりたい相手《あいて》に、できるだけ暑中《しょちゅう》みまいや年賀状《ねんがじょう》のハガキを出《だ》すようにしよう。そうした時期《じき》じゃなければ手紙《てがみ》でも◎。そのときのハガキや便《びん》せんには、かならず鳥《とり》の絵《え》がかいてあることが大切《たいせつ》。自分《じぶん》でかいてもOK《オーケー》だよ！　その鳥《とり》があなたの思《おも》いを運《はこ》んで、その人《ひと》との仲《なか》を深《ふか》めてくれるはず。

おまじない 4 苦手《にがて》なことは丸《まる》めてポイ！ 水《みず》に流《なが》しちゃえ

トイレットペーパーを何枚《なんまい》も重《かさ》ねたら、それに黒《くろ》のサインペンで苦手《にがて》だなと思《おも》う人《ひと》の名前《なまえ》や、苦手《にがて》だと思《おも》うことを書《か》いてね。文字《もじ》の上《うえ》にひとつまみの塩《しお》をのせて丸《まる》めたら、「私《わたし》はそれを乗《の》りこえる」とつぶやきトイレに流《なが》しちゃおう！　そうすれば苦《にが》手《て》な気《き》もちがスーッと消《き》えていくはず♪

心理《しんり》テスト 5

大《おお》きな木《き》にリンゴは何個《なんこ》？

この木《き》にリンゴを自由《じゆう》にかいてね！

結果《けっか》は
300ページへ

おいしそうなリンゴが
1個《こ》、2個《こ》……どんな
ふうにかきましょうか？

心理《しんり》テスト 6 キラキラ光《ひか》る大《おお》きな太陽《たいよう》はどこ？

この空《そら》のなかに太陽《たいよう》を一《ひと》つかいてね！

まぶしい！　太陽《たいよう》は
あの辺《あた》りかな？　どこに
あるのか想像《そうぞう》してみよう

結果《けっか》は
300ページへ

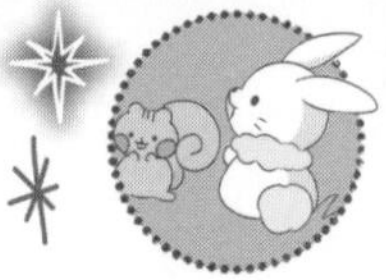

298ページの心理《しんり》テスト5では…

あなたのヤキモチレベルがわかる!

かいたリンゴが1個《こ》の人《ひと》は

ヤキモチレベル

90%《パーセント》

一《ひと》つの恋《こい》を大事《だいじ》にするあなたは、すごくヤキモチ焼《や》き！　カレがほかの女《おんな》の子《こ》と話《はな》すだけでしっとしてムカついちゃう。

かいたリンゴが2～5個《こ》の人《ひと》は

ヤキモチレベル

60%《パーセント》

カレがほかの女《おんな》の子《こ》と仲《なか》よくするなら、自分《じぶん》もほかのボーイフレンドを作《つく》ろう！なんて思《おも》えるタイプだよ。

かいたリンゴが6個《こ》以上《いじょう》の人《ひと》は

ヤキモチレベル

30%《パーセント》

気《き》が多《おお》く、たくさんのボーイフレンドがいるあなた。カレがほかの女《おんな》の子《こ》といても、あまり気《き》にならないみたい。

299ページの心理《しんり》テスト6では…

あなたの空《くう》気《き》が読《よ》めないレベルがわかる!

太陽《たいよう》を真《ま》ん中《なか》にかいた人《ひと》は

空気《くうき》が読《よ》めないレベル

80%《パーセント》

世界《せかい》の中心《ちゅうしん》はいつでも自《じ》分《ぶん》！　どんなときもマイペースな自由人《じゆうじん》タイプだね。周《まわ》りの人《ひと》のことは気《き》にしないみたい。

右《みぎ》か左《ひだり》よりにかいた人《ひと》は

空気《くうき》が読《よ》めないレベル

40%《パーセント》

空気《くうき》が読《よ》めないレベルはふつう。周《まわ》りの人《ひと》にも気《き》をつかうけど、自分《じぶん》の気《き》もちもしっかり伝《つた》えて、バランスが取《と》れているね。

すみっこにかいた人《ひと》は

空気《くうき》が読《よ》めないレベル

20%《パーセント》

周《まわ》りに気《き》をつかい過《す》ぎているみたい。人《ひと》の意見《いけん》ばかり優先《ゆうせん》して気《き》もちをおさえこんじゃうみたい。自分《じぶん》の気《き》もちも大切《たいせつ》にね。

おまじない 5　好《す》きなカレと急接近《きゅうせっきん》❤ こっそりかげふみ

晴《は》れた日《ひ》に外《そと》でできるおまじないだよ。やり方《かた》はシンプル！　だれにも気《き》づかれないように好《す》きなカレのかげをふむだけ。体《たい》育《いく》の授業《じゅぎょう》や学校《がっこう》の帰《かえ》り道《みち》ではできるだけカレの近《ちか》くにいて、チャンスをうかがおう。「カレと仲《なか》よくなれるように」という願《ねが》いをこめて、しっかりとふむようにしてね。

おまじない 6　気配《きくば》りハンカチで空気《くうき》が読《よ》める女子《じょし》に！

真《ま》っ白《しろ》いハンカチを１枚用意《まいようい》しよう。その四《よっ》つの角《かど》に、緑色《みどりいろ》のボールペンやサインペンで右《みぎ》のイラストのようなマークをかいて。丸《まる》い部分《ぶぶん》が四《よっ》つともハンカチの真《ま》ん中《なか》に向《む》くようにしてね。これで、「気配《きくば》りハンカチ」のでき上《あ》がり！　「空気《くうき》を読《よ》まなくちゃ」という日《ひ》はそのハンカチをもっていこう。

心理《しんり》テスト 7

とってもかわいい じまんのペット

Q 例《たと》えばあなたが犬《いぬ》を飼《か》っていたら
その犬《いぬ》をどんなふうにほめる？

結果《けっか》は
304ページへ

私《わたし》のペットだし
きっと顔《かお》はかわいいな〜
ほかにはねぇ……

心理《しんり》テスト 8 初《はじ》めて会《あ》った女《おんな》の子《こ》でもその子《こ》は……

Q 友《とも》だちにしょうかいされた女《おんな》の子《こ》。
いったいどんな欠《けっ》点《てん》をもっている？

友《とも》だちの友《とも》だちを悪《わる》く
言《い》いたくないけど……
どこが気《き》になるかしら？

結果《けっか》は
304ページへ

302ページの心理《しんり》テスト7では…

だれにも負《ま》けない自分《じぶん》の長所《ちょうしょ》や自信《じしん》のあることがわかる！

あなたが友《とも》だちに言《い》ったペットのじまん。それはあなた自身《じしん》の長所《ちょうしょ》！　そして自信《じしん》をもっているところでもあるよ。「かわいい」「かしこい」どんな言葉《ことば》でほめたかな？　たくさんほめるほど、あなたにはたくさんの長所《ちょうしょ》があるという証拠《しょうこ》。そしてしっかりとした自信《じしん》をもっていることがわかるよ。

303ページの心理《しんり》テスト8では…

じつはひそかに気《き》にしている自分《じぶん》の欠点《けってん》がわかる！

初《はじ》めて会《あ》った女《おんな》の子《こ》にもつイメージ。それはあなたが自分《じぶん》にもつイメージ！　だから「イヤだなあ」と思《おも》った欠点《けってん》は、「あなたがひそかに気《き》にしている自分《じぶん》の欠点《けってん》」なんだよ。どんな欠点《けってん》を答《こた》えたかな？　出《で》てきた欠点《けってん》が多《おお》いほど、じつはちょっと自信《じしん》がないのかも。

おまじない 7

ピンク色《いろ》で書《か》くだけ！ 長所《ちょうしょ》をのばす魔法《まほう》

自分《じぶん》の長所《ちょうしょ》はいつも気《き》にかけるほど、グングンのびていくよ。日記帳《にっきちょう》や学校《がっこう》のノートなど、いつも使《つか》うノートの最後《さいご》のページを開《ひら》いて。そこにピンク色《いろ》のサインペンや色《いろ》えんぴつで、自分《じぶん》の長所《ちょうしょ》や好《す》きなところをいくつか並《なら》べて書《か》こう。ときどきうれしい気分《きぶん》でながめれば、どんどんあなたの長所《ちょうしょ》がのびるよ！

おまじない 8

サボテン＋赤《あか》い紙《かみ》で 自分《じぶん》の欠点《けってん》とサヨナラ！

100円《えん》ショップで買《か》ったり家《か》族《ぞく》などにたのんだりして、小《ちい》さなサボテンのはち植《う》えを用意《ようい》してね。それを自分《じぶん》の部屋《へや》の窓《まど》の近《ちか》くに置《お》こう。そして赤《あか》い折《お》り紙《がみ》の裏《うら》には、自分《じぶん》の欠点《けってん》をいくつか書《か》いて小《ちい》さく折《お》りたたみ、サボテンの下《した》に置《お》いておくよ。そうすると、あなたの欠点《けってん》がだんだん消《き》えていくはず。

心理《しんり》テスト
9

学校《がっこう》の先生《せんせい》から電話《でんわ》！いったいどんな話《はなし》？

下《した》の四《よっ》つから答《こた》えを選《えら》んでね！

A《エー》 がんばりをほめられる

B《ビー》 予定変更《よていへんこう》のお知《し》らせ

C《シー》 何《なに》かでおこられる！

D《ディー》 忘《わす》れ物《もの》の連絡《れんらく》かな？

結果《けっか》は308ページへ

心理《しんり》テスト 10

部屋《へや》に大《おお》きなハエが! あなたはどうする?

下《した》の四《よっ》つから答《こた》えを選《えら》んでね!

A《エー》 一発《いっぱつ》でやっつける

B《ビー》 窓《まど》から外《そと》ににがす

C《シー》 つかまえていじめる

D《ディー》 そのまま放置《ほうち》する

結果《けっか》は 308ページへ

306ページの心理《しんり》テスト9では…

あなたがどれくらい心配性《しんぱいしょう》なのかがわかる！

A《エー》を選《えら》んだ人《ひと》は

心配性度《しんぱいしょうど》 **10%《パーセント》**

とってもポジティブなあなたは、未来《みらい》は明《あか》るいと素直《すなお》に思《おも》えるタイプ。心《こころ》のおくにしっかりとした自信《じしん》があるんだね。

B《ビー》を選《えら》んだ人《ひと》は

心配性度《しんぱいしょうど》 **30%《パーセント》**

クールで計画的《けいかくてき》に動《うご》けるあなた。何《なに》があっても冷静《れいせい》に考《かんが》えて乗《の》りこえられるから、あまり先《さき》を心配《しんぱい》しないみたい。

C《シー》を選《えら》んだ人《ひと》は

心配性度《しんぱいしょうど》 **90%《パーセント》**

とっても心配性《しんぱいしょう》！　何《なん》でも悪《わる》く考《かんが》え過《す》ぎちゃうみたい。思《おも》っているほど悪《わる》いことは起《お》こらないから安心《あんしん》してね。

D《ディー》を選《えら》んだ人《ひと》は

心配性度《しんぱいしょうど》 **70%《パーセント》**

ちょっと心配性《しんぱいしょう》で先《さき》のことを考《かんが》え過《す》ぎるかも。ただ、用心《ようじん》することで失敗《しっぱい》をなくそうとするプラスなところもあるよ。

307ページの心理《しんり》テスト10では…

あなたのかくれたいじわる度《ど》はどれくらい？

A《エー》を選《えら》んだ人《ひと》は

いじわる度《ど》 **60%《パーセント》**

ちょっとだけいじわるなあなた。好《す》きな人《ひと》にだけじゃなくて、苦手《にがて》な人《ひと》にもやさしくしてあげてね。

B《ビー》を選《えら》んだ人《ひと》は

いじわる度《ど》 **10%《パーセント》**

天使《てんし》みたいにとてもやさしい心《こころ》をもつあなた。困《こま》っている人《ひと》がいたら積極的《せっきょくてき》に助《たす》けるので、いじわるすることはないね。

C《シー》を選《えら》んだ人《ひと》は

いじわる度《ど》 **90%《パーセント》**

ついついいじわるしちゃうあなた。イライラはNG《エヌジー》！　好《す》きなことや楽《たの》しいことをしたりして、ストレスを発散《はっさん》してね。

D《ディー》を選《えら》んだ人《ひと》は

いじわる度《ど》 **30%《パーセント》**

だれかにいじわるすることはほとんどないよ。でもドライでサバサバしていて、困《こま》っている人《ひと》にもそっけないかも？

おまじない 9

かいた太陽《たいよう》をながめて だんだん自信《じしん》UP《アップ》！

オレンジ色《いろ》の折《お》り紙《がみ》を用意《ようい》して。裏面《うらめん》の白《しろ》いほうに、赤色《あかいろ》かオレンジ色《いろ》のペンや色《いろ》えんぴつで、心《こころ》をこめて太陽《たいよう》の絵《え》をかいてね。そして部屋《へや》の南側《みなみがわ》にある家具《かぐ》やカベに、太陽《たいよう》の絵《え》が見《み》えるように画《が》びょうやテープではり付《つ》けておこう。その絵《え》を見《み》れば見《み》るほど自信《じしん》がわいてくるはずだよ！

おまじない 10

やさしさをくれる ハートのクイーン♥

やさしくなりたいときは、トランプの束《たば》から「ハートのクイーン」を取《と》り出《だ》して。それをポケットやバッグのなかに入《い》れてもち歩《ある》こう。そしてときどき手《て》を入《い》れて、そっとさわってみてね！「ハートのクイーン」は愛情深《あいじょうぶか》い性格《せいかく》だから、それが伝《つた》わってあなた自身《じしん》もやさしくなれるよ。

おまじない 11
ステキな出会《であ》いを呼《よ》ぶ ラブリング♥

左手《ひだりて》の小指《こゆび》にはステキな出会《であ》いを呼《よ》びこむパワーが！　新《あたら》しい恋《こい》をしたいなら、安《やす》いものでいいのでピンキーリングを１個用《こよう》意《い》して。お休《やす》みの日《ひ》や学校《がっこう》から帰《かえ》った後《あと》、左手《ひだりて》の小指《こゆび》にピンキーリングをつけて出《で》かけよう。出会《であ》い運《うん》がUP《アップ》してステキな男《おとこ》の子《こ》と知《し》り合《あ》ったり、仲《なか》よくなれそうだよ。

おまじない 12
カレと両思《りょうおも》いになる！ ピンクのあいあいがさ

白《しろ》い紙《かみ》にピンク色《いろ》のペンや色《いろ》えんぴつで、あいあいがさをかいて。そして同《おな》じくピンク色《いろ》で、左側《ひだりがわ》に自分《じぶん》の名前《なまえ》、右側《みぎがわ》に好《す》きなカレの名前《なまえ》を書《か》いちゃおう！　金曜日《きんようび》の夜《よる》だけ、その紙《かみ》をまくらの下《した》に入《い》れてねむる……それをくり返《かえ》すうちに、カレはだんだんあなたのことが気《き》になってくるはず♡

おまじない 13 テストの点数《てんすう》がUP《アップ》！ フルーツパワー

テストの日《ひ》、朝《あさ》ごはんを食《た》べた後《あと》にみかんやグレープフルーツのかんきつ系《けい》の果物《くだもの》を食《た》べよう。缶《かん》づめでもOK《オーケー》！　そうすると頭《あたま》がシャキッとして、テスト中《ちゅう》の集中力《しゅうちゅうりょく》がUP《アップ》！　テストの答《こた》えがスラスラ出《で》てきて、おどろくほどいい点《てん》が取《と》れちゃう予感《よかん》。家族《かぞく》などにたのんで用意《ようい》しておいてもらってね。

おまじない 14 かわいい自分《じぶん》になれる むらさき色《いろ》の五芒星《ごぼうせい》☆

美《うつく》しくなれるパワーをもつむらさき色《いろ》のペンや色《いろ》えんぴつで、紙《かみ》に右《みぎ》のイラストみたいな五芒《ごぼう》星《せい》を書《か》いてね。書《か》くときはひとふで書《か》きすることが大切《たいせつ》。ふだん使《つか》う鏡《かがみ》の右下《みぎした》にはって、鏡《かがみ》を見《み》るときにその五芒星《ごぼうせい》をさわってから自分《じぶん》の姿《すがた》を見《み》よう。それをくり返《かえ》すとだんだんかわいさがUP《アップ》するよ♪

藤森 緑（ふじもり みどり）

1992年からプロ活動を開始。2万人近くをうらない、親切ていねいなかんていが好評となり、どこも指名客でいっぱいの状態に。イベント出演のほか、数多くのメディアにうらない原稿を提供している。著書は『基礎とリーディングが身につく タロットLESSON BOOK』（池田書店）ほか20冊以上がある。

公式サイト　https://www.fortune-room.net/fuji/

© 双葉陽／集英社 りぼん

双葉 陽（ふたば はる）

宮城県出身。漫画家＆イラストレーターとして活動中。グッズのデザインなども手がける。デビュー作は2017年『君を見つけた』（集英社『夏の大増刊号りぼんスペシャル バニラ』で掲載）。その後現在まで、りぼんで活動を続ける。

Twitter ID：@hutaba_haru

STAFF

イラスト	双葉 陽　小林ユキ　杏乃
アシスタント	時坂あづ　てる　神田ちな　日名川ゆい　蒼瀬サキ　もももアヤ　がぶ
デザイン	佐々木麗奈
DTP	小河原 徳　大槻亜衣（c-sweet）
カバーデザイン	村口敬太（Linon）
編集	藪内健史　川崎友里恵　遠藤昭徳（c-sweet）
校正・校閲	聚珍社　村上理恵

新しい自分に出会える！

【ハピかわ】うらない大事典

監修者　藤森 緑
編　者　はぴふるガール編集部
マンガ　双葉 陽
発行者　池田士文
印刷所　株式会社光邦
製本所　株式会社光邦
発行所　株式会社池田書店
〒162-0851　東京都新宿区弁天町43番地
電話 03-3267-6821（代）／振替 00120-9-60072

落丁・乱丁はおとりかえいたします。

ISBN 978-4-262-15542-5

24038010

切《き》り取《と》って使《つか》える!

タロットカード

あなたのなやみをタロットカードで
うらなってみよう!　129ページからの
説明《せつめい》を読《よ》み、カードを切《き》り取《と》って使《つか》ってね。

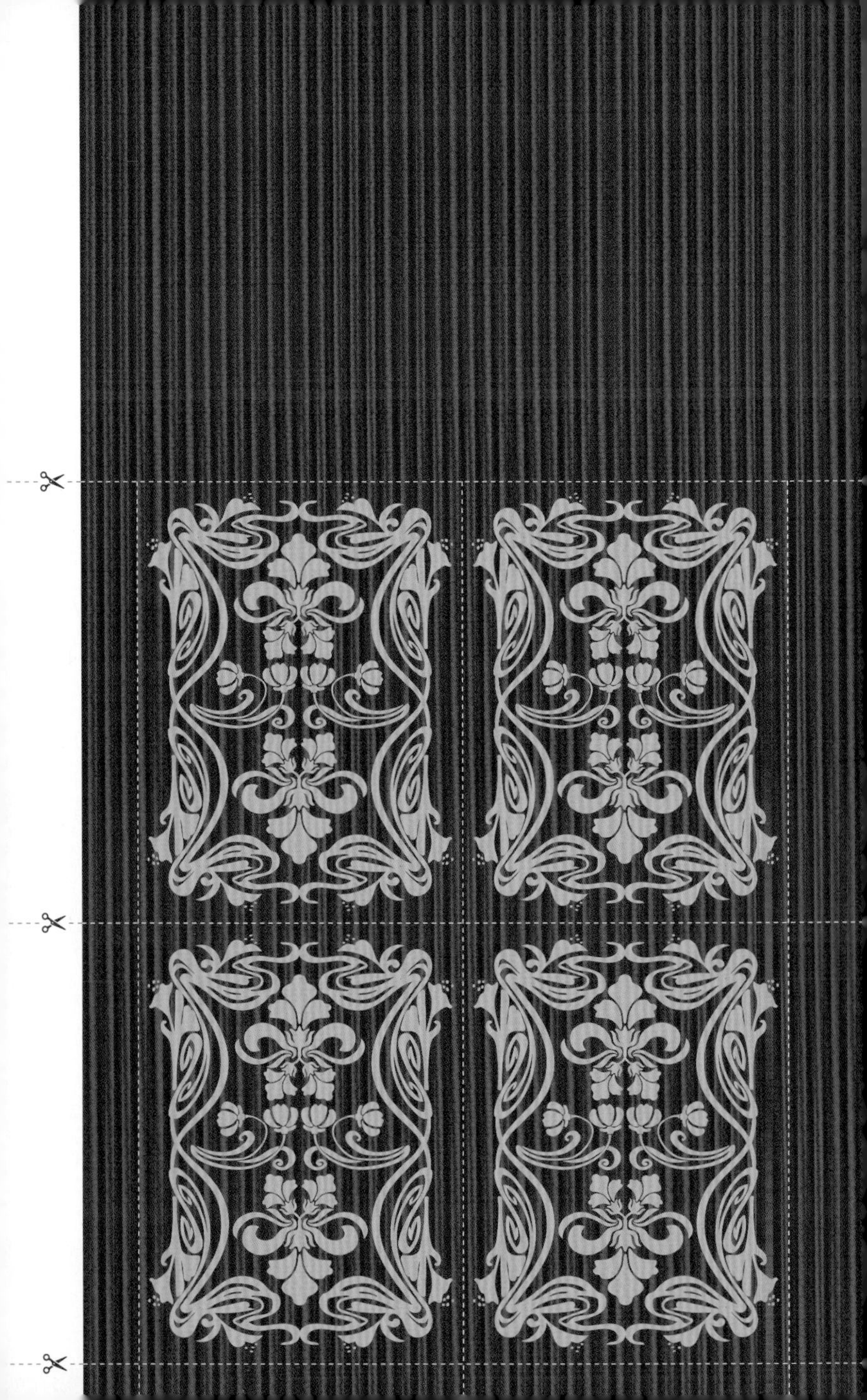

IV
皇帝《こうてい》

V
教皇《きょうこう》

VI
恋人《こいびと》

VII
戦車《せんしゃ》

VIII
力《ちから》

IX
隠者《いんじゃ》

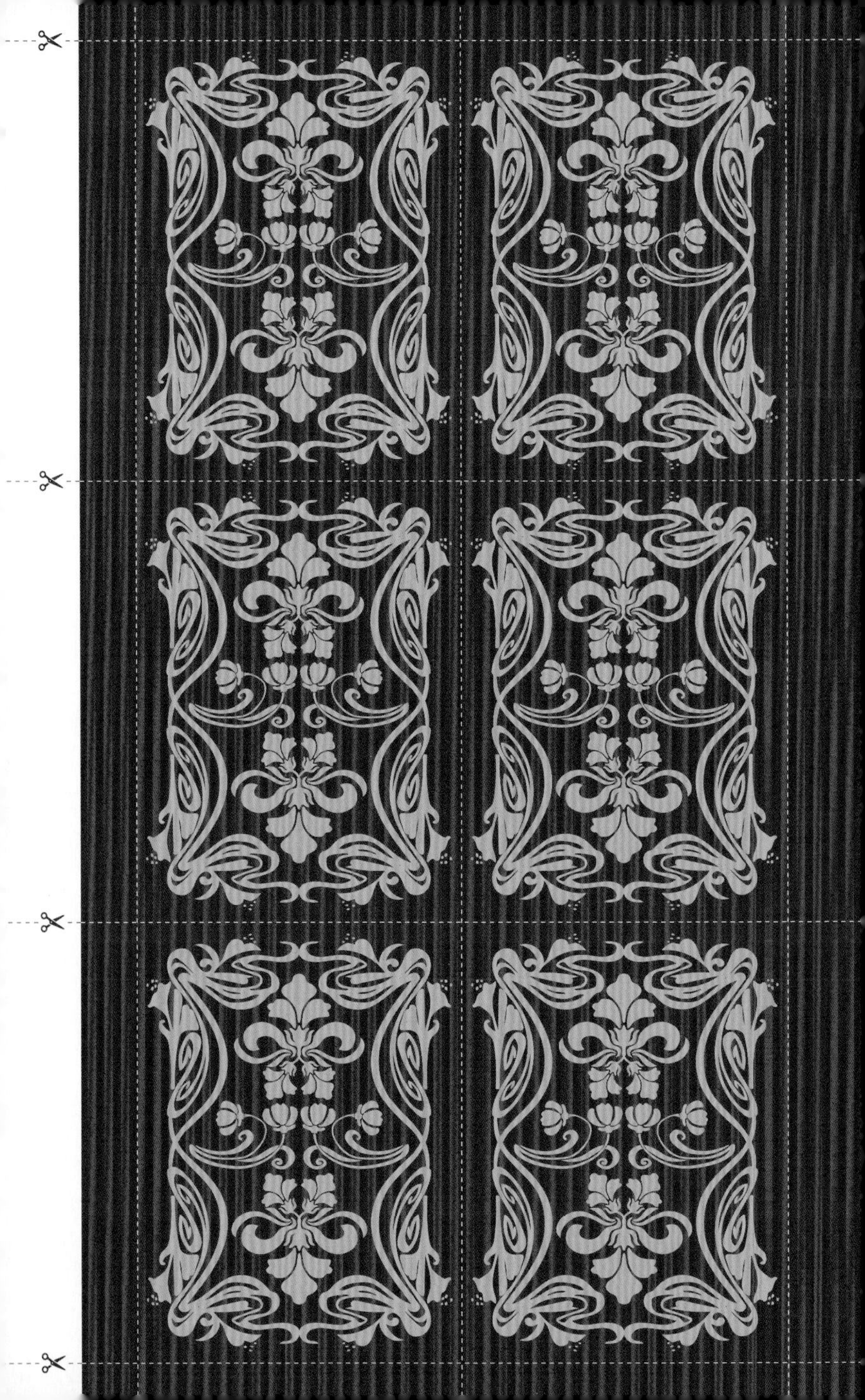

X
運《うん》命《めい》の輪《わ》

XI
正《せい》義《ぎ》

XII
つるされた男《おとこ》

XIII
死《しに》神《がみ》

XIV
節《せつ》制《せい》

XV
悪《あく》魔《ま》

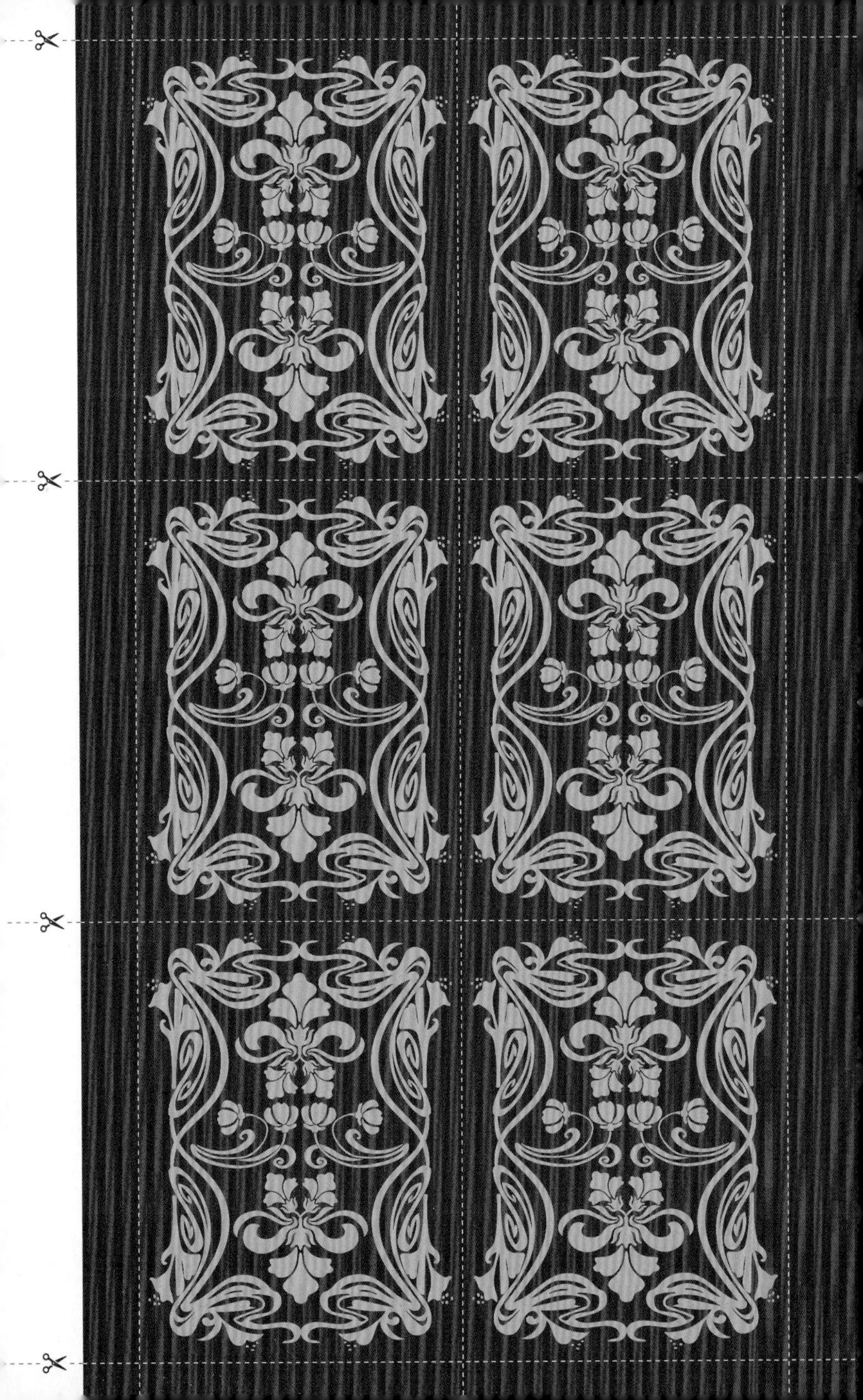

XVI
塔《とう》

XVII
星《ほし》

XVIII
月《つき》

XIX
太《たい》陽《よう》

XX
審《しん》判《ぱん》

XXI
世《せ》界《かい》

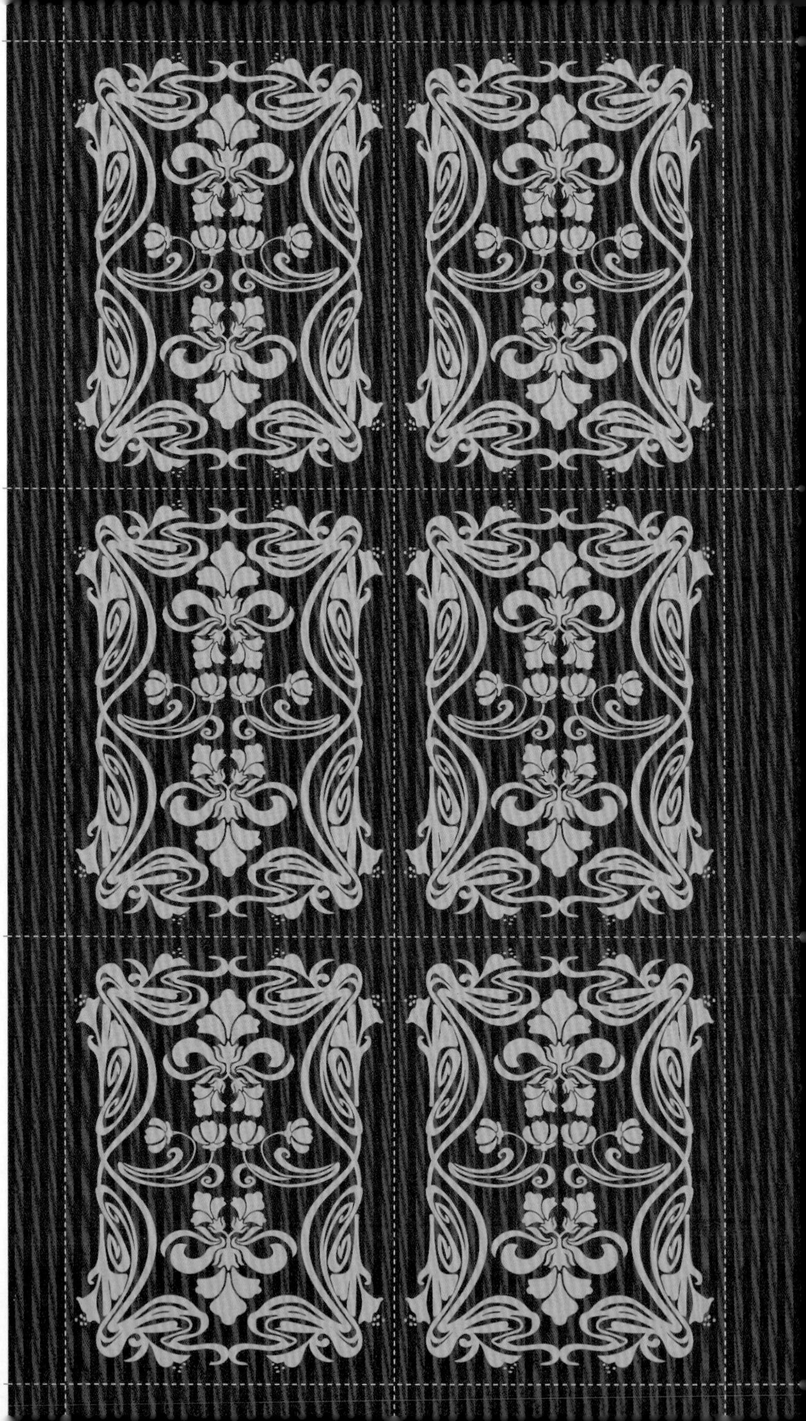